PHILIPPA L. ANDERSSON

Pulse of Passion

SEHNSUCHT NACH DIR

Über das Buch

Sie will ihn nicht, aber sie braucht ihn.
Er will sie, aber er muss sie von sich stoßen …

Die Nascar-Fahrerin Riley Luman braucht die Geschwindigkeit wie die Luft zum Atmen. Wenn sie über den Asphalt jagt, dann gibt es kein Gestern und kein Morgen, nur der Moment zählt. Bis sie Drohungen erhält und ihr Traum vom Sieg in Gefahr ist. Der neu eingestellte Bodyguard Evan Crawford soll sie schützen. Doch der Mann ist genau das Gegenteil von ihr. Während sie es schnell und spontan liebt, geht er ruhig und bedacht vor. Am liebsten würde sie ihn feuern. Aber er ist verdammt gut in seinem Job. Außerdem treibt seine Nähe ihren Puls noch aus ganz anderen Gründen in die Höhe …

Über Philippa L. Andersson

Nach ihrem Germanistik- und Hispanistik-Studium in Bamberg sowie Stationen in Spanien und Hamburg veröffentlichte Philippa L. Andersson 2012 ihre erste Kurzgeschichte, 2013 folgte der erste von zahlreichen weiteren erotischen Liebesromanen. Sie lebt und arbeitet in Berlin.

www.philippalandersson.de
www.facebook.com/PhilippaLAndersson
philippal.andersson@gmail.com

PHILIPPA L. ANDERSSON

Pulse of Passion

SEHNSUCHT NACH DIR

EROTISCHER LIEBESROMAN

Erstveröffentlichung mit CreateSpace, a DBA of On-Demand Publishing, LLC von Sowade, Berlin, 2016

Neuauflage
2018

Pulse of Passion - Sehnsucht nach dir
Philippa L. Andersson

Umschlagfoto: © fotolia/Andrey Kiselev
Umschlaggestaltung: Philippa L. Andersson
Lektorat: Mona Gabriel, Leipzig, Deutschland
Korrektorat: Laura Gosemann, Berlin, Deutschland

Philippa L. Andersson vertreten durch:
Sowade, Plantagenstraße 13, 13347 Berlin, Deutschland
philippal.andersson@gmail.com
www.facebook.com/PhilippaLAndersson
www.philippalandersson.de

ISBN: 978-3-96111-431-3

Bestellung und Vertrieb: Nova MD GmbH, Vachendorf , Deutschland
Druck: Sowa Sp. z o.o., ul. Raszynska 13, 05-500 Piaseczno, Polska

FEEL THE

Pulse of Passion

Prolog

Jetzt

Ich fühle mich wie in einem Traum, in dem man sprinten möchte, doch stattdessen nur in Zeitlupe vorwärtskommt. Mist!

Während ich auf der Damentoilette der Rennstrecke in Phoenix sitze, mit Handschellen an eine Wasserleitung gefesselt, höre ich die Menge auf der Tribüne kreischen. Dann folgen Durchsagen. Ich verstehe nur einzelne Worte, aber das macht nichts. Ich kenne den Ablauf eines Nascar-Rennens, denn ich bin Dutzende gefahren. Er ist jedes Mal ähnlich. Vor zwei Stunden gab es ein Meeting mit den teilnehmenden Teams. Danach haben die Moderatoren alle Fahrer vorgestellt, auch mich, und nun laufen die letzten Minuten bis zum Start, nur dass ich nicht mehr dabei bin und das scheinbar niemanden stört …

Im Stillen gehe ich die Namen meiner Konkurrenten durch. Jeff Meyers, Dale Johnson, Ryan Tanner … Plötzlich kreischt das Publikum lauter. Der Boden scheint zu vibrieren. Es liegt diese besondere Art von Spannung in der Luft und ich weiß, woher sie rührt: Heute entscheidet sich, wer von den besten acht Fahrern weiterkommt, und ob ich die erste Frau werde, die es dann ins Sprint-Cup-Finale schafft.

»Evan Crawford, ich hasse dich!«, schreie ich wutentbrannt die Kabinenwände an und rüttle wieder an meinen Handschellen. Dieser riesige, muskulöse, supersexy Typ hat mich vor fünf Minuten mit den Worten »Es ist zu deinem Besten, Darling!« hier festgekettet. Er hat mir einen *dieser Küsse* gegeben, die meinen Puls in die Höhe treiben und mich alles vergessen lassen, und ist gegangen. Um das Rennen an meiner Stelle zu fahren. Was absolut verrückt ist.

Ich versuche wie in Hollywood-Filmen, das Rohr, an das ich gefesselt bin, mit einem kräftigen Ruck aus der Verankerung zu reißen. Ich bin kein Arnold Schwarzenegger, aber ich habe Muskeln und bin außerdem so aufgebracht, dass ich Bäume ausreißen könnte.

»Au!«, heule ich auf, als mich die Kette unnachgiebig zurückzieht. *Du hattest schon bessere Ideen, Riley!*

Draußen verändert sich die Geräuschkulisse. Es gibt vor jedem Start diesen einen magischen Moment vollkommener Stille. Ich hege die absurde Hoffnung, dass genau in diesem Augenblick jemand bemerkt, dass nicht ich in meinem Wagen sitze, sondern dieser Vollidiot.

Doch dann höre ich das vertraute Geräusch von mehr als vierzig Motoren, die gleichzeitig an die Grenze ihrer Leistungsfähigkeit gebracht werden.

Ich bin fassungslos. Evan tut es tatsächlich. Er tritt an meiner Stelle an.

»Denk ein Mal im Leben nach, Riley!«, ermahne ich mich laut. Mein üblicherweise kopfloses Verhalten bringt mich in dieser Situation nicht weiter.

Ich sehe mich um. In der Kabine ist nichts, womit ich die Handschellen aufschlagen kann. Hoffnungslos zerre ich wieder daran, obwohl das Metall mittlerweile Einkerbungen in meiner Haut hinterlassen hat. Wenn meine Handgelenke nur ein kleines bisschen schmaler wären, könnte ich sie durchziehen. Denn Evan hat die Teile nicht richtig eng angelegt. Aber wenn das Wörtchen wenn nicht wäre …

Seufzend lehne ich mich gegen die Fliesenwand. Die Moderatoren überschlagen sich gerade. Ich verstehe nur Wortfetzen, aber höre zu deutlich, von welchem Stockcar die Rede ist. Die Nummer acht. Meines. Das heißt, dass Evan seine Sache gut macht.

Aber mir sagen, ich wäre verrückt, so zu rasen!

Niedergeschlagen hocke ich mich hin, winkele meine Beine an und verziehe mein Gesicht, als mich etwas an der Hüfte drückt. Gleich darauf lächele ich, als mir klar wird, was in meiner hinteren Hosentasche steckt. Der Lippenbalsam, mit dem ich mir eben noch die Lippen eingeschmiert habe, um hübsch für Evan auszusehen. Hätte ich wissen müssen, dass ich mir das sparen kann.

Vorsichtig, um ihn nicht aus Versehen fallen zu lassen, fummele ich den Lippenbalsam hinter meinem Rücken heraus, öffne ihn und verschmiere *Shining Strawberry* mit künstlichem Erdbeeraroma an meinen Handgelenken.

»Komm schon, Riley, und jetzt reiß dich los!«, rede ich mir selbst gut zu, um den Schmerz zu ertragen, als die scharfe Stahlkante wiederholt in meine Haut schneidet. Aber dieses Mal bleibe ich hartnäckig. Millimeter für Millimeter verschiebe ich die Fessel, um freizukommen. Jede Sekunde habe ich es geschafft.

Mit geschlossenen Augen zerre ich so kräftig, wie ich kann, an den Handschellen, bis ich plötzlich frei bin und mit Schwung auf dem Fliesenboden lande. Doch ich halte mich nicht damit auf, meine Wunden zu zählen. Ich habe nur einen Gedanken: Ich muss zu meinen Leuten, wir brauchen einen Boxenstopp, und ich muss irgendwie unbemerkt den Platz mit Evan tauschen, bevor der Schwindel auffliegt und ich als Fahrerin disqualifiziert werde. Ich bin so kurz davor, als erste Frau die Sprint Cup Series zu gewinnen, und das werde ich mir nicht nehmen lassen.

Hektisch ziehe ich die Handschellen hinter der Leitung hervor. Ich springe auf und laufe durch den Backoffice-Bereich zu den Boxen. Die Muskeln in meinen Oberschenkeln brennen. Ich muss wahnsinnig schnell sein. Dennoch habe ich das Gefühl, mich wie in Zeitlupe zu bewegen.

Während ich renne, als ginge es um mein Leben, spule ich die letzten Minuten mit Evan ab, kurz bevor er mich festgekettet hat. Dem werde ich was husten!

Ich bin megawütend, bis mich plötzlich ein ungutes Gefühl beschleicht, das mir den kalten Schweiß ausbrechen lässt. Er wollte tun, was für mich das Beste ist. Ungeachtet dessen, was für ihn gut ist.

Gerade als ich zu meinem Team abbiegen will, um ihnen zu sagen, dass Evan in Gefahr ist, gibt es eine Explosion, dicht gefolgt von einem ohrenbetäubenden Knall. Automatisch ändern meine Beine die Richtung, bevor ich verstehe, was passiert sein kann. Ich sprinte geradewegs zur Rennstrecke.

Ich spüre jede einzelne Sekunde wie eine Ewigkeit, durch die ich mich kämpfen muss. Keine Ahnung, woher ich es weiß, aber noch ehe ich die Ansage des Moderators höre, weiß ich, dass das mein Wagen war.

Sobald ich auf der Tribüne bin und das Feld einsehen kann, läuft mir ein eiskalter Schauer über den Rücken. Mein Ford mit der bunten Sponsoren-Reklame dreht sich um seine eigene Achse. Unter der Motorhaube züngeln

Flammen. Mein Verstand versucht, sich wider besseren Wissens diese Bilder zu erklären und vermutet, dass Nick mit dem Benzineinlauf geschlampt hat. Fehler passieren. Auch ihm. Aber ich weiß, dass das nicht der Grund für den Unfall ist. Ich registriere, wie unnatürlich tief die Vorderachse liegt, was unmöglich durch den Brand verursacht worden sein kann. Jemand hat etwas an meinem Wagen gedreht, um mich aus dem Verkehr zu ziehen. Nur dass nicht ich in diesem Schrotthaufen sitze, sondern Evan.

Menschenmassen springen von ihren Plätzen auf, um das Spektakel zu verfolgen. Die Presse ist ebenfalls zur Stelle. Leute laufen aus meiner Box zum Unfallort. Feuerwehr- und Rettungswagen fahren los. Und das Pacecar, das Fahrzeug, das das Rennfeld bei schlechtem Wetter oder eben bei schweren Unfällen einfängt, ist bereits auf der Strecke. Das Rennen wird gestoppt.

Immer mehr Schaulustige versperren mir den Weg und ich habe das Gefühl, ich brauche hundert Jahre, um mich durchzuboxen. In Wahrheit sind es nur Sekunden. Der Ford überschlägt sich, knallt gegen die Sicherheitsmauer und bleibt schließlich brennend auf dem Dach liegen.

»Scheiße, Riley, bleib hier!«

Das ist Kevin, mein Teamchef, der mich ruft. Aber ich höre nicht auf ihn. »Evan ist in dem Wagen!«, rufe ich, überwinde die Absperrung und laufe auf die Fahrbahn. »Evan ist da drin!«

»Ich weiß«, sagt Kevin.

»Dann hilf mir!« Denn das, was sich vor meinen Augen abspielt, ist heftig. Wie aus einem Actionfilm. Nur dass kein Stuntman hinter dem Steuer sitzt und dass sowohl der Crash als auch das Feuer echt sind. Weshalb mir ganz anders wird.

Wir Fahrer tragen zwar feuerfeste Anzüge, haben Kopfstützen, Gurte, Airbags und weiß der Teufel was noch alles, aber das ist für Unfälle auf der Strecke, nicht um vor einem Anschlag zu schützen.

Kurz bevor ich an der Unfallstelle bin, reißt mich Kevin zurück. »Herrgott, Riley, willst du dich umbringen?«

Protestierend winde ich mich in seinen Armen und versuche loszukommen. Mein Ford brennt lichterloh und ich meine, eine Bewegung ausmachen zu können. Für einen kurzen Moment durchflutet mich pure Erleichterung. Ich habe das Gefühl, dass die Welt sich langsam wieder normal dreht. Dass wie durch ein Wunder alles gut werden wird. Dann folgt eine zweite Explosion, durch die Teile des Hecks in die Luft geschleudert werden.

»Wie konnte er nur?!«, schreie ich wie von Sinnen und kämpfe gegen Kevins Griff an, weil es mir unmöglich ist, einfach zuzuschauen, während Evan dort drin krepiert. »Was hat er sich dabei gedacht?!«

»Wir wissen beide warum«, sagt er.

Hilflos stehe ich da und sehe zu, wie der Löschschaum das Wrack unter einer weißen Decke begräbt, die mich an eine Lawine aus Schnee erinnert. Kurz danach bergen zwei Feuerwehrmänner einen Körper aus dem Inneren.

Oh Gott! Ich wünsche mir, die Welt würde an mir vorbeirasen, wie sie es mit zweihundert Meilen pro Stunde tut. Bei dieser Geschwindigkeit verliert die Umgebung ihre Konturen und das, was vor einem liegt, ist einen Atemzug später bereits im Rückspiegel. Aber stattdessen brennt sich jede verfluchte Millisekunde in mein Gedächtnis ein.

»Ich muss zu ihm«, jammere ich, sobald die Sanitäter den leblosen Körper untersuchen.

»Lass die Ärzte ihren verdammten Job machen!«, fährt Kevin mich wütend an, als wäre all das meine Schuld. »Zur Abwechslung geht es mal nicht um dich, Riley! Also hör auf, dich wie ein Kind zu benehmen, und werd' endlich erwachsen!«

Sanitäter lösen Evans Helm. Sie schneiden den Anzug auf und beginnen mit der Reanimation. Währenddessen landet ein Hubschrauber auf dem Asphalt. Evan wird auf eine Trage gehievt. Sie schieben die Liege zum Helikopter, er wird eingeladen, die Türen schließen sich und das Rettungsteam erhebt sich in die Luft.

Und ich? Ich habe nur einen einzigen Gedanken: *Halte durch! Ich hab dir noch so viel zu sagen, du Scheißkerl. Halt verflucht noch mal durch!*

»EVAN!«

1

Vor einem Monat

Da ist sie! Unser Supergirl der Stunde!«

»Bitte keine weitere –« *Sektdusche* will ich sagen. In dem Moment spritzt mir der klebrig-süße Champagner schon ins Gesicht. Kevin, mein Manager und Crew Chief, wirft mich Fliegengewicht in die Luft und ich werde von einer johlenden und pfeifenden Menge durch die Bar getragen, in der wir meinen Sieg beim einunddreißigsten Renntag in Kansas feiern.

Lachend entscheide ich mich für das Einzige, was man in solch einer Situation machen kann: Ich strecke die Zunge raus und fange so viel Sekt wie möglich auf. Wäre ja sonst schade drum.

Seit drei Jahren fahre ich Nascar und erinnere mich noch gut daran, wie ich als Frau anfangs von den Männern belächelt wurde. Doch bereits im letzten Jahr konnte ich mir ab und zu die Poleposition sichern, auch wenn ich letztlich wegen technischer Probleme vorzeitig ausscheiden musste und dafür Spott und Häme von den Herren kassiert habe. In diesem Jahr gibt es kein Halten mehr. Aktuell liege ich in der Gesamtrangliste auf Platz drei. Und heute habe ich das Rennen gewonnen – und bin damit die erste Frau überhaupt, der das gelungen ist. Über

Stunden hat mich die Presse belagert und nun feiere ich mit meinem Team und Freunden den Sieg.

»Lasst sie runter, ihr Perversen!«, faucht Joyce, meine beste Freundin und die Verlobte von Kevin.

»Spielverderberin!«, sage ich scherzhaft, als die Menge tut, was sie sagt, und ich wieder festen Boden unter den Füßen habe.

»Ich konnte einen kurzen Blick auf deine Brüste und dein Höschen erhaschen. Und ich stand fünf Meter entfernt. Was die Leute in der Nähe gesehen haben, will ich mir nicht mal vorstellen.« Sie packt mich an der Hand und zieht mich zu den Waschräumen.

»Gesehen ist okay. So gut wie jeder hier hatte schon einen Blick drauf. Wenn du meine Brüste *angetatscht* hättest, dann würde ich mir Sorgen machen«, ziehe ich sie auf und zupfe mein feucht gewordenes Minikleid zurecht.

»Du bist echt die schamloseste Frau, die ich kenne!«, ruft sie empört, befeuchtet ein Papiertuch, wischt mir damit über meine Arme und tupft mir die Stirn ab.

»Und du die …« Ich beiße mir auf die Zunge. Nein, Joyce ist alles andere als verklemmt. Sie hat lange, weich fallende dunkle Haare, liebt hohe Absätze und roten Lippenstift. Und ich finde, dass Kevin ein Glückspilz ist, dass er sie hat, denn sie ist sexy und smart. »Du bist einfach nur toll«, sage ich überschwänglich.

»Ich weiß.« Zufrieden mustert sie mein sektfreies Antlitz. »Fast wie neu.«

Zustimmend nicke ich. Mein blonder Fransenbob ist verwuschelt, aber die Mascara ist nicht zerlaufen und das enge schwarze Designer-Minikleid sitzt tadellos. Nur die Sneaker an meinen Füßen stören das Gesamtbild der sexy, Männer verschlingenden Femme fatale. Doch damit kann ich leben. Ich mag keine High Heels, weil ich darin nur durch die Gegend stolpere. Stattdessen bevorzuge ich Schuhe, in denen man jederzeit Dummheiten anstellen kann.

»Wir haben noch gar nicht angestoßen«, fällt mir auf und ohne Widerrede schleife ich Joyce mit zur Bar.

»Auf die größte Rennfahrerin aller Zeiten!«, ruft sie und unsere Biergläser knallen aneinander.

»Und auf die beste Freundin!«

»Oh mein Gott!«, haucht Joyce plötzlich total aufgeregt. »Kann ich dich kurz alleine lassen, ohne dass du gleich mit einem deiner Fans abzischst?«

Ich nicke, dabei wissen wir beide, dass es darauf früher oder später hinauslaufen wird. Ich habe im Gegensatz zu ihr keinen festen Freund. Jemanden zu finden ist verdammt schwer, solange man während der Saison alle paar Tage woanders ist. Aber ich habe Groupies und bin der Ansicht, dass nichts dabei ist, sich von dem attraktivsten Typen abschleppen zu lassen oder ihn abzuschleppen. Ich glaube, Sex ist mir sogar noch lieber, als schnell zu fahren. Das Gefühl, wenn du abhebst. Man ist ganz im Hier und Jetzt. Und dann explodiert man.

»So allein?«, spricht mich ein Mann von der Seite an.

Ich taxiere ihn, lange genug, um festzustellen, dass er attraktiv ist und in mein Beuteschema fällt. Aber natürlich werde ich mich nicht sofort auf ihn stürzen, sondern ihn zappeln lassen. Wenn ich mich ziere, ist der Sex nachher umso heißer.

Scheinbar desinteressiert wende ich mich ab und sehe Joyce hinterher.

Sie stellt sich auf die Zehenspitzen und legt einem großen, breitschultrigen Typen von hinten die Hände über das Gesicht. Der packt sie daraufhin und sie kreischt vergnügt, sodass ich mitlachen muss. Bis er sich umdreht und sich unsere Blicke treffen.

Was der Kerl neben mir sagt, geht vollkommen an mir vorbei. Ich bin gefesselt von den stechend hellen Augen, deren Farbe ich auf die Distanz nicht erkennen kann und die mich durchdringend mustern. Auf eine sehr intime Art fühle ich mich nackt, verletzlich und weiblich, und mein Puls schnellt in die Höhe. Ein unbekannter Hunger ergreift jede Faser von mir. Schmerzlich. Als wüsste ein Teil von mir bereits, dass er nicht gestillt werden wird.

Es kostet mich meine ganze Willensstärke, den Blickkontakt zu unterbrechen, um den Rest von ihm zu begutachten.

Der Kerl ist größer als Kevin und hat schmale Hüften, die von locker sitzenden Jeans betont werden. Und ich bin froh, dass er bloß ein schlichtes, graues Shirt anhat. Denn wenn er auch nur einen Hauch eleganter gekleidet wäre, könnte ich für nichts garantieren. Er trägt einen herausgewachsenen Military Cut und einen kurz geschnittenen Bart, der zwar seine Wangen und sein Kinn überzieht, jedoch nicht seine markanten Gesichtszüge verdeckt.

Ich werde ebenso gemustert und schiebe mein Kleid tiefer, damit es mehr von mir bedeckt. Dabei ist meine übliche Reaktion auf attraktive Typen, es zu heben. Mein Mund ist trocken, meine Haut brennt, meine Nippel sind hart und meine Brüste schwer. Zwischen meinen Beinen bin ich außerdem feucht und sehne mich mit einer nie gekannten Dringlichkeit danach, von diesem Mann genommen zu werden. So fühle ich mich zum ersten Mal. Heiß und ein bisschen schwindelig. Als käme meine Welt zum Stillstand und würde sich gleichzeitig mit doppelter Geschwindigkeit drehen.

Und je länger er mich mustert und das Lächeln, das Joyce ihm ins Gesicht gezaubert hat, verblasst, umso faszinierter bin ich von ihm.

»Du willst es sofort?«, haucht der Typ neben mir in mein Ohr.

»Wie bitte?«, frage ich verdattert, bis die Worte zu mir durchdringen. »Ja«, hauche ich. Ja, ich will *es* nicht nur, sondern brauche es. Und bevor der Typ zu meiner Linken seinen Arm um mich legen kann, löse ich mich von der Bar und schlängele mich zu Joyce, Kevin und dem mysteriösen Unbekannten.

»Entschuldigt mich«, sagt der genau in dem Moment, als ich komme, und entfernt sich von Joyce und Kevin.

»Hab ich was getan?« Ich runzle die Stirn, weil ich solch eine Reaktion nicht erwartet habe.

»Quatsch! Evan macht sich bloß nichts aus Frauen, deren Nippel man durch den Stoff sehen kann«, sagt Kevin frech und kassiert dafür von Joyce einen Hieb in die Seite. Zu Recht. Er lacht. »Aber es ist die Wahrheit.«

»Auf was für Frauen steht Mr Miesepeter denn sonst?«, frage ich, ohne mein Interesse an ihm besonders gut kaschieren zu können.

»Machst du dir etwa Hoffnungen?«, fragt mich Joyce und mustert mich amüsiert, weil sie mich so forsch und eindeutig interessiert nicht kennt. »Ich glaube, dieser Typ Frau muss noch geboren werden.«

Glaubst du?, denke ich mir. *Wenn du dich da mal nicht täuschst.* Wohin auch immer er gegangen ist, er ist in der Nähe und beobachtet mich weiter. Ich drehe mich und finde ihn mühelos in der Menge, als gäbe es zwischen uns eine unsichtbare Verbindung. Er steht an der Bar mit einem Bier in der Hand, einem kleinen, das er sich gerade geholt hat.

Ich proste ihm zu, hebe lächelnd mein Glas und warte eine Sekunde länger als nötig, ob er es auch macht. Tut er aber nicht.

»Nimm es nicht persönlich. Mein großer Bruder ist so, seit er von seinem letzten Irak-Einsatz zurück ist. Ich dachte, ein bisschen Spaß würde ihm guttun. Aber ich hab mich wohl getäuscht«, sagt Kevin, dem der Blickwechsel zwischen Evan und mir nicht entgangen ist.

»Scheint so«, sage ich und habe Mühe, cool zu bleiben, obwohl ich die Blicke dieses Mannes wie eine Berührung spüre – in meinem Haar, meinem Nacken, auf meinem Rücken … »Du hast nie von deinem Bruder erzählt.« Verwundert sehe ich erst zu Kevin und dann zu Joyce, die ihn anscheinend ebenfalls kennt.

»Ehrlich nicht? Das war keine Absicht.«

»Er hat sich furchtbare Sorgen gemacht«, erklärt Joyce. »Evan ist seit einem Jahr wieder hier, doch er begibt sich kaum unter Leute. Keine Ahnung, was vorgefallen ist, er will nicht darüber sprechen. Es ist ein Wunder, dass er überhaupt gekommen ist.«

»Weil ich ihm seit Monaten in den Ohren liege, dass er mal etwas Spaß braucht, raus muss, sich nicht ewig einigeln kann«, sagt Kevin.

»Gefällt ihm wohl nicht so.« Ernst nippe ich an meinem Bier und fange erneut einen dieser Blicke auf, die mich ganz durcheinanderbringen.

»Lass dir von Evan bloß nicht die Laune verderben. Das ist deine Party, genieße sie! Du hast es dir verdient«, sagt Joyce, packt mich und zerrt mich lachend in die tanzende Menge.

Mein Team bejubelt mich, als wäre ich nie weg gewesen. Ich posiere für Fotos und drücke Küsse auf Wangen, lande in engen, verschwitzten Umarmungen und kann nicht fassen, dass ich wirklich das Rennen in Kansas gewonnen habe.

Ununterbrochen spüre ich dabei Evans Blicke auf mir. Intensiv und intim. Sodass ich genervt bin, weil er mich dennoch meidet wie der Teufel das Weihwasser.

»Was ist dein Problem?«, stelle ich ihn zur Rede, als es mir reicht. Ich bin niemand, der Konfrontationen scheut, und die hier, die hat er eindeutig herausgefordert.

Er mustert mich einmal von Kopf bis Fuß, als würden ihm mehr als zwei Wege einfallen, mich halbe Portion loszuwerden. Dabei wird mir bewusst, dass ich immer noch nicht sagen kann, welche Farbe seine Augen haben. Irritierend.

»Was ist deines?«, fragt er mit einer ruhigen, tiefen Stimme, die mich erzittern lässt.

»Ich habe keins«, lüge ich. »Ich feiere meinen Sieg. Und wenn du nicht mitfeiern willst …« Ich rücke zu ihm auf, so wie kleine, dumme Motten näher an die gefährliche, heiße Flamme wollen. Doch er reagiert nicht. Sein Duft steigt mir in die Nase und ich kann nicht anders, als diese exotische Mischung zu inhalieren. Seife, Parfüm und etwas Herbes, Natürliches.

Ich weiß, welche Wirkung ich auf Männer ausübe und wie sie auf mich reagieren, doch der vor mir ist mir ein Rätsel. Nervös nehme ich mehrere Schlucke von meinem mittlerweile lauwarmen Bier und beschließe, ihn aus der Reserve zu locken.

Mit Absicht streife ich mit meinem Körper seinen, warte, dass er mich packt, irgendwas macht, übernimmt, alles. Hauptsache, er schaut mich nicht länger so an.

Nichts geschieht.

Mutiger lehne ich mich gegen ihn, spüre seine Hitze und sehe, wie sich seine Pupillen verräterisch weiten, weil er mich will. Wir stehen so nah, dass gerade mal ein Blatt Papier zwischen uns passt.

Bis hierhin und nicht weiter, warnt mich da plötzlich sein Gesichtsausdruck.

Ach ja?, frage ich stumm zurück. *Versuch, mich aufzuhalten!* Dieser Mann hat nicht den Hauch einer Ahnung, wen er vor sich hat und wie weit ich bereit bin zu gehen. Ich bin Riley Luman und nicht dafür bekannt, mich an die Regeln zu halten.

Mutig oder dumm, bei ihm kann ich nicht sagen, was zutreffender ist, strecke ich meine Hand aus und lege sie auf seine Hüfte. Ein Zittern seiner Muskeln verrät ihn. Er weiß genau, dass ich merke, wie groß sein Verlangen ist. Aber weiterhin unternimmt er nichts, ärgert mich nur mit seiner Gelassenheit.

Na warte!

Provokativ berühre ich seinen Schritt, wo er –

Urplötzlich werde ich herumgewirbelt und habe die Wand vor der Nase. Ich verschütte mein Bier, als ich mich abstütze. Mein anderer Arm ist grob auf den Rücken gedreht. Wenn ich mich rühre, zieht ein Schmerz von meiner Schulter in den Nacken. Doch je länger ich es nicht tue, umso intensiver wird eine andere Art brennender Schmerz tief in mir drin.

»Bitte«, flüstere ich mit einer Stimme, die ich nicht von mir kenne.

Evan beugt sich zu mir, lässt mich seine Nähe spüren, und obwohl zwischen uns nichts als Hitze ist, zittere ich. »Warum suchst du dir unter all den Männern, die dir an diesem Abend an die Wäsche wollen, ausgerechnet den aus, der das nicht will?«, fragt er und seine Lippen und sein warmer Atem streifen mein Ohrläppchen.

Hektisch hole ich Luft und versuche, einen klaren Gedanken zu fassen. Ich bin für meine Schlagfertigkeit berühmt, wie kann sie mich genau jetzt im Stich lassen, wenn ich jemanden ernsthaft beeindrucken möchte? »Weil ich –«, beginne ich, da lockert er unerwartet den Griff.

»Wenn ich du wäre, Riley, würde ich den Typen an der Bar ficken. Kariertes Hemd, Jeans und Stetson um den Hals. Soweit ich das überblicken kann, ist er der Einzige hier, der noch nüchtern ist und deshalb einen hochkriegen wird.« Mit diesen Worten lässt er mich so plötzlich los, wie er mich gepackt hat, sodass ich einen Moment brauche, bis ich wieder sicher auf meinen eigenen Beinen stehe.

Sobald ich herumfahre und ihn auf das Wüsteste beschimpfen will, stöhne ich auf. Evan Crawford ist in der Menge verschwunden.

Erschöpft wie nach einer Sporteinheit mit meinem persönlichen Trainer lehne ich mich an die Wand.

»Scheiße!« Dieser Mann war hart und wollte mich mindestens genauso sehr wie ich ihn. Warum ist er gegangen?

2

Wir müssen reden«, fängt mich Kevin zwei Tage später zu Hause ab.

Wie die meisten Nascar-Fahrer wohne ich, wenn ich nicht unterwegs bin, am Lake Norman, einer wunderschönen Seenlandschaft in North Carolina. Charlotte, die Stadt, die auch als das Zentrum des Rennsports angesehen wird, liegt um die Ecke. Egal, was für technische Gimmicks du brauchst, dort kriegst du sie. Plus den entsprechenden Spezialisten, der dir das Teil einbaut und dich instruiert, wie du damit umzugehen hast.

Das Grundstück am See ist seit Generationen in Familienbesitz. Teile der Villa stammen aus dem 18. Jahrhundert und mit der Zeit wurde das Haus ständig umgebaut und modernisiert.

Heute lebe nicht nur ich hier, sondern mein ganzes Team. Kevin und Joyce benutzen das Gästehaus, meine Technik-Crew wohnt direkt unter dem Dach und ich selbst habe den Südflügel für mich. Neben einer kleinen Teststrecke mit Schallschutzmauern gibt es eine wunderschöne Poolanlage, einen Sportplatz und zig Acker Land, die – je weiter man sich vom Haus entfernt – immer weniger einem Park und mehr der natürlichen Landschaft am See gleichen.

Während der Rennsaison habe ich jedoch kaum Gelegenheit, mein Zuhause zu genießen. Und dafür zahlen meine Sponsoren ja auch nicht ihr Geld, sondern dafür, dass ich Rennen gewinne.

Wir sind gerade aus Kansas zurückgekommen. Mein Team überprüft die Technik, tauscht defekte Teile aus, reinigt jeden Millimeter und sorgt dafür, dass das Equipment für das Rennen in Talladega vollständig ist. Vor allem unsere Funkgeräte sind wichtig. Aber sie verschwinden im Laufe eines Wochenendes regelmäßig in der Hektik des Aufbruchs. Im Besprechungsraum trifft sich das strategische Team für eine kurze Auswertung, an der auch Fernando als Ingenieur teilnimmt. Je nach Zeitfenster müssen die Trucks dann wieder losrollen, um rechtzeitig am Austragungsort des nächsten Rennens anzukommen. Deshalb helfe ich mit, wo ich kann.

Erschöpft wische ich mir den Schweiß aus der Stirn, weil es ungewöhnlich warm ist, und bin froh, dass Kevin zu mir gekommen ist. Das erspart es mir, ihn zu suchen.

»Schau dir das an!«, sage ich und winke ihn zu unseren Computern. Michael, unser Chef-Analyst, hat die Abschnitte, an denen ich Probleme auf der Strecke hatte, markiert. »Es ist ein Wunder, dass ich gewonnen habe. Der Wagen lief, als er im maximal erlaubten Geschwindigkeitsbereich war. Aber dorthin zu kommen, hat viel zu lange gedauert.«

»Hast du deshalb in den Kurven das Gaspedal durchgetreten?«, fragt er.

»Wie hätte ich sonst gewinnen sollen?«

»Das war leichtsinnig«, erwidert er wenig begeistert.

»Und die richtige Entscheidung«, erinnere ich ihn. »Aber das kann ich in Talladega nicht bringen. Du weißt, dass wir dort zwar auf hundertneunzig Meilen pro Stunde kommen können, aber in den Kurven muss ich das Tempo drosseln. Danach verliere ich wertvolle Sekunden beim Beschleunigen. Wenn Nick den Fehler nicht findet und behebt, war es das mit meinem Sieg, meiner Position in der Gesamtrangliste und im schlimmsten Fall sogar mit dem Siegertreppchen der Sprint Cup Series 2016.«

»Was vielleicht nicht das Schlechteste wäre«, sagt Kevin, rückt sein Basecap zurecht, überfliegt nun ebenfalls die Zahlen vom letzten Lauf und gleicht sie mit den Ergebnissen vom Vorjahr ab.

»Spinnst du?!« Ich kümmere mich nicht darum, was Kevin damit meint, sondern wende mich an Nick, den Jüngsten im Team, der seinen Kaugummi ausspuckt und sich gleich den nächsten reinsteckt, so wie manche Leute rauchen.

»Chief!«, sagt er knapp zur Begrüßung, als Kevin neben mir auftaucht, bevor sein Kopf wieder unter der Motorhaube verschwindet. Dann ruft er: »Ich hab jetzt jedes Teil, was irgendwie wackelt, festgezurrt. Versuch es noch mal!«

Jeder im Team kennt die Regeln, wonach private Tests mit den Wagen nicht gestattet sind. Aber die Technik zu checken, zahlt nicht dazu, redet sich mein Gewissen heraus. Außerdem kann ich auf meinem Grundstück tun und lassen, was ich will.

Wie jedes Mal bevor ich in den Ford steige, werfe ich einen letzten Blick unter die Haube. Dann knalle ich die Abdeckung zu, trinke noch einen Schluck Wasser und stülpe mir meinen Helm über. Gespannt schwinge ich mich durch den Einstieg ins Innere, setze mein Lenkrad ran und lasse den Motor aufheulen. Musik in meinen Ohren.

»Bereit?«, frage ich Michael und meinen Ingenieur Fernando. Beide heben die Daumen. Nick weicht zurück. Und wie hunderte Male zuvor, steuere ich Leo, meinen schwarzen Ford mit der Nummer 8, benannt nach meinem Bruder Leonard Luman, auf die kleine, private Teststrecke.

Als würde es um alles gehen, bringe ich den Wagen an seine Grenzen. Ich versuche sofort, das Maximum rauszuholen, bremse und beschleunige im Wechsel und kombiniere das Ganze mit verschiedenen Lenkmanövern. Die meisten glauben, man braucht einen Bleifuß, um zu gewinnen. Aber bei Autorennen kommt es genauso auf die Taktik an. Wenn man sich direkt hinter jemanden setzt, kann man Kraft sparen, da einen der andere mitzieht. Wenn hinter einem jemand hängt, kann der einem aber auch benötigten Schub nehmen. Deshalb ist es wichtig, die anderen Fahrer abzuschütteln … oder sich so früh wie möglich freizufahren. Was wir in unzähligen Teamsitzungen analysiert haben.

Bis jetzt läuft alles bestens und zum Test erhöhe ich die Geschwindigkeit, um die Situation in Kansas nachzustellen. Auf dass die Probleme behoben sind!

»Tritt erst nach der Kurve!«, ruft Michael mir über das Headset zu. »Riley, nach der –«

»Wohoo!« Da bin ich schon vorbei, brauche einen Moment, um den Wagen zu stabilisieren, und rase in die nächste Schleife. »Gute Arbeit, Nick!«, schreie ich ins Mikro, weil ich weiß, dass unser Jüngster zuhört.

»Dann komm rein, ich muss mit dir sprechen!«, mischt sich Kevin ein.

»Noch fünf Runden!«, bettele ich. »Ich beeile mich auch.«

Wenn es um das Autofahren geht, bin ich wie ein Kind, das sich mit seinem Lieblingsspielzeug beschäftigt.

Ich möchte jede freie Minute mit meinem Flitzer verbringen. Es ist ein unglaubliches Gefühl, über den Boden zu fliegen, und ich genieße, dass in meinem Kopf nichts anderes existiert außer der Rennstrecke. Wenn ich fahre, habe ich keine Probleme, dann kümmert mich nichts. Dann bin ich nicht mehr Riley Luman, sondern nur ein Teil dieser Maschine, ein Wesen ohne Vergangenheit und ohne Zukunft.

Kevin erwidert daraufhin nichts und das sagt mir, dass ihm irgendetwas große Sorgen bereitet. Beunruhigt breche ich den Test ab. Auf Talladega am Dreiundzwanzigsten haben wir uns genug vorbereitet.

Ich lenke den Ford in die Box und bespreche mit Michael die Ergebnisse. Fernando, mein Daniel Düsentrieb im Team, winkt ihn zu sich, und sie stellen weitere Berechnungen an.

»Und?«, frage ich Kevin, setze den Helm ab und öffne den Anzug. »Was ist so wichtig?«

Wortlos streicht er sich über die kurzen Haare und setzt sich sein Basecap wieder auf. Dann reicht er mir einen Zettel in einer Folie, den ich automatisch rausholen will. »Nein, nicht anfassen!«, ermahnt er mich und ich lese, was auf dem Papier steht.

Frauen gehören an den Herd.
Mach langsamer, Hure, oder du wirst es bereuen!

»Was ist das?«, frage ich.

»Keine Fanpost«, sagt Kevin ernst. »Und bereits der fünfte Brief dieser Art.« Ich hole Luft, um mich darüber aufzuregen, dass er erst jetzt damit zu mir kommt, aber er bremst mich. »Anfangs waren die Botschaften harmloser.

Normaler, frauenfeindlicher Scheiß eben. ›Spiel mit Puppen statt mit Autos!‹, ›Sei mein Boxenluder!‹, ›Wenn du jemanden brauchst, der es dir besorgt, frag mich!‹ Solche Sachen.«

Ich gebe Kevin das Papier zurück. »Warst du damit bei der Polizei?«

»Ja, natürlich. Aber sie finden nichts. Die Nachrichten werden auf Standardpapier mit einem Standarddrucker gedruckt und über einen Online-Versender zugestellt.« Er hebt den neuesten Zettel. »Und sie werden bedrohlicher.«

»Was schlägst du vor? Ich werde auf keinen Fall mit Absicht langsamer fahren, als ich kann.« Aufgebracht rede ich lauter. »Genau für das hier haben wir alles getan. Ich will gewinnen. Ich muss gewinnen. Für mich. Für Leo. Das weißt du doch!«

Leonard Luman ist mein Bruder. Beziehungsweise war es, bis er vor drei Jahren bei einem Rennen einen schrecklichen Unfall hatte. Man konnte ihn noch lebendig aus dem Wagen ziehen. Als er versorgt wurde, hat er mich zu sich gewunken. Ich musste ihm versprechen, ein Mal die Sprint Cup Series für ihn zu gewinnen. Kurz danach ist er gestorben. Was glaubt Kevin, was ich jetzt mache? Däumchen drehen? Ich mag Konventionen und Regeln nicht besonders ernst nehmen, aber Versprechen schon. Vor allem dieses. Nach dem Tod unserer Eltern war Leo immer für mich da. Und ich für ihn. Wir haben beide die Leidenschaft für den Rennsport geteilt. Und so wie er bin ich besessen von Autos, Motoren und Geschwindigkeit. Daran können auch Drohungen nichts ändern. Ich werde das Rennen gewinnen und mein Versprechen einlösen. Basta.

Mit der Wasserflasche in der einen Hand und dem Helm in der anderen verlasse ich die Box, um mich umzuziehen. Ja, ich bin etwas verrückt, aber das muss man sein, wenn man sich in ein Fahrzeug setzt, das eine Handbreit über dem Asphalt entlangfliegt.

Kevin läuft mir nach. »Riley, kannst du die Sache bitte ernst nehmen?«

Während ich mich ausziehe, lehnt er sich mit verschränkten Armen an den Türrahmen und sieht mir zu. Mir ist das nicht peinlich oder unangenehm. Ich kenne es nicht anders. Wenn man im Rennsport ist und von Woche zu Woche neue Wettkämpfe hat, lebt man mit der gesamten Mannschaft auf engstem Raum. Klar hat man auch mal Privatsphäre. Aber früher oder später bekommt eh jeder alles mit. Schamgefühl wäre völlig fehl am Platz.

Sobald ich mich ausgezogen habe, stelle ich mich unter die Dusche und seufze dankbar über die Abkühlung.

»Ich werde nicht aufhören«, rufe ich über das Rauschen des Wassers hinweg.

»Du bist genauso stur wie dein Bruder«, knurrt er. »Ja, du hast Leo versprochen, die Sprint Cup Series zu gewinnen. Ich hab ihm aber auch was versprochen, das weißt du ganz genau.« Auf mich aufzupassen, ja, ich erinnere mich. »Deshalb möchte ich jemanden einstellen, der rund um die Uhr an deiner Seite ist.«

»Einen Babysitter?!«, frage ich und stelle die Dusche aus. Ich wickle mich in ein Handtuch, kämme mir meine dunkelblonden Haare und gehe in mein Schlafzimmer, um mir frische Sachen aus dem Schrank zu nehmen.

»Wenn du dich wie ein Baby benimmst: ja. Ansonsten dachte ich eher an einen Bodyguard.«

»Sehr witzig, Kevin! Hältst du das nicht für etwas übertrieben?«

»Eine gelockerte Schraube und dir fliegt der Wagen um die Ohren. Also: nein.«

Ich löse das Handtuch und ziehe mir Unterwäsche, Jeans und Shirt an. »Aber es sind doch nur Briefe!«

»Ich würde mich wohler fühlen«, höre ich plötzlich Joyce und frage mich, seit wann sie uns belauscht hat.

Schachmatt gesetzt schaue ich von einem zum anderen. »Ihr zwei!«, rufe ich empört. Natürlich kann ich jetzt unmöglich dagegen protestieren. Über Kevin setze ich mich gerne hinweg, aber Joyce ist wie eine Schwester für mich. Und die Sorge in ihrem Gesicht macht mich schwach. Ich halte Kevins Vorschlag immer noch für übertrieben. Kreative Drohbriefe haben nichts mit Sabotage an meiner Technik zu tun. Außerdem bin ich die einzige Frau in einem Männerrennen. Da bekomme ich einiges zu hören. Aber so wie mich Joyce anschaut … Ich seufze.

»Wen hast du für diese Aufgabe vorgesehen?«, gebe ich mich geschlagen.

»Evan«, sagt er.

»Deinen Bruder?!« Ich könnte kaum überraschter sein. Das ist eine miese Idee, aus so vielen Gründen, dass ich mir spare, sie alle aufzuzählen.

Bevor ich in die Küche gehe, um etwas zu essen, versuche ich, aus der Nummer wieder rauszukommen. Allein die Idee, einen Bodyguard zu haben, finde ich grässlich. Wenn der obendrein locker ein Meter neunzig ist und helle Augen hat, deren Farbe ich nicht einordnen kann, dann finde ich sie zum Scheitern verurteilt.

»Nur weil er im Nahen Osten war und es geschafft hat, nicht abgeknallt zu werden, qualifiziert ihn das nicht als Personenschützer«, wende ich ein.

»Er war bei einer Sondereinheit. Außerdem kenne ich meinen großen Bruder, Riley. Ihm entgeht kein Detail, er ist absolut verlässlich und ich vertraue ihm. Bedingungslos. Er ist der beste Mann für diesen Job.«

Ich denke wieder an diesen Moment, als meine Finger Evans Erektion berührt haben. Das hitzige Flackern in seinen Augen und wie kompromisslos er die Situation daraufhin beendet hat. »Und da spielt er mit?« Nach unserer letzten Begegnung kann ich mir das nur schwer vorstellen. Der Typ konnte gar nicht genug Abstand zwischen sich und mich bringen – was irgendwie das Gegenteil von dem ist, was ein Bodyguard macht.

»Wenn ich ihn darum bitte, ja.« Kevin versperrt die Tür, bevor ich ihn stehenlassen kann. »Einverstanden?«

Das klingt nach dem Beginn einer traumhaften Zusammenarbeit. »Einverstanden«, knurre ich widerwillig.

3

Alles okay?«, fragt mich Joyce und klettert im Tourbus auf den Sitz neben mir, als wir vom Rennen in Talladega zurückkommen. »Du bist in der Round of 8 und hast allen Grund zu feiern.«

»Klar, alles bestens«, sage ich lahm und schaue wieder nach draußen in die untergehende Sonne. Wenn ich anfange aufzuzählen, was nicht okay ist, lässt sie mich nie wieder hinter das Steuer eines Stockcars.

In Talladega habe ich das bisher enttäuschendste Ergebnis meiner Saison abgeliefert und wertvolle Punkte verschenkt. Mir geisterten die Drohbriefe durch den Kopf. Fantasien von Evan Crawford haben mich nachts wachgehalten. Und ich hatte den miesesten schnellen Sex seit Langem. Alle haben morgen einen Tag frei, was bedeutet, dass auch für mich der Wagen und die Technik tabu sind und …

Ich habe einfach schlechte Laune und weiß, die wird nicht besser, wenn ich darüber rede. Sondern nur, wenn ich den Rausch der Geschwindigkeit spüre.

»Mach dir keine Sorgen! Dir wird schon nichts passieren«, sagt Joyce.

Ich schweige. Irgendwas ist bereits ins Rollen geraten. Denn ich zerbreche mir den Kopf über Dinge, die außerhalb meiner Macht liegen. Das ist absolut untypisch für mich.

Erst als die Tore meines Anwesens vor uns auftauchen, atme ich auf. Unser Truck hält, ebenso der zweite hinter uns, doch die Türen bleiben geschlossen, anstatt sich zu öffnen.

»Was ist denn jetzt wieder los?«, murmele ich, als mein Wachmann Steve mit ernster Miene in den Bus klettert.

»Ich muss kontrollieren, wer an Bord ist«, erklärt er.

»Sagt wer?«, frage ich.

Unsicher schaut er zu Kevin, dann erneut zu mir.

»Ich«, meldet sich eine tiefe Stimme, die mir Schauer über den Rücken jagt – und mir Kopfschmerzen verursacht.

Im Truck erscheint Evan Crawford. Anders als bei unserer letzten Begegnung trägt er weite, schwarze Armyhosen, ein graues Shirt mit einer Sicherheitsweste, eine Waffe, Funktechnik und ein iPad. Und mit all dem Equipment sieht er absolut heiß und absolut gefährlich aus. Wie ein Mann, der genau weiß, was er tut, und der erwartet, dass seine Ansagen befolgt werden.

Müde reibe ich mir die Schläfen, dabei ging die Fahrt mit knappen sechs Stunden viel schneller als sonst. »Man kann es auch übertreiben. In meinem Truck schmuggle ich wohl kaum Mörder ins Haus, also bitte! Können wir jetzt weiter?«

Mein Tonfall ist flapsig, ich habe das als Witz gemeint. Evan lacht jedoch nicht. Stattdessen mahlt er mit den Zähnen und behält für sich, was ihm auf der Zunge liegt. »Tragen Sie ab sofort die hier!«, siezt er mich, als hätte es diesen kleinen Vorfall in Kansas nie gegeben und ich wäre eine Fremde für ihn. Er verteilt Ausweise an jeden meiner

Leute. Als er bei mir ist, zögert er nur eine Millisekunde. Das war es. Wenn überhaupt.

»Das nächste Mal möchte ich über solche Sachen vorher informiert werden«, zische ich und nehme das Schlüsselband mit Karte.

»Ganz sicher nicht, Ms Luman.«

»Ach, und wieso?«

»Wenn jemand auf Sie schießt, werde ich nicht um Erlaubnis fragen, ob ich Sie schützen darf. Das Gleiche gilt für alle anderen Maßnahmen, die ich zu Ihrer Sicherheit für angemessen halte.«

»Es schießt aber niemand!«, führe ich diese lächerliche Diskussion fort.

»Woher wissen Sie das?«, fragt er zurück und hebt dabei überheblich eine Augenbraue.

Wie konnte ich diesen Vollidioten vor einer Woche bloß attraktiv finden?

»Ich weiß es eben«, behaupte ich. »Aber das könnte sich jeden Moment ändern, wenn du nicht augenblicklich aufhörst, dich wie ein Arsch zu benehmen.« Ziemlich tollkühn versuche ich, einen Ex-Marine zu entwaffnen. Hätte ich zwei Sekunden über mein Vorhaben nachgedacht, hätte ich wissen müssen, dass das eine dumme Idee ist. »Au!«, jaule ich, als ich mal wieder meinen Arm auf dem Rücken habe und diesen riesigen Kerl hinter mir spüre. »Du bist gefeuert!«, zische ich.

»Netter Versuch, aber Kevin hat mich eingestellt, nicht Sie.«

»Kevin, dann sag ihm, dass er gefeuert ist.« Ich winde mich, merke seine Hitze in meinem Rücken und werde umso wütender, je klarer mir wird, wie erniedrigend diese Situation ist.

»Kevin, sag ihr, dass sie gefälligst mitmachen soll.« Die Stille im Truck ist spannungsgeladen. »Mach schon!«, drängt er. »Oder die Sache ist gelaufen und ich bin weg.«

Kevin räuspert sich. »Er hat recht, Riley, du kannst ihn nicht feuern. Außerdem hatte er mit mir abgesprochen, dass er sich das Grundstück anschaut, während wir weg sind, und die Sicherheitsmaßnahmen erhöht. Du solltest ihn einfach seinen Job erledigen lassen. Er ist gut darin.« Kevin seufzt. »Und nun lass sie los, Evan! Sie hat nichts getan.«

Endlich lockert Evan den Griff und wortlos schiebe ich mich an ihm vorbei – ohne meine ID-Karte – und steige aus. Wenn ich noch eine Minute länger in der Nähe von diesem Typen bleibe, platze ich!

»Riley, warte!« Joyce kommt mir nachgelaufen – mit ihrer Karte um den Hals.

Ich beschleunige mein Tempo und nehme den Weg neben der Auffahrt. Weitere Neuerungen fallen mir auf meinem Grundstück auf. Die Bäume und Sträucher haben ihren längst überfälligen jährlichen Schnitt bekommen, sodass man die Anlage besser einsehen kann. Zusätzlich zu den Laternen entlang der Hauptstraße gibt es nun auch auf den Gehwegen Licht. Außerdem wurden neue Sicherheitskameras installiert. Unter anderen Umständen würde ich all diese Veränderungen begrüßen. Doch nun erinnern sie mich an den Mann, der sie eingeführt hat, und an den Ernst der Lage.

»Warum benimmst du dich so eklig?«, fragt sie. »Evan ist echt ein anständiger Kerl, einer der Guten.«

»Lass es, Joyce!«

Wie soll ich ihr erklären, dass mich Evan Crawford in den Wahnsinn treibt? Auf zweierlei Arten: weil ich ihn erwürgen und zugleich küssen möchte.

Ich verfalle in einen leichten Laufschritt. Besser. Das ist es, was ich jetzt brauche. Geschwindigkeit!

Während die Trucks langsam auf das Grundstück rollen, stürme ich in die Garage, ziehe mir einen Helm auf und steige auf meine brandneue Kawasaki, eines von drei Motorrädern, die ich besitze, und die sportlichste Maschine von allen. Der Tank ist voll und sobald der Motor surrt, fällt ein bisschen von der Anspannung von mir ab. Ich nehme die Auffahrt, schlängele mich an den Trucks vorbei und zeige Evan den Mittelfinger, als ich mein Grundstück verlasse.

Besser. Jetzt ist alles wieder besser.

4

Nach einer guten Stunde klären sich meine Gedanken. Ich vergesse die Drohbriefe. Ich vergesse das vermasselte Rennen. Ich vergesse mein generalüberholtes Haus. Und ich vergesse sogar Evan. Irgendwie.

Mittlerweile ist es Nacht geworden, dennoch erkenne ich die Gegend wieder. Ich war erst auf der I77 bis Statesville unterwegs. Dann habe ich die I40 genommen. Und jetzt bin ich bei den Ausläufern der Blue Ridge Mountains, wo ich früher mit meinen Eltern und Leo oft wandern und an einem der Wasserfälle baden war.

Ich genieße die immer schmaler werdenden Straßen, lege mich geschmeidig in die Kurven und halte schließlich an einer Stelle, von der aus es zum Wasser geht.

Vorsichtig nehme ich einen Kiesweg, bis ich nicht mehr weiterkomme. Ich stelle die Maschine ab, reiße mir den Helm vom Kopf und atme tief durch. Genau das brauche ich.

Sobald ich die Scheinwerfer der Kawasaki ausschalte, bin ich für einen Moment umgeben von absoluter Dunkelheit. Dann gewöhne ich mich an das schwache Licht des Mondes.

Ich freue mich, dass ich mich richtig erinnert habe, denn nach wenigen Metern erreiche ich das Flussbett. Ich suche mir einen bequemen Flecken Gras, schlinge die Arme um meine Knie und starre in die Nacht.

Kurz gelingt es mir, an nichts zu denken. Ich registriere nur das Plätschern des Wassers, Knistern im Unterholz, den Wind. Dann merke ich, wie ich automatisch über die noch ausstehenden Wettkämpfe nachdenke, über meinen Bruder und darüber, dass mich jemand umbringen will. Müde reibe ich mir die Augen und wünsche mir, ich könnte schlafen. Aber so einfach ist das bei mir nie. Seit Leos Tod habe ich selten eine erholsame Nacht, weil mich im Dunkeln die Bilder vom Unfall verfolgen. Die Drohungen machen es noch schwerer als sonst.

Ein Knacken reißt mich aus meinen Gedanken. Zuerst fürchte ich, es ist ein Tier. Mein Dad hat mir und meinem Bruder oft erzählt, dass es hier in den Wäldern Bären gäbe. Dann sehe ich die Umrisse eines Mannes, und als mir klar wird, in was für einer verlassenen Gegend ich bin, wird mir flau. Ächzend weiche ich auf dem Boden zurück.

»Endlich haben Sie mal Angst, Ms Luman, sehr gut.«

Der Schatten bewegt sich weiter auf mich zu, aber die Angst verpufft, denn ich erkenne die Stimme, würde sie immer erkennen. Evan. »Wie hast du mich gefunden?«, frage ich.

Er hängt mir meinen Ausweis um. »Tragen Sie den!«

»Und wie bist du überhaupt hergekommen?« Ab und zu habe ich entfernt ein Auto oder ein Motorrad gehört, aber keines, das in der Nähe gehalten hätte.

»Ihre Maschine ist mit einem Sender ausgestattet, so wie auch die ID-Karten, weshalb Sie Ihre unbedingt tragen sollten. Wäre ja schade, wenn Sie verloren gehen«, weicht er meiner Frage aus, aber gut, vielleicht war ich auch so in Gedanken vertieft, dass ich ihn nicht gehört habe. »Und jetzt lassen Sie uns zurückfahren. Hier draußen ist es nicht sicher.«

»Als ob irgendjemand außer dir wüsste, wo ich bin.« Keine Ahnung, woran es liegt, aber all die Gefühle der letzten Stunden kochen wieder hoch. Die Dunkelheit macht mich obendrein mutig. Oder leichtsinnig.

»Ich kann Sie auch zwingen«, sagt er und hockt sich neben mich. Obwohl wir uns ganz nah sind, kann ich die Konturen seines Gesichtes nur erahnen. Ich nehme erneut diesen einzigartigen Evan-Geruch wahr, eine Mischung aus Seife und ihm, die mein Herz schneller schlagen lässt. Ein Schauer kriecht über meinen Rücken, kein unangenehmer, sondern ein herrlich warmer. Einer, der mich daran erinnert, wie sich seine Blicke angefühlt haben. Einer, der mich wieder seine Erektion spüren lässt. Und einer, der mir verspricht, dass Sex mit ihm kein bisschen so ist wie meine Pleite von letzter Nacht.

»Dann zwing mich doch«, zische ich und entziehe mich ihm. Nicht weil ich ihn provozieren will, sondern weil ich seine Nähe nicht mehr aushalte, Abstand brauche, nirgendwo sein kann, wo er ist.

»Wie Sie wollen!« Evan zieht mich an der Schulter zurück, ich entwinde mich ihm und keine Sekunde später wälzen wir uns auf der Wiese.

»Blöde Methode!« Wütend versuche ich, mich zu befreien, und nehme dabei seinen Körper und seine Wärme deutlicher wahr, als mir lieb ist.

Wir winden uns auf dem Boden, bis ich schwer atmend liegen bleibe. Ich meide seinen Blick, spüre aber Evans Atem warm in mein Gesicht schlagen. Er umklammert meine Handgelenke wie Schraubstöcke und zwingt mich zum Aufgeben.

»Lass mich!«, wispere ich. Frustration, Müdigkeit und Wut treiben mir Tränen in die Augen. Beschämt blinzle ich und drehe mich zur Seite, damit Evan nichts davon mitbekommt.

»Ich glaube, so schlecht ist meine Methode gar nicht.« Sanft streicht sein Finger über meine Augenwinkel und wischt mir die Tränen weg. Ein Wimmern entschlüpft meiner Kehle, als hätte er mir wehgetan. Und vielleicht hat er das auch, irgendwo im Inneren, denn auf diese Art hat mich bisher keiner berührt.

»Evan«, krächze ich, mein Tonfall ein Flehen. Nach allem. Nach nichts.

Er seufzt, lockert seinen Griff und räuspert sich. »Entweder du stehst auf und fährst freiwillig zurück, oder ich sorg dafür, Riley.«

Ich rühre mich nicht.

»Du hattest die Wahl!« Kompromisslos liest mich Evan vom Boden auf. Sein Griff ist schmerzhaft in meinen Haaren und an meiner Taille. »Zur Abwechslung kein Protest?«, fragt er.

Eingeschnappt schweige ich. Dann kralle ich mich hart in seine Schultern und hoffe, er spürt meine Nägel durch die dicke Lederjacke. So wie ich seine Kraft und Entschlossenheit spüre.

»Ich hasse di–!«

Plötzlich verschließt sein Mund meinen.

Oh Gott! Obwohl mir dunkel bewusst ist, dass ich dem Kerl eben noch die Augen auskratzen wollte, schiebe ich mich ihm entgegen.

Du steckst in der Klemme, warnt mich eine leise Stimme. Aber mal unter uns: Seine Lippen sind das Beste, was ich je gespürt habe. Seine durchgreifende Art sorgt für ein

Kribbeln in meinem Bauch. Außerdem kann ich ihn jetzt unmöglich loslassen.

Evan klemmt mich zwischen sich und einem Baumstamm fest. Ich schlinge meine Beine um seine Hüften und als er seinen harten Schwanz an mich presst, stellt mein Verstand seinen Dienst ein. Ich stöhne, so dringend brauche ich ihn, und will, dass er mir die Kleider vom Leib reißt, will ihn in mir. Er soll das Chaos, das er in mir angerichtet hat, wieder in Ordnung bringen. Sofort.

Seine Lippen saugen an meinen, rabiat dringt seine Zunge in mich und bewegt sich im Rhythmus seiner Hüften. Sein Bart kitzelt mich und sorgt dafür, dass ich den Kuss an noch ganz anderen Stellen wahrnehme. Das Gefühl ist wie beim Autofahren, ich bin vollkommen bei diesem Mann, will ihn unbedingt und seufze, als seine Hände unter mein Shirt greifen.

Bis seine Küsse plötzlich ruhiger werden und schließlich aufhören. Tief Luft holend legt er seine Stirn an meine, seine Schultern zittern und sein Körper weicht Millimeter für Millimeter zurück.

»Nicht«, keuche ich, da ich durchschaue, was er macht: sich beherrschen.

»Riley, ich muss mich entschuldigen.«

»Wir sind erwachsen, das ist okay.«

Er schüttelt seinen Kopf an meinem. »Nein, ist es nicht.«

»Aber du willst mich doch, oder?«

»Und wie. Aber wenn ich dem hier nachgebe, kann ich meinen Job nicht erfüllen. Objektivität und Distanz sind wichtig.«

»Nicht«, wiederhole ich und umschließe ihn fester mit den Beinen, spüre seine Erektion hart an meinem Schritt und wie sehr er mich nach wie vor begehrt.

»Vorhin wolltest du mich noch entwaffnen und ganz andere Dinge mit mir anstellen«, erinnert er mich, löst sich vollends und hält mich, während ich meine Füße auf dem Waldboden aufsetze. »Am besten wir vergessen diesen kleinen Zwischenfall, Ms Luman.«

Ms Luman? Jetzt bin ich wieder Ms Luman?! Wütend reiße ich mich los und stolpere im Dunkeln zu meiner Maschine. »Das hättest du wohl gerne!«

Mühelos fängt er mich erneut ein.

»Ich hab nie zuvor einer Frau wehgetan.« Er beugt sich an mein Ohr und beißt mich. Der Arsch beißt mich! »Aber machen Sie nur weiter so, denn heißt es nicht, dass irgendwann immer das erste Mal ist?«

Jetzt sehe ich, wie er hergekommen ist. Ebenfalls auf einem Motorrad. Der schwarzen Harley, die ich selten benutze, weil sie mir zu träge beschleunigt, obwohl sie natürlich großartig aussieht.

»Steigen Sie auf!«, sagt er in einem Ton, der keine Widerrede duldet.

Zur Abwechslung gehorche ich und er ist klug genug, das nicht zu kommentieren. Sein Glück, denn sonst würde ich ihm zeigen, dass *ich* kein Problem damit habe, Männern wehzutun.

»Um Ihre Maschine kümmere ich mich morgen«, sagt er und schwingt sich auf das Motorrad. »Bequem?« Er zieht meine Arme um seine Hüften und legt seine eine Hand fest über meine.

»Mmh«, murmele ich, unschlüssig, ob ich mich weiter aufregen oder die Situation verbotenerweise genießen soll.

Evan reicht das als Antwort. Er startet den Motor und wir machen uns auf den Rückweg. Zunächst bin ich ganz verkrampft, doch je länger wir unterwegs sind, umso mehr entspanne ich mich. Ich lasse mich fallen, lehne mich an ihn und sauge seine Nähe in mich auf. Und ganz ohne Worte verstehen wir uns plötzlich.

Als das Tor meines Grundstücks vor uns auftaucht, knurre ich unwirsch, weil ich ewig so weiterfahren könnte. Instinktiv drücke ich mich enger an Evan, will nicht, dass die Verbindung zwischen uns schon abbricht. Aber das tut sie. Schneller als gedacht.

»Wir sind da«, sagt Evan überflüssigerweise. Er hilft mir von der Maschine und schafft sofort eine Armlänge Abstand zwischen uns, gegen die ich mich sträube. »Nein«, sagt er.

»Nein was?«

»Das wissen Sie genau, Ms Luman.«

»Gute Nacht, Evan«, sage ich schläfrig und gebe es auf, ihn weiter zu provozieren. Ich stelle mich auf die Zehenspitzen und drücke ihm, ohne dass er es kommen sieht, einen sanften Kuss auf die Lippen. Dann drehe ich mich um und sehe zu, dass ich Land gewinne. Ehe ich erneut vor diesem Mistkerl in Tränen ausbreche. Einmal pro Nacht genügt völlig.

»Schlafen Sie gut, Ms Luman«, höre ich, wie er mir leise nachruft.

Fick dich, Evan Crawford!

5

Eigentlich wollte ich dich aufziehen, wie dein nächtlicher Ausflug mit Evan war, aber …« Joyce sucht nach Worten. »Süße, du siehst schrecklich aus.«

Ich hebe meine Kaffeetasse. Die dritte an diesem Morgen. Das reicht als Bestätigung. Da ich mich vorhin im Bad im Spiegel gesehen habe, weiß ich, was Joyce meint. Ich schlafe nie besonders tief, weil mir zu viele Gedanken durch den Kopf gehen. Doch letzte Nacht war ich so ruhelos, dass ich mein Shirt durchgeschwitzt habe. Aufgewühlt habe ich darauf gewartet, dass die Sonne endlich aufgeht, nur um dann aus dem Bett zu springen – nicht dass ich Pläne für meinen freien Tag hätte.

Meine Augen brennen und sind verquollen und ich hänge wie ein Schluck Wasser in der Küche herum.

»Ich bezweifle, dass dich Kaffee rettet. Warum hast du keine Schlaftablette genommen?«, fragt Joyce.

»Du weißt, warum«, murmele ich meine Kaffeetasse an. »Ich hasse es, am nächsten Tag wie betäubt zu sein.«

»Du hättest eine halbe nehmen können«, meint sie besorgt.

»Mir geht es gut«, lüge ich. Scheint eine neue Angewohnheit von mir zu werden. Dann stehe ich auf und spüle meine Tasse ab.

Alle genießen heute ihren freien Tag. Fernando wird an seinem Hausboot herumbasteln. Nick wird in der Stadt irgendein Mädchen treffen. Michael hat Karten für ein Konzert in Charlotte. Und Kevin wird mit Joyce shoppen gehen. Ich will niemandem den Tag vermiesen.

»Bereit?«, fragt Kevin, als er prompt bestens gelaunt und ungewohnt leger auftaucht.

»Vielleicht sollte ich bei Riley bleiben«, beginnt Joyce.

»Nichts da!« Ich ringe mir ein Lächeln ab, obwohl mir nicht danach ist. »Genießt euren Tag!«

»Wie du meinst. Du deinen auch«, sagt sie.

Sobald das Haus leer ist, suche ich Evan, um mit ihm zu reden. Denn noch so eine Nacht überstehe ich nicht. Ich durchkämme Raum für Raum, bis mir genervt einfällt, dass es leichter ist, sich finden zu lassen, als jemanden aufzuspüren. Ich kreische aus Leibeskräften.

Keine Minute später stürmt der Mann mit gezogener Waffe in mein Wohnzimmer.

»Was soll der Scheiß?«, ruft er, hält schwer atmend inne und steckt die Pistole weg, als er sieht, dass ich nicht in Gefahr bin. »Und wo ist Ihr Ausweis?«

»Ausweis?«, frage ich.

Seine Miene verdunkelt sich und er zeigt sein Kärtchen.

»Oh! Im Bad … glaube ich … Aber deshalb wollte ich nicht mit dir reden.«

»Sondern?«, knurrt er, packt mich und schiebt mich durchs Haus. Im Bad hängt er mir den Ausweis wieder um.

»Jetzt entspannter?«, frage ich gereizt.

»Ja«, grollt er. »Weshalb wollten Sie mich sprechen?«

»Wegen gestern Nacht …« Ich warte, ob er etwas sagt. Aber wenn mir was unter den Nägeln brennt, dann muss ich es selbst ansprechen. »Du küsst gut.«

Sein Blick wird wütender. Außerdem wandert er wie hypnotisch angezogen zu meinen Lippen, die ich mir provokativ belecke.

»Dazu fällt dir nichts ein?«, frage ich.

»Ich hab schon gesagt, dass es ein Fehler war. Das wird sich nicht wiederholen.«

»Mmh.« Ich beiße mir nachdenklich auf die Unterlippe und er verschlingt mich mit hungrigen Blicken. »Aber du willst es. Das sehe ich.«

»Nur weil Sie die Lippen schürzen.« Er atmet einmal durch und unvermittelt ist sämtliche Hitze aus seinem Blick verschwunden. »Aber ich meine es ernst, das passiert nie wieder. Sie sind eine miserable Küsserin, Ms Luman! Auch wenn ich das Angebot zu schätzen weiß, ich verzichte.«

»Du … Du …« Mir fehlen die Worte. Ich warte darauf, dass er das lustig meint, aber seine Miene bleibt starr. Dass ich schlecht küsse, höre ich zum ersten Mal. »Du eingebildeter Arsch!«, fauche ich.

»Überhebliches Weibsbild!«

»Arroganter Schnösel!«

»Unmögliches Frauenzimmer!«

»Dummer Muskelprotz!«

»Halbe Nummer!«

»Schwanz!«

»Muschi!«

»Teufel!«

»Ganz sicher kein Engel!«

»Widerlich!«, rufe ich.

»Nein, ich bin frisch geduscht, und Sie?«

»Was zum Henker erlaubst du dir? Rieche ich wie ein Stinktier?!« Ich hebe meine Achsel.

»Der reinste Rosenduft.« Er meint es ironisch.

»Sagt der Typ, der wie eine Büffelherde müffelt.«

»Moschus ist männlich.«

»Ochse also!«

Er lacht. »Erwischt! Und Sie möchten nicht herausfinden, was Hornochsen mit anstrengenden Damen anstellen.«

»Ich kann Kung-Fu«, informiere ich ihn schnaufend vor Wut.

»Ich auch. Plus zwei oder drei andere Kampfsportarten.«

Bevor wir stundenlang so weiter streiten, greife ich zu den Waffen einer Frau und hoffe, ihn damit ein bisschen aus der Fassung zu bringen. Mit einem Ruck streife ich mir mein Shirt samt Personalkarte über den Kopf und fummele an meinen Shorts herum.

»Anscheinend werde ich hier nicht mehr gebraucht!«, sagt er und wendet sich ab.

»Sehr richtig«, rufe ich aufgebracht, weil Evan nicht auf meine Nummer eingeht. »Ich besorg's mir jetzt nämlich selbst.«

Als die Tür zufällt, mache ich jedoch nichts dergleichen, außer meine Shorts hinterherzuwerfen und sie dann wieder anzuziehen. Ebenso wie das Shirt. Zitternd vor Wut fällt mir nur eine Sache ein, die mich neben dem Fahren davon abhält durchzudrehen.

»Hi, ich bin es, Riley«, flöte ich in mein Handy.

»Heute?«, fragt die mir bekannte Männerstimme.

»Ja, heute.«

6

Lass ihn durch, Steve! Er gehört zu mir«, sage ich über die Sprechanlage zu meinem Wachmann und beobachte vom Fenster aus, wie Evan meinen Besucher filzt. Er ist so gründlich, als würde ich keinen Freund, sondern einem Kriminellen erwarten. Aber ich nehme mich zusammen. Die paar Minuten halte ich aus.

Als ein dunkler SUV vor dem Haupteingang parkt und Thomas O'Brien, ein Flirt aus Charlotte, aussteigt, gehe ich ihm entgegen und schlinge meine Arme vertraut um seinen Hals, obwohl wir uns erst seit Kurzem kennen.

»Fick mich den ganzen Tag!«, begrüße ich ihn.

»So nötig hast du es?«, fragt er lachend, greift durch das Hosenbein meiner Shorts und drückt meinen Hintern.

»Hast du eine Ahnung.«

Ein Räuspern bringt mich dazu innezuhalten. Evan steht breitbeinig neben uns und lässt die Personalkarte wie ein Pendel vor meiner Nase schwingen. Er muss nichts sagen. Er ist sauer. Obwohl er jeden Muskel in seinem Gesicht unter Kontrolle hat und gelassen aussehen will, weiß ich, dass er mich am liebsten erwürgen würde. Aber ich bin mindestens genauso wütend, und ich ziehe ebenfalls provokativ meine Augenbrauen hoch, als würde ich fragen, was er von mir will. Dabei ist das offensichtlich. Ich habe mich mal wieder nicht an seine Regeln gehalten und seine Sicherheitsbestimmungen ignoriert.

»Wer ist Mr Finster?«, fragt Thomas.

»Mein Babysitter«, flöte ich und lege Evan meine Karte um den Hals. »Besser du passt darauf auf! Nicht dass sie mir beim Sex verloren geht.« Ich nehme Thomas' Hand, schiebe sie unter mein Shirt und bekomme aus den Augenwinkeln mit, wie mein Bodyguard um seine Beherrschung ringt. »Und keine Sorge, Evan, du wirst die ganze Zeit wissen, wo ich bin, denn ich werde verdammt laut sein.«

Als Thomas mich in einer Bar in Charlotte angesprochen hat, war er alles andere als auf den Mund gefallen. Er hat mich pausenlos angeflirtet, mir Komplimente gemacht und von Autos geschwärmt. Sobald er mir näher gekommen ist, habe ich seinen muskulösen Körper und seine Erektion im Schritt gespürt. Der perfekte Kandidat für die Art Sex, die ich liebe und brauche: unkompliziert und unverbindlich. Damals musste ich ihn vertrösten, weil ich bereits anderweitig verabredet war. Doch heute ist der Moment, um diesen Mann zu genießen und mir das Hirn herausvögeln zu lassen, wie er es mir versprochen hat.

Noch auf dem Weg zu meinem Bett zieht er mir mein Shirt und meinen BH aus. Und sobald ich in meinem Schlafzimmer auf meiner Decke lande, bin ich nackt.

»Fick mich!«, rufe ich. »Lass mich fliegen!«

»Oh Baby!«, stöhnt er, legt sich meine Beine um seine Hüften, rollt sich einen Gummi über und stößt mit einer einzigen Bewegung in mich.

»Härter!«, befehle ich. Daraufhin beugt sich Thomas über mich, packt meine Hüften und hämmert in mich, genau wie ich es mag. Seinem »Das ist der Wahnsinn, das wollte ich schon immer!« nach zu urteilen, erfüllt sich mit mir gerade ein Traum, denn er lässt sich richtig gehen. Obwohl sein Schwanz größer sein könnte, ist der Sex in Ordnung. Seine Stöße sind hart, er liegt schwer auf mir und sein Keuchen schlägt mir ekstatisch entgegen. »Ja, ja, ja!« Ich bin verdammt nah und –

»Oh Gott!« Thomas kommt zu früh, küsst nass mein Gesicht, zieht sich raus und fingert mich. »Und jetzt du, Baby!«

Meint er das ernst? Mein Körper ist keine Maschine, und als er mich berührt, vergeht mir die Lust.

»Komm! Komm! Komm!« Er steigert seine Bemühungen und ich kenne nur einen Weg aus dieser Nummer.

Keuchend, lächelnd und »Oh ja«-schreiend spanne ich meine Muskeln heftiger an. Nachdem ich von hundert rückwärts bis neunzig gezählt habe, lasse ich mich zurückfallen. »Das war großartig!«, rufe ich, meine aber das Gegenteil.

»Ja, das war es«, murmelt Thomas schläfrig.

»Keine Runde zwei?«, frage ich.

»Gleich«, nuschelt er und schmiegt sich an mich, als wäre ich ein besonders weiches Daunenkissen.

Seufzend starre ich die Decke an, versuche, ebenfalls zu schlafen, aber es gelingt mir nicht. Was stimmt nicht mit mir, dass mich neuerdings sogar Sex frustriert? Ich handhabe es seit fast einem Jahr so und habe bisher danach immer diesen wohligen Frieden gespürt. Okay, Thomas ist vielleicht nicht der perfekte Kandidat. Die Hormone haben ihn kurz ausgeknockt und er ist zu schnell gekommen. Aber wenn er wach wird, in etwa ein bis zwei Stunden, gibt es bestimmt eine weitere Runde.

Und du glaubst, die wird dir besser gefallen?, meldet sich die Stimme der Vernunft in meinem Kopf, auf die ich gut und gerne verzichten kann.

Stimmt, wohl kaum.

Ich löse mich, ohne Thomas aufzuwecken, ziehe mir ein großes Shirt über und bin überrascht, als Evan vor meiner Tür steht, mit meiner Personalkarte in der Hand. Wort- und widerstandslos lasse ich sie mir umhängen und meide seinen Blick. Wie erniedrigend ist das denn?! Ich hatte miesen Sex und ausgerechnet dieser Mann hat das mitgekriegt.

Als Evan mir ins Bad folgt, spielt mein Körper verrückt vor Verlangen. Jetzt. Bei ihm. Nicht bei dem anderen Kerl.

»Geh«, sage ich leise, ohne mich umzudrehen. »Ich behalte das Kärtchen um, versprochen.« Ich öffne mein Medizinschränkchen und nehme die Packung mit den Schlaftabletten heraus.

Er greift dazwischen. »Es ist eine schlechte Idee, die zu schlucken und sich anschließend in das Bett von einem Kerl zu legen, der auf Sex aus ist.«

»Glaubst du, das weiß ich nicht?«, fauche ich und nehme ihm die Schachtel wieder ab, drücke mir eine Wunderpille aus der Packung und spüle sie mit Wasser runter. Dann räume ich alles zurück in den Schrank und statt zu meinem Schlafzimmer zu gehen, schlage ich den Weg zu einem der Gästezimmer ein. »Kannst du mir einen Gefallen tun?«, frage ich, ohne ihn anzusehen. Andernfalls könnte ich nicht dafür garantieren, dass ich mich benehme.

»Ich bin bloß für Ihre Sicherheit zuständig, Ms Luman.«

Mein Hunger nach diesem Mann wird schmerzhaft und ich kann nicht anders, als mich umzudrehen. Was ich sofort bereue.

Für einen Moment kann ich nichts sagen. Wie er dort steht, so nah und doch so fern, nur einen Meter entfernt und dennoch genauso unerreichbar wie die Sonne. »Deswegen hab ich es Gefallen genannt«, murmele ich, schaffe es, mich von ihm abzuwenden und öffne die Fenster. Ich lasse frische Luft ins Zimmer, ziehe aber gleichzeitig die Vorhänge zu, um schlafen zu können.

Evan sagt nichts.

Kopfschüttelnd und enttäuscht von ihm und allen Männern auf der Welt reiße ich mir ein Blatt Papier von einem Block ab und schreibe eine Nachricht für Thomas. *Danke, ich melde mich.* Ein unverbindlicher Rauswurf.

Evan sieht mich noch immer mit undurchdringlicher Miene an. Ich spiele mit dem Gedanken, erneut zu fragen, ob er was für mich tun könnte. Aber ich entscheide mich dagegen. Ich rufe nach Linda, unserer Köchin, die uns auch bei allen Rennen begleitet, und informiere sie darüber, dass wir einen neuen Gast haben, der alles bekommt, was er will. Dann bitte ich sie, ihm den Zettel mit meinen paar Worten auf den Nachttisch zu legen.

»Gerne«, sagt sie, schaut neugierig zwischen mir und Evan hin und her, ist aber mit ihren gut fünfzig Jahren erfahren genug, um nicht nachzufragen, was los ist.

»Danke«, sage ich, ohne weitere Erklärungen zu geben.

Sie zögert einen Moment, dann verlässt sie das Zimmer, und ich höre, wie nebenan die Tür aufgeht.

»Wenn du mich jetzt ebenfalls alleine lassen würdest …«, sage ich zu Evan und bin froh, als er ohne weitere Diskussion geht und die Tür hinter sich schließt.

Seufzend rolle ich mich auf dem Gästebett zusammen. Ich schließe meine Augen und warte darauf, dass der Schlaf mich übermannt. Ich fühle die bleierne Schwere in meinen Gliedern, genieße die Ruhe. Doch mein Herz schlägt viel zu schnell. Ich wünschte, ich hätte Evan nicht geküsst, nie berührt, nie getroffen. Denn meine Gedanken quälen mich, indem sie jede Sekunde, die ich mit diesem Mann soeben erlebt habe, endlos durchspielen.

Als ich höre, wie nach einer Weile die Zimmertür neben mir aufgeht, bin ich noch wach. Evan redet mit Thomas, ruhig, so wie es seine Art ist, und Thomas entgegnet etwas und lacht, woraufhin Evan schroff sagt: »Gehen Sie! Sofort.«

»Riley hat gemeint, dass –«, beginnt Linda.

»Riley hat was Besseres verdient, findest du nicht?«, sagt Evan und daraufhin schweigt Linda ziemlich untypisch.

»Schlaf!«, grolle ich mir selbst zu und kuschele mich tiefer in die Decke. Aber ich kann nicht und gebe es nach einer weiteren qualvollen Ewigkeit auf.

Leise stehe ich auf und bekomme mit, wie Evan meinen Gast nach draußen begleitet. Ich lasse mein Namensschild liegen und tapse lautlos über den Flur, und bevor ich darüber nachdenken kann, was ich da tue, lande ich in Evans Zimmer. Es ist nicht abgesperrt.

Im Raum herrscht penible Ordnung. Technisches Equipment liegt griffbereit auf dem Schreibtisch. Daneben sind Post-its mit Notizen, Aufgaben und Ideen. Aber das interessiert mich nicht. Ich betrete sein Schlafzimmer, muss über das militärisch ordentliche Bett schmunzeln und schlüpfe mit einem Seufzen unter die Decke.

Das Kopfkissen riecht nach Lindas Waschmittel, aber auch nach Evan und genau auf diese Note konzentriere ich mich. Ich verstehe nicht, warum, aber endlich beschließt mein Kopf, Ruhe zu geben, und ich schlafe ein.

7

»Was für ein dämlicher Kerl!«

Eine Hand streicht mir die Haare aus dem Gesicht und ich blinzele müde. »Linda?«, krächze ich irritiert. Mir fällt wieder ein, wo ich bin, aber anstatt aufzustehen, rekele ich mich ein letztes Mal genüsslich unter der warmen Decke. Dann wird mir das ganze Ausmaß der Situation bewusst. »Scheiße! Wie lange habe ich geschlafen?« Ich springe hoch und versuche, das Bett halbwegs so zu machen, wie ich es vorgefunden habe, was mir mehr schlecht als recht gelingt.

»Er sucht dich seit Stunden«, sagt sie. »Jetzt ist Nachmittag und er ist aufgebracht, weil er dich nicht finden kann.«

»Meinst du, ich kriege Ärger?«

»Willst du welchen?«, fragt sie zurück und zwinkert mir verschwörerisch zu.

»Linda!« Für einen Moment bin ich sprachlos. Dann meldet sich mein Gehirn. »Nein. Das heißt, eine bestimmte Art Ärger würde ich mögen. Aber die kriege ich garantiert nicht.«

Mit Linda an meiner Seite betrete ich mein Ankleidezimmer und ziehe mir Badesachen an. Mir ist danach, an den Pool zu gehen, vielleicht ein paar Runden zu schwimmen und meinen freien Tag doch noch zu genießen.

»Ms Luman!«, donnert eine Stimme hinter mir, als ich gerade meine Liege zurechtrücke.

»Mr Crawford«, gebe ich fröhlich zurück und lege mich in die Sonne.

Evan kommt näher und hängt mir finster dreinblickend das Kärtchen um. »Ich schwöre, ich pflanze Ihnen einen Chip ein, wenn Sie das nicht tragen.«

»Und ich schwöre, Kevin gibt dir einen Arschtritt, wenn du das auch nur versuchst. Also gewöhn dich dran!«, sage ich und schiebe mir selbstbewusst die Sonnenbrille auf die Nase.

»Verdammt, Riley, kannst du die Sache bitte ernst nehmen?!«

»Jetzt bin ich plötzlich Riley?« Interessiert mustere ich ihn über den Rand meiner Gläser, bis mir auffällt, dass er nicht flirtet, sondern hoch konzentriert die Stirn runzelt. »Es gab einen neuen Brief?«, frage ich und ignoriere den eiskalten Schauer, der über meinen Nacken zieht.

»Mit einer kleinen Beilage«, bestätigt er ernst.

»Stand etwas Neues drin?«

»Dass Chicks nichts auf der Rennstrecke zu suchen haben.« Er atmet tief durch. »Und das Ganze war mit einem abgetrennten Hühnerkopf garniert.«

Ich spiele an der Karte herum. »Ich habe geschlafen, okay? Im Haus. In Sicherheit.«

Abwägend sieht er mich an. »Ich war in jedem einzelnen Raum.«

Zur Abwechslung schweige ich. In jedem bis auf einen. Seinem.

»Fuck!«, flucht er, als er begreift, was ich ihm damit mitteile. Doch statt mir eine Standpauke darüber zu halten, dass man nicht in fremder Leute Sachen herumschnüffelt, fährt er sich durchs Haar und über das Gesicht und wendet sich ab. »Genießen Sie Ihren freien Tag, Ms Luman!«

»Du könntest mir Gesellschaft leisten!«, rufe ich ihm nach. »Gehört das nicht zum Job eines Bodyguards? Immer in der Nähe zu sein?«

»Falsch, Ms Luman. Mein Job ist, dass Sie sicher sind«, sagt er im Gehen und klemmt sich das Handy ans Ohr. Mit wem er redet, bekomme ich nicht mehr mit.

Toll! Langsam lasse ich mich ins Wasser gleiten und schwimme, bis meine Muskeln brennen. Danach dusche ich, ziehe mich um und schlinge in der Küche die Lasagne hinunter, die Linda für mich zubereitet hat. Sobald mein Teller leer ist, schnappe ich mir, weil ich noch immer hungrig bin, eine Tüte Chips und schaue mir *Tage des Donners* mit Tom Cruise an. Dabei mache ich mir nur zum Spaß zu den spannenden Szenen Notizen.

»Sag mir, dass du den ganzen Tag auch was anderes gemacht hast, als zu arbeiten!«, ruft Joyce und lässt sich schnaufend neben mir ins Sofa fallen. Zusammen mit an die zehn Shoppingtüten.

»Hab ich«, sage ich.

Ich bekomme mit, wie Kevin und Evan miteinander reden.

»Was ist los?«, fragt Joyce.

»Es ist noch ein Drohbrief gekommen«, erkläre ich. Zumindest hoffe ich, dass Evan das erwähnt und nicht, wie ich stundenlang unauffindbar war.

»Mist«, sagt Joyce.

Wir sitzen den ganzen Abend zusammen, trinken Bier, spielen Karten. Joyce führt allen ihre neuen Errungenschaften vor und ich genieße es, von meinen Freunden umgeben zu sein. Meiner Familie. Den Menschen, die mir am wichtigsten sind.

Irgendwann gehen alle schlafen, aber ich sitze noch immer da. Ich bin hellwach, nicht nur, weil ich am Nachmittag geschlafen habe, sondern auch, weil mir das bevorstehende Rennen keine Ruhe lässt. In Martinsville war damals Leos Unfall …

Keiner im Team hat es bisher angesprochen. Dabei haben deshalb alle, ganz untypisch während der Saison, einen freien Tag, um sich zu sammeln. Meinen Leuten scheint das gelungen zu sein. Bloß ich habe mal wieder meine Probleme damit.

Seit dem Unfall habe ich Martinsville aus meinen Gedanken verbannt. Keine besonders schlaue Methode, um mit alten Wunden umzugehen. Nun merke ich, wie nervös ich werde, wenn ich an die nächste Strecke denke. Was nicht gut ist. Als Fahrer braucht man einen kühlen Kopf.

Und verdammt, ich vermisse meinen Bruder! Ich wünschte, er wäre bei mir, würde einen seiner Witze reißen, und dann stecken wir unsere Köpfe unter die Motorhaube und alles wäre perfekt. Auch mit den Drohbriefen würde ich besser klarkommen, wenn er noch leben würde. Er würde sich vor jede laufende Kamera stellen und demjenigen, der mir was antun möchte, die übelsten Dinge androhen. So war Leo.

Bevor mir klar ist, was ich tue, betrete ich den Konferenzraum, in dem wir unsere Teambesprechungen abhalten. Auf zahlreichen Laufwerken liegen die Daten unserer Rennen – unser Gold, wie Kevin es nennt –, die uns helfen, eine Strategie für zukünftige Wettkämpfe zu erstellen.

In Ruhe gehe ich die Dateien mit den alten Saison-Aufnahmen durch. Sobald ich die Videos von Martinsville habe, mache ich es mir bequem und spiele die Testläufe ab. Ich sehe unser Team bei strahlendem Sonnenschein, sehe mich in einem feuerroten, aufreizenden Minikleid. Ich erinnere mich, wie warm es an dem Tag gewesen ist. Dann ist auf einmal mein Bruder im Bild und ich halte die Luft an.

»In den Kurven musst du aufpassen, Leo-Boy«, höre ich meine unbeschwerte Stimme. Ich schaue kurz von den Analysen der Testrunde auf und klebe dann wieder mit Fernando vor dem Bildschirm.

»Ich hatte alles unter Kontrolle, Schwesterherz!«

»Ja, weil du alleine auf der Strecke warst! So gewinnt jeder Loser«, ziehe ich ihn auf und schwinge mich bereits in den Ersatzwagen. »Wetten, dass du nicht an mir vorbei kommst?«

Lachend lasse ich den Motor aufheulen, zeige meinem Bruder eine lange Nase und düse davon. *Ätsch, du holst mich nie ein!* Genauso lachend steigt er in seinen Wagen und folgt mir.

Wir cruisen einmal über den Parkplatz, können nicht richtig Gas geben, weil Fans und Schaulustige die Tests verfolgen, aber das ist in Ordnung. Wir haben Spaß.

»Mist, geschlagen von der kleinen Schwester!«, ruft er, als wir zurück bei unserem Truck sind. »Nehmt euch vor ihr in Acht, sie ist absolut furchtlos!«

Daraufhin lachen die Jungs abschätzig und kassieren von Leo Kopfnüsse. Er stand immer auf meiner Seite und hat einiges dazu beigetragen, dass ich in dieser Machowelt Fuß fassen konnte. Ernst überfliegt er die Auswertungen. »Und verdammt klug ist sie obendrein.« Er wendet sich an Michael. »Ich bekomme wirklich Probleme in den Kurven. Kriegt ihr das bis zum Start auf die Reihe?«

Fernando brummt zustimmend, während ich mir ein Bier hole, mich auf einen der Tische setze und auf meinem Tablet herumspiele. »Krass! Die Presse nennt dich den Lion King«, sage ich.

An die Bilder kann ich mich kaum noch erinnern, aber daran, wie begeistert ich über die Beiträge gewesen bin. Sein Foto war in jeder Zeitung, der Underdog, der das Potenzial hat, es bis an die Spitze zu schaffen. Der Mann, an dem niemand vorbeikommt, der seine Herde anführt. Der König der Löwen eben.

»Vielleicht sollten wir an den Kotflügel einen entsprechenden *Lion King*-Sticker kleben?«, sage ich, während die Kamera mich filmt.

»Genial!«, ruft Kevin.

»Danke«, tue ich bescheiden, bin es aber kein bisschen.

Ich drücke auf Pause, als mein Bruder unbeschwert lächelnd in Großaufnahme auf der Bildfläche erscheint. Übelkeit steigt in mir auf.

Keiner kennt seinen letzten Tag. Aber so jung sollte niemand sterben. Das ganze Leben lag noch vor ihm. Ihm standen alle Türen offen. Bis ihm jemand reingekracht ist, er die Kontrolle über den Wagen verloren hat, sich mehrfach um die eigene Achse gedreht hat und letztendlich mit hundert Meilen pro Stunde frontal gegen die Betonabgrenzung gekracht ist. Und alles war vorbei.

Mit zittrigen Händen durchsuche ich die Dateien, ziehe die Nase hoch und wische mir mit dem Handrücken die Tränen von den Wangen.

»Alte Heulsuse«, ermahne ich mich selbst, hole tief Luft und lehne mich in dem Sessel zurück.

Sobald ich mich wieder im Griff habe, gehe ich das Videomaterial vom Renntag durch. Nicht nur die offiziellen, sondern auch die zahlreichen privaten Aufnahmen. Jede einzelne Sekunde läuft an mir vorbei und der Klumpen in meinem Magen wird wieder größer. Bis ich es nicht mehr aushalte, aufspringe, zu den Toiletten renne und mich übergebe.

Erst als die Übelkeit nachlässt, stehe ich auf. Aus den Augenwinkeln entdecke ich Evan, der die ganze Zeit im Türrahmen gelehnt haben muss, und obwohl sich unsere Blicke treffen, sagt er nichts.

»Was willst du hier? Hau ab! Niemand hat mich vergiftet oder so, ich musste bloß kotzen! Außerdem –« Ich wedele mit meiner Karte. »– trag ich die. Zufrieden? Also verschwinde!«

Bei den Waschbecken drehe ich das kalte Wasser auf und kippe es mir ins Gesicht. Als ich mich abtrockne und aufblicke, steht Evan hinter mir.

»Erwecke ich den Eindruck, als würde ich weglaufen? Lass mich allein!«, fahre ich ihn an.

»Sie sollten sich die Aufnahmen nicht anschauen.« Er holt eine Wasserflasche und reicht sie mir, will, dass ich was trinke.

Ich ignoriere die Geste und stürme aus dem Bad.

Mit welchem Recht sagt mir Evan, was ich tun oder lassen soll? Was kümmert es ihn überhaupt? Wichtig ist doch nur, dass mir niemand ein Haar krümmt. Und so weit ich es sehe, geht es meinem blonden Fransenbob ausgezeichnet.

Zähneknirschend betrete ich wieder den Konferenzraum und drücke auf Play, um mir den Rest anzuschauen. Als mein Bruder erscheint, schniefe ich erneut. Flirtend gibt er Autogramme und posiert mit überwiegend weiblichen Fans.

»Sexy«, ruft Evan, als ich in einem knappen Minikleid durchs Bild husche.

Sein Versuch, mich aufzuheitern, scheitert kläglich. Da muss er sich schon was Besseres einfallen lassen. Mir selbst zuzusehen, wie ich so unbeschwert war, sorgt für eine erneute Welle der Übelkeit. Ich kann mich nicht länger auf die Aufnahme konzentrieren.

»Joyce! Film gefälligst unseren *Lion King*!«, rufe ich ausgelassen, werfe mich aber nichtsdestotrotz vor der Kamera in Pose.

»Das hättest du wohl gerne! Das ist deine Chance, dir einen Mann zu angeln. Los, sag, wie soll er sein?«

Peinlich berührt suche ich nach der Fernbedienung, um die Szene vorzuspulen. Evan ist noch mit mir im Raum und das soll er nicht hören.

»Nein, das interessiert mich«, sagt er.

Im Halbdunkel laufe ich knallrot an. Ich finde den Knopf zum Vorspulen nicht schnell genug und höre mich selbst charmant und zugleich ernsthaft in die Kamera sagen: »Lieber Mr Right, wenn du mit dem hier umzugehen weißt …« Ich streiche über meine Kurven, hebe meinen Busen und gebe einen Luftkuss. »… dann melde dich.«

»Riley, kannst du das bitte ernst nehmen?«, ruft Joyce lachend dazwischen und hält selbst ihren Kopf vor die Linse. »Lieber potenzieller Mr Right von Riley: Die Frau hier ist verrückt und sexy und auch wenn sie das nur selten zeigt: Sie ist verdammt clever und hat ein riesengroßes Herz.«

Albern, weil mir das Kompliment typisch Frau unangenehm ist, mache ich das Herz-Zeichen.

»Komm schon, Riley, was ist achtundvierzig mal zweiunddreißig?«

»Eintausendfünfhundertsechsunddreißig!«, rufe ich wie aus der Pistole geschossen, halte dann aber zwinkernd mein Handy mit der Taschenrechner-App hoch. »Ist doch auch ein Zeichen von Intelligenz, wenn man sich zu helfen weiß. Und jetzt lass den Blödsinn, Joyce! Wie oft muss ich dir noch erklären, dass ich nicht auf Rennfahrer stehe? Ich möchte jemanden, der absolut verlässlich ist, der weiß, was er will, Manieren hat, Kunst und Kultur liebt, aber obendrein für jede Schandtat zu haben ist.«

»Und gut aussehen soll er natürlich auch, oder?«

»Wahnsinnig gut«, gebe ich lachend zu.

Beschämt halte ich mir die Hände vors Gesicht und luge zwischen meinen Fingern hindurch, bis die Filmszene vorbei ist.

»Das war Spaß«, erkläre ich Evan. »Ehrlich«, weil ich das Gefühl habe, mich rechtfertigen zu müssen.

»Ich würde sagen, Sie sollten sich daran halten. Thomas hat nicht eines der Kriterien erfüllt.«

»Er sah gut aus«, wende ich ein.

Evan schnaubt.

»Okay, er sah normal aus. Na und? Kann ja nicht jeder so ein sexy geheimnisvoller, durchtrainierter Typ sein wie du!« Ich beiße mir auf die Lippe, weil ich mehr verraten habe, als ich wollte. Schweigend schauen wir weiter den Film an und Evan tut so, als hätte er mich nicht gehört.

Meine Gefühle fahren Achterbahn. Plötzlich spüre ich Evans Nähe viel zu intensiv, während mich seine distanzierte Art verletzt. Als obendrein die Bilder vom Unfall erscheinen, stürme ich nach draußen ins Freie und schnappe nach Luft.

»Sag mir, dass es besser wird!«, japse ich, als ich Evans Füße vor mir auftauchen sehe.

»Wird es.« Er streicht mir über den Rücken. »Ich weiß, wie es ist, Menschen zu verlieren, die einem etwas bedeuten. Es geht vorbei.«

»Ich rede nicht von meinem Bruder.« Ich lehne mich schwer atmend an die Wand. »Ich rede von dir und mir.« Abwartend blicke ich ihn an, will, dass er dazu etwas sagt. Evan ist ein kluger Mann, ich muss ihm nicht erklären, wie ich das meine. Dennoch schweigt er.

Merkt er nicht, wie sehr er mich verletzt? Warum macht er das? Verzweifelt schließe ich die Augen. Ich will nicht weinen, aber ich gebe es auf, die Tränen zurückzuhalten. Sie laufen heiß über meine Wangen.

»Warum willst du mich so sehr, Riley? Du kennst mich doch überhaupt nicht«, sagt er sanft, rührt sich aber nicht, kommt nicht auf mich zu, schenkt mir kein bisschen von dieser Nähe, nach der ich mich so sehr verzehre.

Ich schüttele den Kopf. Woher soll ich das wissen? Seit wann lassen sich Gefühle rational erklären? »Ich mag dich nicht mal, Evan. Du führst dich völlig idiotisch auf. Erst bin ich dir egal, dann wieder klammerst du. Mal bist du nett, dann gemein. Immer genau in den Situationen, in denen das Gegenteil angebracht wäre. Trotzdem sehne ich mich nach dir. Ich kann es nicht ändern«, schluchze ich. »Als du mich geküsst hast –«

»Nicht, Riley!«

Ich schaue zu ihm auf. Er kämpft um seine Fassung, will das hier genauso wenig wie ich. Also fasse ich mir ein Herz: »Als du mich geküsst hast, Evan, da warst du meine Welt und das hat sich richtig angefühlt.« Ich ziehe die Nase hoch, weil ich kein Taschentuch zur Hand habe. »Aber dass du jetzt dort einfach nur so dastehst, das bringt mich um.« Ich lasse die Stirn auf meine Knie sinken.

»Geh!«, sage ich leise. Wenn er mir nicht gibt, was ich will, dann muss er mich in Ruhe lassen. »Geh bitte, Evan!«

Wie die meisten Frauen habe ich in diesem Moment den unbändigen Wunsch, dass Evan nicht macht, was ich will. Sondern mich an sich zieht, mich küsst, endlich für mich da ist. Doch er nickt nur, wendet sich wortlos ab und lässt mich allein. Und ich weiß, ich werde auch diese Nacht kein Auge zutun.

8

Komm, noch drei!«

Am nächsten Morgen lässt mich mein Personal Trainer Jackson in meinem Fitnessraum mächtig schwitzen. Obwohl ein Rennfahrer die meiste Zeit sitzt, ist es extrem wichtig, fit zu sein, sowohl in puncto Ausdauer als auch Kraft. Denn bei den Geschwindigkeiten, die man teilweise auf der Strecke erreicht, wirken enorme Fliehkräfte auf den Körper und es erfordert höchste Konzentration, nicht die Kontrolle über den Wagen zu verlieren. Meine Muskeln brennen heute jedoch protestierend.

»Schluss mit den lächerlichen Mädchen-Liegestützen, Riley! Zeig mal, was du drauf hast!« Jackson weiß, mit welchen Worten er mich dazu bringt, alles zu geben.

»Wen nennst du ein Mädchen?!« Aufgebracht stemme ich mich hoch und mache im Wechsel normale Liegestütze und welche, bei denen ich hochschnelle und zweimal kurz hintereinander klatsche. Obwohl ich schwitze, mache ich, wenn es sein muss, noch fünfzig weitere davon. Ich brauche einen freien Kopf, muss die Nacht vergessen, sodass nur eine einzige Sache darin Platz hat: das Fahren.

»Ms Luman, können wir –?«

»Raus, Evan!«, keuche ich und spüre wie mein Puls steigt, als seine Füße näherkommen, statt sich zu entfernen.

»Aber –«

»Nein.«

Da er nicht verschwindet, springe ich nach der nächsten tiefen Beuge auf, wische mir den Schweiß ab und funkele ihn sauer an. Neben Turnschuhen trägt er ein schlichtes Shirt und kurze Sporthosen. Was ihm leider beides viel zu gut steht. Bloß eine großflächige Narbe an seinem rechten Bein ruiniert das perfekte Bild von Mr Universe, macht den Mann jedoch zugleich attraktiver.

»Wir sind noch nicht fertig, Riley!«, sagt Jackson, der sieht, dass ich gleich türme.

»Doch, sind wir«, beende ich die Krafteinheit, verlasse das Studio und beginne vorzeitig mit meinem Lauftraining, um Evan zu entkommen. Diesen Blödmann ertrage ich jetzt echt nicht.

»Sie sollten im Haus laufen.«

»Ach ja?«, fauche ich und ärgere mich, dass Evan mir nachgelaufen ist. Ich liebe es, die frische Luft auf meiner Haut zu spüren. Mir müssen weit mehr als abgeschnittene Hühnerköpfe geschickt werden, damit ich mein Training komplett nach drinnen verlagere und wie ein Idiot auf der Stelle trete. »Was willst du, Evan?«

»Wegen gestern Nacht: Es tut mir leid. Ich werde mich in Zukunft zurückhalten.«

»Das ist alles? Mehr hast du mir nicht zu sagen? Das hätte doch noch warten können.«

Unwillkürlich denke ich an den Moment, als sich alles in mir nach ihm verzehrt hat. Ihn erneut so nah und gleichzeitig so fern zu spüren, bewirkt – »Au!«

Der Krampf kommt dermaßen überraschend, dass mir das Bein wegknickt und ich mich bereits auf den Asphalt knallen sehe. Kevin wird fluchen und auf zig Atteste bestehen, die bescheinigen, dass ich für das kommende Rennen fit genug bin. Wegen dieser Lappalie werde ich Stunden beim Arzt und nicht in der Box verbringen. Verdammt! Doch Evans Reflexe retten mich vor dem Schlimmsten. Ich falle zwar, aber schürfe mir nur die Knie leicht auf.

»Das ist alles deine Schuld!«, rufe ich und verziehe vor Schmerz das Gesicht, weil der Krampf sich verstärkt.

»Winkeln Sie Ihr Bein an!«

Ich knete stur weiter meinen Oberschenkel.

»Herrgott, Riley, ich bin dafür da, dass es dir gut geht, also warum sage ich es wohl?« Ohne abzuwarten, ob ich einlenke oder nicht, streift er meine Hände ab und übernimmt.

Immer noch atme ich schwer. Der Schweiß läuft mir über den Rücken und das Dekolleté. Ich habe Durst und ärgere mich, dass ich kein Wasser dabei habe. Obendrein machen mich Evans Berührungen verrückt. Er müsste seine Hand bloß ein Stückchen höher schieben, dann würde er spüren, wie feucht ich bin.

»Alles okay?« Jackson kommt angerannt.

»Fragen Sie das den Muskelprotz hier! Er scheint besser zu wissen, was ich brauche«, zische ich.

»Keine Zerrung, nur ein Krampf. Sollte gleich vorbei sein«, sagt Evan.

»Lassen Sie mich das ansehen, ich bin Sportmediziner.«

Evan macht anstandslos Platz, steht auf und scannt unsere Umgebung, als könnte uns jederzeit eine Horde Barbaren überfallen.

»Wovor hast du Angst? Das ist mein Grund und Boden und … Moment!« Ich lege meine Hände auf den Asphalt und bekomme Gänsehaut. »Wir müssen runter von der Straße!«

Ich richte mich auf, doch Jackson drückt mich zurück. »Ruhig, Riley! Fünf Minuten solltest du dir schon geben.«

»Sofort!«, rufe ich, als das vertraute Vibrieren unter meinem Hintern stärker wird. Als der Wind dreht, höre ich das typische Surren einer schnell fahrenden Maschine.

Wieder richte ich mich auf, reiner Instinkt. Da packt mich Evan und zieht mich und auch Jackson von der Strecke, auf der keine Sekunde später mein Zweitwagen an uns vorbeiprescht. Mit einer mir unbekannten Person am Steuer.

»Was zum Henker war das?!«, rufe ich schockiert.

Ich reibe mir die Arme, weil ich auf einmal Gänsehaut habe, und sehe zu Jackson. »Handy!«, zische ich.

Jackson ist begriffsstutzig.

»Gib mir verdammt noch mal mein Telefon!« Auffordernd halte ich ihm die Hand hin, nehme es ihm ungeduldig ab und wähle Kevins Nummer. »Jemand war in der Box!« Meine Stimme überschlägt sich. »Ich setze keinen Fuß in eines der Stockcars, solange nicht jede Schraube und Mutter überprüft wurde. Irgendein Psycho war in meiner gottverdammten Box! Ich dachte, ER sollte das verhindern?!«

»Beruhige dich, Riley, was ist los?«, antwortet Kevin.

»Jemand ist meinen Ford gefahren, das ist los! Scheiße.«

»Tief durchatmen!«

»Ich will aber nicht tief durchatmen, Kevin, und … hey!«, protestiere ich, als mir Evan das Handy abnimmt.

»Hier Evan«, meldet er sich. »Riegele das Grundstück ab, keiner kommt mehr rein oder raus. Wir sind schon auf dem Rückweg … Ja, du kannst eure Jungs die Box und den Wagen untersuchen lassen. Aber *sie* rührt sich in der

Zwischenzeit nicht vom Fleck.« Er schaut mich an. »Und wenn ich sie irgendwo anbinden muss.«

Nie zuvor habe ich jemanden so effektiv arbeiten sehen. Während mein Gehirn sich noch davon erholt, dass ein Unbekannter auf meinem Grundstück war und in meinem Baby gesessen hat, scheint Evan einem unsichtbaren Protokoll zu folgen.

»Schick uns außerdem eine der Limousinen. Jackson und Riley kommen dir entgegen. Hol sie ab!« Immer wieder sieht er sich um. »Und … beeil dich, der Typ ist noch hier!« Evan drückt mir das Handy in die Hand, holt ein Messer aus seinem Hosenbund, das dort die ganze Zeit gewesen sein muss, und rennt quer über das Gelände.

Für Minuten ist da nichts außer sich im Wind wiegende Büsche, Stauden und Blumen. Dann folgt ein Schuss.

»Kommen Sie!«, sagt Jackson. Er packt mich an den Schultern und schiebt mich Richtung Haus.

»Vielleicht braucht er Hilfe?«, sage ich, drehe mich und schaue, ob Evan irgendwo auftaucht.

»So wie ich es sehe, gibt er hier die Befehle. Wenn er also will, dass wir zurückgehen, gehen wir zurück.«

Als wie geplant mein dunkler Bentley direkt vom Haus auf uns zufährt und Kevin aussteigt, atme ich erleichtert aus.

»Du bist es!« Ich humple zu ihm und umarme ihn. In dem Augenblick ertönt hinter uns ein weiterer Schuss.

»Rein in den Wagen!«, sagt Jackson und schiebt mich vorwärts.

Das lasse ich mir kein zweites Mal sagen. Schweigend fahren wir zum Haus, und sobald wir zurück sind, fällt mir Joyce um den Hals.

»Gott sei Dank, euch ist nichts passiert! Als ich die Schüsse gehört habe …«

»Alles gut«, sage ich und lüge natürlich wieder, denn auch wenn ich es nie zugeben würde: Ich mache mir Sorgen um Evan. Was, wenn er getroffen wurde und Hilfe braucht?

»Ruf ihn an!«, sage ich zu Kevin.

»Wen?«

»Evan! Wen sonst?«, sage ich.

»Er hat sein Handy ausgestellt.«

»Was?!« Ich bin drauf und dran, nach draußen zu rennen.

»Bleib hier!«, zischt Joyce und hält mich fest. »Ganz ruhig. Evan ist für solche Situationen ausgebildet. Dem passiert nichts.«

Angespannt kaue ich auf meinen Nägeln herum und halte das Warten kaum noch aus. Ich muss Kevin nicht darum bitten, dass er seinen Bruder anruft. Besorgt versucht er es von sich aus alle paar Sekunden.

Um nicht durchzudrehen, ziehe ich wie ein Tiger im Käfig meine Bahnen. Bis ich Evans Stimme im Foyer höre und stehen bleibe.

»Wo seid ihr?«, ruft er. Wenig später fliegt die Tür des Wohnzimmers auf und dort steht er, immer noch in seinen Sportklamotten, verschwitzt, mit etwas Dreck auf dem Shirt, aber in einem Stück und offenbar unverletzt.

»Scheiße, Evan, bist du in Ordnung?«, fragt Kevin und umarmt seinen Bruder. Auch Joyce fällt ihm um den Hals. Ich mache ebenfalls zwei Schritte auf ihn zu, fange dann jedoch seinen warnenden Blick auf, balle die Hände zu Fäusten und unterlasse es widerstrebend.

Aufgewühlt laufe ich wieder auf und ab. Zum einen, weil mich die Situation beunruhigt, zum anderen, weil ich nicht zu dem Mann darf, der meinetwegen in einen Schusswechsel verwickelt wurde. Apropos …

»Hast du ihn erwischt?«, frage ich, ohne stehen zu bleiben.

»Nein.«

»Und er dich?«

»Nur ein Streifschuss«, sagt er, stöhnt jedoch leise.

»Das ist alles? Wirklich?«

»Evan?«, fragt nun auch Joyce besorgt nach.

»Das ist nichts. Diese schusssicheren Westen halten eine Menge aus«, tut Evan cool.

Sie boxt ihn spielerisch und er ächzt. »Aha. Das hat also nicht wehgetan? Los! Ausziehen! Und du, Linda, hol Eis!«

Wenn das geht, so laufe ich jetzt sogar noch schneller auf und ab.

»Hör endlich auf damit!«, herrscht mich Kevin an. »Du treibst mich damit in den Wahnsinn!«

»Lass sie«, sagt Evan. »Immerhin hat man versucht, sie umzubringen.«

Ich bleibe am Fenster stehen, atme tief ein und aus und spüre fragende Blicke im Nacken. Ich will mich zusammenreißen. Vor ihm. Vor den anderen. Aber ich fühle mich wie eine tickende Zeitbombe, und es fehlt nicht mehr viel, bis ich hochgehe.

»Hey, Kleines?« Linda legt ihren Arm um mich, doch ich entwinde mich ihr. »Wir passen alle auf dich auf«, sagt sie beruhigend.

Ich schüttele den Kopf. Nicht um ihr zu widersprechen, sondern weil ich Angst um diese Menschen habe, die mir so viel bedeuten. Ich könnte es nicht ertragen, wenn ihnen meinetwegen etwas passieren würde. Evan eingeschlossen.

9

Ich organisiere ein Team, das das Gelände absucht und werte die Kameras aus. Ihr wartet im Haus. Und bleibt von den Fenstern weg!«

Bei Evans Worten zucke ich zusammen und gehe einen Schritt zur Seite. Es ist das erste Mal, dass ich mich sofort füge, und ich weiß, Evan ist aufmerksam genug, um das zu bemerken.

»Linda, vielleicht kannst du Drinks für alle holen? Und was Süßes?«, gibt Evan auch ihr eine Aufgabe.

»Klar, bin schon unterwegs.« Sie geht, dankbar, dass sie helfen kann.

»Für mich nicht!«, rufe ich hinterher.

»Es wird dir guttun«, sagt Joyce.

Eine Spritzfahrt oder Sex, das würde mir guttun. »Mach dir keine Sorgen, mir fehlt nichts«, sage ich und bin ruhig. Bis ich mich umdrehe und Evan sehe, mit freiem Oberkörper, angeschossen, wie er sich Eis an die Seite hält. Ein Anblick, den ich nicht aushalte. »Ist duschen erlaubt?« Ich zupfe an meinem Sportshirt. »Und Sachen wechseln?«

Er nickt. »Weitere Fragen?«

Nein. »Wenn du Verbandszeug brauchst: Wir haben was in der Küche, der blaue Schrank«, sage ich leise, verlasse den Raum und hoffe, dass das beklemmende Gefühl gleich verschwindet.

Ich schaffe es bis in mein Bad, dann breche ich zusammen. Meine Beine zittern so stark, dass ich mich auf den Fliesenboden sinken lasse.

Überfordert heule ich los.

Immer wieder versuche ich, mich zu beruhigen. Ich sage mir, dass ich maßlos überreagiere und einfach meinen Job erledigen sollte. Aber es hilft nicht.

Dass ich eine Ewigkeit abgetaucht war, ist mir gar nicht bewusst, bis Evans Stimme von draußen zu mir durchdringt. »Wie, sie ist seit einer Stunde weg? Es läuft kein Wasser. Seid ihr sicher, dass sie duschen gegangen ist? Denn ich schwöre, wenn Sie wieder abgehauen ist, dann kriegt sie –«

Die Tür zum Bad fliegt auf und ich höre Joyce: »Süße? Scheiße! Was machst du denn hier so allein?«

Obwohl Joyce meine beste Freundin ist, tue ich cool. »Geht schon. Ich brauchte nur einen Moment für mich.«

Fetteste Lüge meines Lebens.

»Vielleicht sollte ich doch einen von Lindas Cocktails nehmen.« Schnell wische ich mir die Tränen aus dem Gesicht und ringe mir ein Lächeln ab. Ich muss schrecklich aussehen, denn Joyce kauft mir meine gespielte gute Laune nicht ab.

»Einen? Ein Dutzend!« Sie hilft mir hoch. »Was meinst du, warum ich dich ständig frage, ob alles okay ist? Du kannst mir vertrauen!«

»Du weißt, was ich lieber hätte?«, murmele ich. Sex oder ein bisschen über die Straßen rasen. Oder an einem Tag wie heute beides.

»Na komm, ab unter die Dusche mit dir!«

Wie ein kleines Kind lasse ich mich ausziehen, und sobald das warme Wasser auf mich niederprasselt, fühle ich mich etwas besser.

»Evan? Wie weit seid ihr mit der Überprüfung der Wagen? Kann sie fahren?«, höre ich Joyce über das Plätschern hinweg. Was Evan antwortet, kriege ich nicht mit. »Und die normalen Autos?«, hakt sie nach.

»Sie sollte hierbleiben«, sagt er.

»Als wäre das sicherer als auf der Straße!« Sie lacht. »Heißt es nicht außerdem, dass bewegliche Ziele schwerer zu treffen sind als stillstehende? Glaub mir, wenn Riley fährt, ist sie verdammt beweglich.«

Obwohl ich nicht will, muss ich grinsen, weil Joyce mich so gut kennt.

»Ich kann sie auch begleiten«, bearbeitet sie Evan weiter, der offensichtlich unentschlossen ist.

»Mit dir macht das keinen Spaß. Du klammerst dich immer ängstlich an den Türgriff!«, rufe ich lachend aus der Dusche und fühle mich schon deutlich besser.

»Weil du wie ein Henker fährst!«, kontert Joyce gespielt empört. »Aber stimmt, sie hat recht«, sagt sie zu Evan. »Wäre das nicht dein Job?« Sie legt eine effektvolle Pause ein, und ich kann mir vorstellen, wie er sie gerade ansieht. »Schau mal, mir ist bewusst, dass du gerade viel um die Ohren hast. Aber es würde ihr wirklich helfen. Eine kleine Runde, ein bisschen cruisen. Fahrt nach Salisbury und dann könnt ihr euch überlegen, ob ihr den Highway nehmt, vielleicht weiter Richtung Greensboro – oder umkehrt.«

»Ich halte es für wichtiger, erst das Grundstück abzusichern. Danach kann sie auf ihre Teststrecke.«

»Mach dich locker, Evan, es ist nur ein Ausflug.«

»Du weißt, dass ›locker sein‹ keine meiner Charaktereigenschaften ist.«

»Manchmal bist du echt ein Arsch.«

Er lacht und ich frage mich, warum er das nie macht, wenn *ich* ihn anranze. »Aber ein Arsch, der bloß das Beste will.« Schnell wird er wieder ernst. »Bleib bei ihr! Ich kümmere mich um den Rest, okay?«

Wenn er so mal zu mir wäre! All die positive Energie, die ich eben verspürt habe, ist wieder weg. Ich stelle das Wasser ab und wickle mich in ein Handtuch.

»Was ziehst du denn für ein Gesicht, Süße? Er hat leider recht.«

Ich seufze und versuche, ruhig zu bleiben, aber es bricht einfach aus mir heraus. »Wir haben uns geküsst, Joyce. Das heißt, er mich oder ich ihn. Oder –« Ich halte inne, atme tief durch und kaue auf meiner Lippe herum. »Kein Wort davon zu Kevin! Okay?«

Ich gehe in mein Zimmer, suche mir neue Shorts und ein Shirt aus dem Schrank und ziehe mich an. Auch das Schlüsselband mit der Personalkarte hänge ich mir um.

»Kannst du nachschauen, ob er sich um den Streifschuss gekümmert hat? Und –« Ich habe vergessen, was ich eigentlich sagen wollte, und setze mich niedergeschlagen auf mein Bett.

»Bist du verliebt?«, fragt Joyce vorsichtig.

»Ich will nicht, aber ja«, schluchze ich. Es fühlt sich gut an, endlich über meine widersprüchlichen Gefühle zu sprechen. Dass ich ihn im Grunde hasse, aber dass es dann Momente gibt, in denen ich ihn brauche, auf eine Art, die mir Angst bereitet.

»Ich hatte keine Ahnung!«, sagt sie. »Evan ist ein anständiger Kerl. Einer der wenigen Männer mit Prinzipien.

Er küsst eine Frau nicht einfach so. Bist du dir sicher, dass du da nicht was falsch verstanden hast?«

»Natürlich«, empöre ich mich.

»Okay, logisch, dass du dir sicher bist.« Sie nimmt mich in den Arm. »Vielleicht war es ein Ausrutscher?«, schlägt sie vor.

»Danke, Joyce, *jetzt* fühle ich mich besser.«

»Sorry, blöder Kommentar von mir. Dann sieh es anders: Er macht, was für dich das Beste ist. Er will nicht, dass du in Gefahr bist.«

»Aber er tut mir damit weh!«, schluchze ich. »Ich kriege kaum Luft! Kann nicht klar denken! Erkenne mich selbst nicht wieder. Ich will ihn hassen, Joyce, weil er mich nur wie einen Job behandelt, aber –« Ich sammle mich. »Schau bitte einfach nach, ob er sich um die Wunde gekümmert hat! Tust du das?«

»Er liegt dir wirklich am Herzen!«

Richtig, für mich ist er mehr als ein Angestellter. »Leider ja.«

10

Sobald Evan mit einem Team an Technikern beginnt, die Trucks, den Wagen und unsere Box zu untersuchen, halte ich es nicht länger im Wohnzimmer aus und muss zu ihnen. Still sitzen ist nicht meine Königsdisziplin.

»Fernando, habt ihr was gefunden?« Ich gleite mit den Fingerspitzen über Leo, meinen Ford. Dann kontrolliere ich jedes einzelne Teil im Motor, obwohl ich weiß, dass Evan das bereits getan hat. Aber ich kann nicht anders. Ich muss mir selbst vor Augen führen, dass das nach wie vor mein Auto ist.

»Ich konnte bisher nichts finden«, sagt er.

»Und der Wagen, den der Typ benutzt hat?«

»Den untersuchen Evans Leute noch auf Spuren.«

Ich nicke, weil das logisch ist, und schlüpfe bereits in meine Montur.

»Ich habe Ihnen gesagt, Sie sollen im Haus bleiben«, knurrt Evan plötzlich hinter mir.

»Ich werde aber hier gebraucht«, entgegne ich und schließe den Rennanzug.

Als ich mir den Helm aufsetzen will, nimmt er ihn mir aus der Hand. »Wenn Sie nicht im Haus sind, kann ich meinen Job nicht erledigen. Dann muss ich nämlich auf Sie aufpassen.«

Garstig nehme ich ihm den Helm wieder ab. »Wirst du nicht genau dafür bezahlt?« Ich steige ein und überprüfe die Geräte. »Sieht gut aus«, sage ich zu meinen Leuten. *Und fühlt sich auch alles wie eh und je an*, stelle ich fest.

»Eine ruhige Runde, Riley«, sagt Michael, mein Analyst.

Als würde ich ruhige Runden fahren! Ich grinse unter meinem Helm und steuere Leo nach draußen, gebe Gas und verschmelze mit dem Wagen zu einer perfekten Einheit.

Ein Knacken in meinem Mikro verärgert mich.

»Ich schwöre, wenn Sie nicht unverzüglich in der Box halten, dann ergreife ich andere Methoden, damit Sie sich benehmen. Das Baby fährt doch, oder?«

Hat der Typ eine Ahnung, wie viele Stunden wir draußen im Freien verbringen? Wie zum Protest drehe ich eine weitere Runde.

»Riley, tu, was er sagt!«, meldet sich Kevin.

Wutschnaubend komme ich mit quietschenden Reifen direkt vor meinem Team zum Stehen, reiße mir den Helm vom Kopf und wische mir über die schweißnasse Stirn.

»Ich warte nicht länger in diesem gottverdammten Wohnzimmer!«, verkünde ich wütend. Ich kann einfach nicht. Sieht das denn niemand?

Frustriert fährt sich Evan über den Kopf und schaut sich um. »Sprechen Sie mit den Ingenieuren die Änderungen durch und dann begleiten Sie mich!«

»Aber –«

»Nein, darüber diskutiere ich nicht.«

Während Evan die Überwachungskameras kontrolliert und auswertet, folge ich ihm wenig später wie ein Schatten.

»War Joyce bei dir?«, frage ich.

»Wegen des Kratzers? Ja.«

Ich hole schon Luft, um ihn weiter auszuquetschen, bis ich Evans Blick auffange und es mir verkneife. Es hat mich nicht zu kümmern, ob es ihm gut oder schlecht geht. Die Diskussion ist beendet.

Erst wütend, dann jedoch zunehmend interessierter beobachte ich Evan bei seiner Arbeit. Dank der verbesserten Überwachungstechnik hat er Videos des Typen, der sich auf mein Grundstück geschlichen hat. Mal schaltet Evan Aufnahmen auf Zeitlupe, mal lässt er sie schneller laufen. Immer wenn der Mann deutlich zu erkennen ist, hält er den Film an, macht einen Screenshot und packt ihn in einen Ordner, den er später an einen Kontakt beim FBI geben will.

Das Gesicht sagt mir nichts. Aber ich versuche, mir für die Zukunft die gebrochene Nase, das kantige Kinn und die schmalen Lippen einzuprägen.

»Wo hast du das gelernt?«, frage ich, um die unangenehme Stille zu durchbrechen. »Natürlich hat die Army jede Menge technisches Equipment, aber so was hier?« Ich spiele mit einem Sensor, der Wärmebilder und Tonpegel-Veränderungen aufzeichnet.

»Ihnen muss doch klar sein, dass ich darüber kein Wort verlieren darf? Ohne Ausnahme. Es sei denn, Sie haben die entsprechende Sicherheitsfreigabe. Was ich jedoch stark bezweifle.«

»Aber du warst in der Army?«

»Special Forces.«

»Und deine Position war …?«

»Geheim.«

»Du hattest Einsätze in …?«

»Geheim.«

»Warst du nur Soldat oder hattest du eine Einheit?«

»Geheim.«

Je länger ich ihn löchere, desto mehr wird das Ganze ein Spiel. Und Evan lächelt sogar. Es ist das erste Mal, dass er das tut, wenn *wir* miteinander sprechen.

»Hast du Menschen umgebracht?«, frage ich weiter, bevor mir bewusst wird, wie taktlos das ist.

»Ich rede nicht über meine Vergangenheit, und auch wenn es sich eigentlich von selbst versteht: Menschen zu töten, ist kein Spiel.«

Ich weiß, dass es keines ist. Genau jetzt sollte ich meine Klappe halten. Aber ich kann nicht. Mir wird klar, dass Evan bereits schlimme Dinge erlebt hat. Trotzdem sitzt er vor mir, macht Scherze – wenngleich nicht mit mir, sondern mit allen anderen. Außerdem kann er nachts schlafen. Was ich nicht kann. Daher muss ich nachbohren: »Erinnerst du dich an den ersten toten Menschen, den du gesehen hast?«

»Ms Luman, ich rede nicht über meine Einsätze. Soll ich es buchstabieren?«

»Mich interessiert ja nur …« Ich balle meine Hände zu Fäusten und kann seinem Blick nicht länger standhalten. »Vergisst man es?«, frage ich leise und spiele nervös mit dem Schild, das um meinen Hals hängt. Das Gespräch hat eine völlig neue Wendung genommen und ich bereue es längst, dass ich den Mund nicht halten konnte.

»Wenn man sich pausenlos Videos vom Tod eines geliebten Menschen anschaut, wohl kaum.«

»Sag es bitte noch lauter, damit es alle hören!«, rufe ich eher wütend auf mich als auf ihn. Als würde das einen Unterschied machen. Ich erinnere mich an jeden verdammten Atemzug von diesem Tag in Martinsville und wünschte, Evan wüsste nicht, wie sehr mich die Vergangenheit belastet. Aufgewühlt stehe ich auf, muss mich wieder bewegen.

»Riley?«

»Nicht!«, keuche ich, denn mit dem schroffen, korrekten Evan komme ich einigermaßen zurecht. Wenn er jetzt jedoch plötzlich nett zu mir ist, gerät das zwischen mir und ihm völlig außer Kontrolle. So gut es geht, sammele ich mich, ignoriere seinen Blick und zeige auf den Bildschirm. Mit einem zitternden Finger, den ich schnell zurückziehe. »Das ist also der Typ?«, versuche ich, das Thema zu wechseln.

»Riley …« Evan schließt das Computerprogramm und so wie ich nicht aufgehört habe nachzubohren, so lässt er mich nun auch nicht in Ruhe.

»Hat man dir beigebracht, so nett zu sein, wenn du mit Verrückten sprechen musst?«, fauche ich und schaue überall hin, bloß nicht zu ihm.

»Hat man«, sagt er schlicht.

»Nun, es wirkt nicht«, gifte ich ihn an, drehe mich um und gehe ein paar Schritte auf Abstand.

»Das sehe ich anders«, sagt er.

Ich werde nicht vor Evan Crawford heulen, ich werde nicht vor Evan Crawford heulen …

»Es wird besser, Riley. Am besten, man redet darüber.«

Ich schnaube, weil ich mir nicht vorstellen kann, wie Evan auf der Couch einer Psychologin gelegen und ihr seine Einsätze geschildert hat. »Hast du das auch?«, frage ich sarkastisch.

»Ja, habe ich.« Er holt Luft. »Nicht jedes Mal, aber dann, wenn es besonders heftig gewesen ist. Denn die schicken nur Leute in Krisengebiete, bei denen im Oberstübchen alles richtig verdrahtet ist.« Wieder atmet er tief durch. »Aber du hast bisher mit niemandem darüber geredet, stimmt's?«

»Doch, natürlich«, widerspreche ich. »Oder glaubst du, dein Bruder hätte mich sonst in einen Wagen gesteckt, der gute zweihundert Meilen pro Stunde fahren kann?! Kevin ist nicht leichtsinnig!«

»Nein, ist er nicht.«

Evan steht dicht hinter mir, und ich spüre Tränen auf den Wangen. Aber wenn ich die wegwische, weiß er, dass ich heule. Also rühre ich mich nicht vom Fleck.

»Aber ein ärztliches Attest sagt gar nichts. Du solltest mit jemandem darüber sprechen. Auch nach all der Zeit.« Er kommt noch näher. »Joyce ist eine gute Zuhörerin.«

Ich zucke zusammen. »Sie war nicht direkt an der Unfallstelle.« Heftig schüttele ich den Kopf, um die Bilder loszuwerden, aber sie sind mit ganzer Macht zurück. »Ich kann ihr nicht davon erzählen.«

»Riley …« Evan seufzt, und ich will mehr Abstand zwischen uns bringen und ihn wieder angiften, dass er sich das Mitgefühl echt sparen kann. Gar nichts wird damit besser, das müsste er wissen. Doch da dreht er mich an den Schultern um. Er nimmt mich in die Arme und in dem Moment, als mein Gesicht seine Brust berührt, bricht mein Widerstand in sich zusammen. Ich klammere mich an ihn und heule drauflos. »Dann erzähl es mir!«, sagt er.

Ich sträube mich.

»Vertrau mir!«

»Ich kann … nicht … sprechen«, schluchze ich.

»Ich hab Zeit«, sagt er und streicht mir beruhigend über den Rücken.

Verzweifelt schmiege ich mich an ihn, genieße jede Sekunde und habe gleichzeitig Schiss, dass uns jemand vom

Team so sieht und anfängt, Fragen zu stellen. Schon jetzt bringe ich kaum ein Wort heraus. Vor den anderen würde ich dann erst recht hilflos herumstammeln. »Ich …«, beginne ich erneut, habe aber einen Kloß im Hals.

»Es ist okay«, sagt er leise. »Komm, festhalten!«

Er hebt mich hoch, trägt mich in sein Zimmer, setzt sich mit mir auf sein Bett und hält mich weiter.

Je länger er das macht, desto ruhiger werde ich. Es ist wie ein schlechter Scherz des Universums, dass ausgerechnet dieser nervtötende Mann so eine Wirkung auf mich hat. Ich atme tief seinen Geruch ein, nehme das Duschgel wahr, das Waschmittel in seinem Shirt und den herben Duft seiner Haut. Noch nie habe ich mich so geborgen gefühlt.

Behutsam fährt er mir durch die Haare, streift meinen Nacken und folgt der Linie meiner Wirbelsäule über meinen Rücken. Und ich bin kurz davor zu vergessen, warum ich überhaupt weine, weil mich seine Nähe plötzlich verrückt macht und ich ihn erneut küssen will. Da sagt er: »Und jetzt? Kannst du jetzt reden?« Er bringt mich dazu, ihn anzuschauen, streicht mir mit den Daumen meine Wangen trocken und sieht mich derart liebevoll an, dass ich dem Blick nicht standhalten kann, sondern mich an ihn schmiege. »Warst du in der Box oder auf der Zuschauertribüne?«

»Hot Dogs holen. Ich war Hot Dogs holen. Das Essen für Champions«, sage ich mit einer tonlosen Stimme, denn auf einmal habe ich den Geruch von Würstchen in der Nase, als wäre ich wieder vor Ort. »Das hatte ich Leo versprochen: Wenn du im Ziel bist, kriegst du einen Berg Hot Dogs. Das war unser Ritual. Und in Martinsville gibt es die besten.«

»Und dann?«

»Ich laufe den Gang entlang, wie tausend Male zuvor. Die Sonne blendet mich. Im ersten Moment kann ich nichts sehen. Ich habe so was immer für Hokuspokus gehalten, aber ich weiß todsicher, dass was nicht stimmt. Also werfe ich die Hot Dogs weg und renne los. Verrückt, oder?«

»Nein, verständlich.« Evan legt sein Kinn an meinen Kopf. »Experimente zeigen, dass der Körper unbewusst Signale aufnimmt und verarbeitet, für die der Verstand mehr Zeit braucht.«

»Du kennst das Gefühl?«

»Ja, ich kenne es.« Zärtlich streicht er mir durchs Haar. »Was ist danach passiert?«

»Ich bin unendlich langsam, glaube zu ersticken. Sirenen heulen und die Moderatoren überschlagen sich mit Kommentaren. Die gesamte Tribüne ist auf den Beinen und ich höre nur die Worte: ›Der *Lion King* brennt. Leo Lumans Wagen brennt!‹ Wie ich auf die Strecke gekommen bin, weiß ich nicht mehr. Das heißt, ich kenne die Videos von mir, wie ich jeden beiseitestoße, der sich mir in den Weg stellt, und wie ein verrückt gewordener Fan in meinem roten Minikleid zu Leo dränge. Aber ich habe keine Erinnerung daran.«

»Adrenalin«, erklärt Evan ruhig. »Der Körper gerät in einen Ausnahmezustand.« Er drückt mich. »Und dann wolltest du ihn da rausziehen!«

Ich nicke. »Das Sani-Team war nicht schnell genug. Ich meine, ich habe in der Zeit, die sie gebraucht haben, um zum Unfallort zu kommen, die gesamte Tribüne überwunden. Sie waren einfach so langsam.«

Evan lacht unterdrückt, ich spüre es an seiner Brust und finde es völlig okay.

»Hey!« Leicht boxe ich ihn in die Seite, muss aber selbst kichern, weil ich wirklich eine verdammt schrullige Figur abgegeben habe.

»'Tschuldige«, murmelt er und küsst meine Schläfe. »Und dann?«

»Sie haben ihn aus dem Wrack gezogen«, fahre ich ernster fort und schlucke. »Sicher, dass du das hören willst, Evan?«

»Sicher.«

Erstaunt wende ich mich ihm zu und er hält meinem Blick stand. Ich vermute, dass er in seinem Leben schon mehr als einen Schwerverletzten gesehen hat. Dass er weiß, was ich gleich erzählen werde. Also kann es kaum darum gehen, sondern um mich.

»Die Luft war schwarz vom Rauch«, beginne ich zu erzählen. »Der Geruch von Benzin war beißend, dazu brennendes Plastik, geschmolzene Elektronik. Der Anzug, den jeder Fahrer tragen muss, ist feuerfest. Er hat auch bei Leo viel abgehalten. Auf den ersten Blick dachten alle, dass er in Ordnung ist. Bis die Sanitäter ihm den Helm abgenommen haben. Er hat keine Luft bekommen, sie mussten ihn beatmen. Sein Gesicht war …« Ich möchte das Bild liebend gerne vergessen, aber es hat sich in mein Gedächtnis eingebrannt.

»Schau mich an, Riley!« Evan fährt mir durch die Haare. »Komm! Du schaffst das!«

Es kostet mich alle Kraft, seinen Worten Folge zu leisten, und als ich es tue, kann ich nicht anders, als Evans Gesicht zu berühren. Seine Augenbrauen, seine Stirn, seine Nase, seine Wangenknochen. Bis ich die Narben an seinem Kinn entdecke, die von seinem gepflegten Bart verdeckt werden, und meine Finger zurückziehe.

»Es ist okay«, sagt er sanft, nimmt meine Hand und legt sie dorthin, wo sie eben war. »Es tut nicht weh.«

Ich habe so viele Fragen, doch mein Blick verliert sich und ich sehe wieder Leo vor mir. »Der Anzug hat ihn geschützt«, sage ich wie aus weiter Ferne. »Aber ein herumfliegendes Teil hatte seinen Helm beschädigt und der frontale Aufprall war wohl einfach zu heftig … Die Dinger sollen eigentlich den Kopf schützen, aber der, der hatte versagt. Sodass ein Stück … seiner Stirn … eingedrückt war.« Halt suchend schmiege ich mich erneut an Evans Brust. »Ich habe jedem dort Befehle erteilt, was zu tun ist. Hab sie herumkommandiert. Die Handgriffe überwacht. Ich glaube, ich war keine große Hilfe.«

»Du warst bei ihm. Nur das zählt. Und ich wette, dein Bruder fand das lustig.«

Erstickt lache ich, weil es stimmt. Den zuckenden Mundwinkel werde ich nie vergessen.

»Vorsichtig habe ich seinen Handschuh ausgezogen. Es war furchtbar, denn seine Haut fühlte sich an wie immer. Vertraut und warm und heil. Er hatte kräftige Hände, und ich hab sie gedrückt, so fest ich konnte. Ich hatte das Gefühl, er stirbt, wenn ich loslasse.« Neue Tränen verschleiern mir die Sicht. Minutenlang bringe ich kein Wort heraus. Währenddessen hält mich Evan, spendet mir Kraft, bis ich fortfahren kann: »Also hab ich es nicht. Ich war die ganze Zeit bei ihm, hab ihn gehalten und ihm versprochen zu gewinnen.« Ich schlucke. »Er war doch alles, was ich hatte.«

Ich rechne damit, dass Evan mir widerspricht, aber das unterlässt er. Er zählt weder Joyce noch Kevin und mein Team auf, denn natürlich habe ich die auch. Aber das ist nicht das Gleiche.

Gerade als ich Evan dafür danken will, dass er mir zugehört hat, fragt er: »Geht es denn jetzt wieder, Ms Luman?«

Sein Tonfall ist noch ganz sanft. Aber er hätte mir genauso gut eine runterhauen können.

»Wenn du mich das nächste Mal trösten willst, gib mir Schokolade und lass mich allein!«, rufe ich, fliehe aus seiner Umarmung und aus seinem Zimmer.

Wie konnte ich ihm nur all das erzählen? Ihn an mich heranlassen, während er mich kein bisschen an sich herangelassen hat.

11

Obwohl es niemand laut ausspricht, merkt jeder, dass zwischen mir und Evan dicke Luft herrscht, als wir mit unseren Trucks und Autos zwei Tage später Richtung Martinsville aufbrechen. Jeder ist obendrein besorgt, weil die Drohungen immer heftiger werden. Evan hat veranlasst, dass alle Trucks mit Kameras ausgestattet werden und neue Sicherheitsschlösser bekommen – egal, ob es nun Transporter für unser Equipment, zum Wohnen oder mit Fanartikeln sind. Ich sage mir dreimal täglich, dass ich sicher bin. Dennoch bin ich nervös.

Normalerweise liebe ich es, zu den Wettkämpfen zu fahren. Manchmal sind wir nur wenige Stunden unterwegs, manchmal ganze Tage. Viele Profis fliegen die langen Strecken, während die Crew die Rennwagen über die Highways transportiert. Ich mache das nicht, sondern genieße die lockere Atmosphäre mit meinen Leuten. Nick hat stets die schmutzigsten Witze auf Lager. Michael unterhält uns mit Anekdoten aus der guten, alten Rennfahrer-Ära. Und Joyce bringt mich jedes Mal dazu, mich von ihr schminken zu lassen. Wodurch ich am Ende eines Roadtrips meist sensationell aussehe – es sei denn, sie hat sich mit dem Lippenstift bei einer Vollbremsung vermalt. Außerdem ist man in Bewegung, obwohl man selbst kaum den Finger rührt. Das gibt mir den inneren Frieden, den ich so sehr brauche.

Heute setze ich mir jedoch Kopfhörer auf und versuche zu verdrängen, wohin wir unterwegs sind.

Leo hätte mich deshalb aufgezogen. ›Überall auf der Welt sind schon Menschen gestorben, was ziehst du für ein Gesicht?‹

›Aber keine Familienmitglieder‹, denke ich mir finster.

›Du tust ja so, als wäre die Rennstrecke ein Friedhof.‹

Ich reibe mir über die Arme. ›Ist sie das nicht auch?‹

›Nicht, wenn man nach dem Geräuschpegel geht. Keine himmlische Ruhe, du verstehst?‹

›Du bist so ein Idiot, Leo!‹

Auf meine Lippen schleicht sich ein trauriges Lächeln. Ich schaue von meinen Unterlagen auf und sehe Evan über die Schulter, der unseren Truck steuert. Er fährt leicht über der Geschwindigkeitsbegrenzung und ich frage mich, ob ihm das bewusst ist. Macht ihm die Situation genauso zu schaffen wie mir, ausgerechnet ihm, der sich sonst so gut unter Kontrolle hat?

»Alles okay?«, fragt mich Joyce wie üblich und setzt sich zu mir.

»Geht so«, sage ich ehrlicherweise.

»Kann ich was für dich tun?«

»Mich ablenken?«, schlage ich vor. »Aber bitte diesmal ohne Wimperntusche.«

Ich denke an Karten, Kreuzworträtsel oder Promi-Klatsch-und-Tratsch. Doch Joyces Grinsen verspricht etwas anderes. Sie nimmt mir mein Tablet aus der Hand, loggt sich auf einer Fashion-Seite ein und klickt sich schnurstracks zu den Dessous. »Wie gefällt dir das?«, fragt sie.

»Das ist hauchzarte Spitzenunterwäsche«, erwidere ich irritiert.

»Offensichtlich.«

»Du weißt, dass ich so etwas nicht trage.« Sondern in der Regel Funktionswäsche, die ist am bequemsten unter dem Rennanzug, mit dem ich monatelang wie verwachsen bin.

»Dann wird es Zeit, das zu ändern.« Bevor ich sie aufhalten kann, zieht sie den Reißverschluss meiner Jacke tiefer und offenbart mein Dekolleté und den Saum meines Sport-BHs. »Vertrau mir, wenn du einmal solche Dessous getragen hast, willst du sie nie wieder ausziehen.«

»Aber ich brauch das nicht. Niemand bekommt mich so zu Gesicht. Das ist die reinste Geldverschwendung. Fünfhundert Dollar für fünf Gramm Stoff!«

»Pfff!«, macht sie nur.

»Pfff mich nicht!«, warne ich sie, vergraule Joyce damit aber nicht.

»Ich dachte, ich soll dich ablenken. Funktioniert es?«

Leider. Das muss ich ihr lassen. Obwohl mir die Sache nicht gefällt, schiebe ich meinen Busen selbst ein Stück höher. »Zufrieden? Ich trage Größe 36.«

Joyce legt ihre Hände an meine Brüste. »Also 70 oder 75B.«

»Macht ihr jetzt rum?«, fragt Kevin von vorne.

»Baby, kümmere dich um deinen eigenen Kram!«, wirft Joyce zurück, schließt meine Jacke wieder und lenkt meine Aufmerksamkeit auf die Internetseite. »Und du, Riley, du brauchst dringend ein paar neue Teile. Die Presse wird dich mit Freude fotografieren. Und wenn wir nachher deinen Sieg feiern, trägst du endlich etwas anderes als das Minikleid und diese furchtbaren Sneaker!«

»Ich liebe meine Sneaker!«

Joyce wischt auf dem Tablet herum und vergrößert ein schwindelerregend hohes Paar Absätze. »Aber wenn du die hier anhast, kriegt jeder Mann im Umkreis von einer Meile einen Steifen.«

»Bis ich darin einen Schritt mache.« Eigenwillig durchstöbere ich den Sportschuh-Bereich. »Außerdem will ich gar nicht, dass alle Männer einen Steifen bekommen!«

»Sicher?«

»Ja«, zische ich gereizt.

Lächelnd beugt sie sich an mein Ohr. »Und wenn bloß *er* schwach wird?«

»Er?«, frage ich begriffsstutzig.

Sie packt meinen Kopf und dreht ihn zu Evan. »Na, *er*.«

»Joyce!« Ich gehe auf Abstand, bevor sie merkt, wie heiß mir wird.

»Du willst ihn.«

»Aber er will mich nicht«, sage ich leise, weil ich auf keinen Fall möchte, dass Evan was von unserer Unterhaltung mitbekommt. Wieder denke ich an diese eine Nacht. Ich dumme Kuh heule mich bei ihm aus, habe das Gefühl, wir kommen uns nah und er wäre doch nicht so ein Blödmann. Und dann macht er deutlich, dass ich nur ein Job bin!

Ich fahre mir über das Gesicht, als könnte ich damit den Frust von mir wischen. Dann widme ich mich dem Tablet und all den schönen Sachen. Aber vielleicht ändert er seine Meinung, wenn ich nicht wie sein Job aussehe, nicht wie Riley, die Rennfahrerin, sondern wie Riley, die Sexbombe?

»Gewonnen, Joyce. Was trägt Frau denn?«

Meine beste Freundin ist klug genug, meinen Sinneswandel nicht zu kommentieren, und bestellt eine bunte Mischung aus Unterwäsche, Schuhen, Accessoires und Kleidern. Die Zeit vergeht wie im Flug und ich fühle mich fast wie früher. Normal. Unbeschwert. Jung.

Als Joyce am Ende auf den Bestellen-Knopf drückt, ist die Rechnung fünfstellig. Nicht dass ich mir das nicht leisten kann. Aber es ist ein bisschen dekadent. Die Sachen werden zu einer Abholstation in Martinsville geliefert. Und ich weiß, dass zumindest Joyce ihren Spaß haben wird, wenn ich die Teile anprobiere und vorführe.

Kurz genieße ich dieses Gefühl von Normalität. Sobald jedoch Martinsville auf den Verkehrsschildern auftaucht und wir näher kommen, werde ich nervös. Nichts Neues.

Als wir schließlich da sind und die Presse uns umringt, ist es mit der Ruhe endgültig vorbei. Als erste Frau, die so weit gekommen ist, bin ich eine Sensation. Obendrein bin ich in aller Munde als Schwester des Rennfahrers, der an der gleichen Stelle vor drei Jahren sein Leben gelassen hat.

»Oh Gott!«, stöhne ich, als ich die Gardine beiseiteschiebe, um nach draußen zu lugen.

»Ich kann sie dir alle vom Leib halten, wenn du das willst«, sagt Kevin. »Aber dann belagern sie dich morgen noch mehr.«

Hilfe suchend blicke ich zu Evan. Wenn er sagt, ich soll da nicht rausgehen, muss ich auch nicht. Bedauerlicherweise nickt er. »Das gehört zu deinem Job. Du solltest dich ihnen stellen und nach außen hin so tun, als wäre alles in Ordnung. Wenn jemand von der Presse erfährt, dass man dich bedroht, werden alle darüber berichten und es wird schwieriger für mich, auf dich aufzupassen.«

Für einen kurzen, rebellischen Moment verspüre ich Lust, genau das zu tun: Evan das Leben schwerer zu machen als nötig. Doch das würde die Situation für mich ebenfalls verschlechtern. Wir wussten, dass sich die Medien in Martinsville auf mich stürzen würden. Kneifen nützt nichts.

Ermutigend nicke ich mir selbst zu und drehe mich zu Joyce. »Kann ich mich so blicken lassen?« Ich trage Jeans und ein weißes Shirt. Wie üblich.

Sie reicht mir einen Lippenstift. »Schmink dich ein bisschen!«

Ich frage nicht, warum, sondern male mir die Lippen rot an und setze mir mein Sponsoren-Basecap auf. Dann ziehe ich meine Lederjacke über. »Showtime!«

Sobald ich bereit bin, gebe ich Evan ein Zeichen. Er verlässt als Erster den Wagen und wird sofort umzingelt. Immer lauter ruft die Menge meinen Namen und ich weiß, ich muss mich der Presse stellen. Jetzt oder nie. Ich strecke meinen Kopf raus und sehe Evan. Der Mann steht dort wie ein Fels in der Brandung und sorgt dafür, dass Platz für mich ist. Er macht seinen Job und ich muss meinen machen.

»Du kannst das!«, flüstere ich mir zu und trete mit einem Satz nach draußen, mit Kevin und Joyce dicht hinter mir.

»Riley, wie fühlt es sich an, als Frau dermaßen weit gekommen zu sein?«

»Hast du Angst, dass dir das Gleiche passiert wie deinem Bruder?«

»Beim letzten Rennen hattest du Probleme mit der Lenkung. Sind die behoben?«

»Willst du nicht lieber den Männern das Feld überlassen?«

»Seit wann hast du einen Bodyguard?«

»Kriegen wir ein Interview?«

»Riley, hierher!«

»Zu mir!«

»Riley!«

Die Fragen prasseln auf mich nieder, Blitzlicht blendet mich, aber mein Mund antwortet, ohne dass ich groß nachdenken muss. Ich ignoriere Kommentare zu meinem Bruder, denn zu dem Unfall wurde bereits genug gesagt, und ich schaffe es sogar, kokette Witze zu reißen.

Schließlich beendet Kevin das Ganze. Zum Glück!

Eigentlich war der Plan, auf dem Gelände zu essen. Aber um etwas Ruhe zu haben, beschließen wir, zu Howdy's zu gehen, einem Diner, das knapp eine Meile von der Rennstrecke entfernt ist.

Im ersten Moment bin ich richtig glücklich mit der Entscheidung. Wir können unsere Bestellung aufgeben, die Burger kommen fünf Minuten später und schmecken obendrein. Allerdings spricht es sich schnell herum, wo wir sind. Und keine Viertelstunde später klebt die Presse an der Scheibe und Fans stürmen zu Howdy's, sodass ich irgendwann mit der linken Hand mein Essen in mich hineinschaufele und mit der rechten Autogramme gebe. Dabei spiele ich natürlich die fröhliche Riley Luman.

»Ich wusste doch, dass das Shopping dir hilft!«, sagt Joyce zufrieden mit meinem Auftritt und erklärt den Männern und Linda, was wir online bestellt haben. Um ihr nicht die Laune zu verderben, lache ich und tue so, als wäre ich überglücklich. Dabei frage ich mich, ob irgendjemandem auffällt, dass ich gleich durchdrehe.

Mit zitternden Beinen erhebe ich mich.

»Wo willst du hin?«, fragt Fernando.

»Für kleine Rennfahrerinnen«, sage ich gewitzt und bin froh, dass Joyce zu abgelenkt ist, um mir zu folgen.

Ich zwänge mich durch das überfüllte Diner, gebe auf dem Weg weitere Autogramme und atme auf, als ich die muffigen Toiletten erreiche. In diesem Augenblick kommen sie mir vor wie das Paradies.

Erleichtert schließe ich mich in einer der Kabinen ein, genieße die zwei Quadratmeter Freiraum und lasse die Stille von mir Besitz ergreifen.

Erst jetzt wird mir klar, dass das Pochen an meinen Schläfen nicht vom Beat der Musik kommt, sondern dass ich höllische Kopfschmerzen habe und unglaublich durstig bin. Deshalb verlasse ich nach einer Weile meinen Zufluchtsort und gehe zu den Waschbecken, bei denen ich überraschenderweise meinen Bodyguard vorfinde.

»Verirrt, Evan? Oder stellst du den Damen nach?« Ich lasse das Wasser laufen, bis es eiskalt ist, schöpfe es mit den Händen und spritze es mir ins Gesicht. So lange bis das Pochen erträglicher wird. Dann trockne ich mich mit dem Saum meines Shirts ab. »Oder nein, warte, ich kenne die Antwort: Du machst natürlich nur deinen Job. Immer im Dienst, wie?« Ich kann mir eine Spur Bitterkeit nicht verkneifen. Normalerweise bin ich nicht nachtragend, aber seine Worte dröhnen noch in meinem Kopf. Außerdem bin ich erschöpft. Da werde ich schnell biestig und unfair.

»Es ist besser so«, sagt er. »Und das weißt du auch.«

»Nun duzt du mich wieder?«

»Tarnung«, sagt er mit einem trägen Lächeln. »Ich habe eben kurz mit Kevin gesprochen. Er stimmt mir zu, dass es das Beste ist, wenn ich als dein Freund auftrete. Dann schöpft niemand Verdacht.«

Meine Kopfschmerzen kehren wie ein Bumerang zurück. »Nein.«

Evan macht einen Schritt auf mich zu. »Lass mich dein Freund sein, Riley.«

»Nein, hör auf!« Abwehrend stemme ich meine Hände gegen seine Brust und meine Finger brennen. »Vielleicht bin ich für dich nur ein Job, aber wenn du mir dermaßen nah bist –« Ich kann nicht weiterreden und stütze mich am Waschbecken ab. In dem Moment packt er mich von hinten, und ich spüre seine Wärme, seinen Körper, seine Kraft. Wie schnell sein Herz schlägt und wie tief sein Atem geht. Und seinen harten Schwanz.

»Ich will dir mal was sagen, Riley Luman, wenn die Umstände anders wären und ich dich nicht mehrmals am Tag rütteln und schütteln müsste, weil du so leichtsinnig bist, dann würde ich dich nehmen, stundenlang. Falls du glaubst, du bist hier die Einzige, die leidet, dann muss ich dich enttäuschen. Ich will dich mehr, als gut für uns beide ist. Aber mein Job ist nicht, mit dir zu schlafen, sondern auf dich aufzupassen. Die Drohungen sind ernst. Ich werde nichts machen, was dich in Gefahr bringt, solange dieser Scheißkerl da draußen frei herumläuft. Fragen?«

Ich stehe in Flammen. Sein Geständnis haut mich um. Gleichzeitig quält es mich. Ich suche nach einem Ausweg aus dieser Situation, aber ich finde keinen. Wenn die Presse von den Drohungen Wind bekommt, dann war der Ansturm eben nur ein laues Lüftchen im Vergleich zu dem, was dann über uns hereinbrechen wird. Dass Evan meinen Freund spielt, ist das Beste. Leider. Also schüttele ich den Kopf. Keine Fragen.

»Braves Mädchen«, haucht er mir ins Ohr. Schwer atmend kralle ich mich an den Rand des Waschbeckens, um mich nicht umzudrehen und ihn so heftig zu küssen, bis er den Verstand verliert. »Und jetzt warte hier!«

Bevor ich es verhindern kann, lässt er mich los, und im gleichen Augenblick vermisse ich ihn.

Lange bin ich jedoch nicht allein. Wenig später ist Evan zurück, mit Joyce im Schlepptau. Ich bin verwirrt.

»Da draußen drehen alle durch!«, sagt meine beste Freundin. »Evan hatte die Idee, dass wir unsere Klamotten tauschen.«

»Und dann? Was soll das bringen, hier unbemerkt rauszukommen? Die Leute werden trotzdem die Trucks umzingeln und darauf hoffen, einen Blick auf mich zu erhaschen«, sage ich, während Joyce sich schon auszieht. Notgedrungen spiele ich mit.

»Du schläfst nicht wie sonst in deinem Truck. Ich habe Freunde in der Stadt. Wir übernachten dort«, erklärt Evan.

»Wir?«, frage ich.

»Evan und du«, erklärt Joyce, als sie in meine Sachen schlüpft. »Oh, bequem!«

»Ich weiß«, zische ich, während ich mich in ihren Minirock zwänge, dafür aber meine Schuhe anlasse. Kritisch mustert mich Evan und nimmt mir das Basecap ab. Meine Haare leuchten strohblond. Er zerstrubbelt meinen Bob und setzt mir eine Sonnenbrille auf. »Das ist doch albern. Lass das! Jeder wird mich erkennen.«

Evan zieht seine Jacke aus und legt sie mir zufrieden grinsend über die Schultern. »Nicht wenn sie wissen, dass du mein Mädchen bist. Bereit?«

Sein Mädchen?! Bereit? Nein! Aber wenn ich irgendwann meine Ruhe haben will, muss ich wohl mitspielen.

12

Es hat tatsächlich geklappt!« Euphorisch laufe ich ans Fenster meiner neuen Bleibe, schiebe die Gardine zur Seite und schaue auf die Straße. Niemand ist uns gefolgt.

»Deine Sachen stehen im Schlafzimmer. Ich nehme das Sofa«, sagt Evan und meine Hochstimmung verfliegt, weil er mich erneut auf Abstand hält.

»Was ist das für ein Freund von dir?«, frage ich, weil mir plötzlich nicht danach ist, schlafen zu gehen.

»Einer, der gerade im Ausland stationiert ist«, antwortet Evan ausweichend.

Ich warte, dass er mehr erklärt, aber da könnte ich auch darauf warten, dass die Erde sich rückwärts dreht.

Enttäuscht sehe ich mich um.

Die Wohnung ist unpersönlich eingerichtet und die Ausstattung ist ungewöhnlich gut aufeinander abgestimmt. Eher wie in einem Hotelzimmer, als in einem Zuhause, für das jemand über die Jahre immer mal wieder Einrichtungsgegenstände dazugekauft, ausgetauscht oder umgestellt hat. Das Ecksofa sieht aus wie von einem kanadischen Designer. Es gibt ein Bücherregal mit Bildbänden, und an den Wänden hängen aufwendig gerahmte Landschaftsfotografien von den schönsten Orten der Welt. Einige erkenne ich sofort. Machu Picchu, das Himalaya-

Gebirge, die Tempelanlage in Angkor Wat … Andere sagen mir nichts.

»Du interessierst dich für Fotografie?«, fragt Evan überrascht.

»Eigentlich nicht. Aber die hier, die gefallen mir.« Obwohl die Aufnahmen einen Moment einfrieren, wirken sie auf mich lebendig. »Hast du die gemacht?«, frage ich.

»Wie kommst du darauf?!« Evan lacht. »Die Orte, an denen ich war, haben mit dieser friedlichen, malerischen Idylle nichts zu tun.«

Ich runzle die Stirn und hoffe erneut, dass er mir mehr über sich erzählt. Aber er schweigt.

Mit einem Schlag ist diese bleierne Müdigkeit zurück. Schnell dusche ich, putze mir die Zähne und gehe ins Bett. Ich rechne fest damit, dass ich nach all der Aufregung ohne Umschweife einschlafen werde. Aber meine Gedanken drehen sich in der Dunkelheit des Zimmers im Kreis und verhindern das.

Wir sind in Martinsville.

Die Presse belagert mich.

Joyce hat sexy Klamotten für mich geshoppt.

Evan ist mein Fake-Freund.

Morgen läuft das Qualifying, dann folgt das Rennen, das ich gewinnen muss.

Ich höre auf die Geräusche im Bad, auf die Dusche, auf das Surren der elektrischen Zahnbürste. Dass Evan das Bad verlässt, bekomme ich nicht mit. Wenn dieser Mann will, so kann er sich lautlos wie der Wind bewegen. Aber das Licht unter dem Türspalt weicht der Dunkelheit. Was bedeutet, dass er sich auch hingelegt hat.

Unruhig wälze ich mich erst auf die eine, dann auf die andere Seite. Ich kenne jede Menge Übungen, um einzuschlafen. An schöne Dinge denken. Auf den Atem hören. Von tausend rückwärts zählen. Aber keine hilft heute. Ich merke, wie ich ab und zu wegdrifte, bis meine Gedanken Evan streifen, und sofort bin ich wieder hellwach.

Riley, du Psycho!

Leise stehe ich auf, schlüpfe ins Bad und durchsuche meine Waschtasche. Ich bin mir sicher, dass ich die Schlaftabletten eingesteckt habe. Zwar verzichte ich, sooft es geht, darauf, weil ich mich sonst am nächsten Morgen fühle, als bestünde jeder Knochen aus Blei. Aber das ist mir gerade egal. Ich kann keine zweite Nacht wach bleiben. Übermüdet zu fahren ist weit gefährlicher, als körperlich nicht hundertprozentig fit zu sein.

»Mist!«, fluche ich, als ich schließlich den Inhalt meiner Tasche auskippe und zwischen Cremes, Zahnpasta und Wattestäbchen nach der Packung suche. Mir fällt ein, dass ich sie im Truck ausgepackt und ins Bad gelegt hatte. Frustriert schaufele ich alles zurück und gehe wieder ins Bett.

Unruhig setze ich meinen Kampf mit dem Bettzeug und mir selbst fort. Kaum liege ich auf der Seite, muss ich mich auf den Rücken drehen. Kaum bin ich auf dem Rücken, da ist mir das Kopfkissen zu unbequem. Nachdem ich es eine Minute auf dem Bauch ausgehalten habe, beginnt das Spiel von vorne. Meine Lider sind wie Blei, aber meine Nerven beruhigen sich nicht.

Eine gewisse Sache würde jedoch Abhilfe schaffen. Sie hat beim letzten Mal geholfen.

Ich beginne, mit mir zu streiten. Man schleicht sich nicht nachts heimlich ins Bett von jemand anderem. Außerdem ist Evan ein Langweiler und Spielverderber und der verschlossenste, verklemmteste Mann, den ich kenne.

»Scheiß drauf!«, flüstere ich, als ich genug davon habe, die Decke anzustarren. Er ist dafür da, dass es mir gut geht.

Ich schwinge die Beine aus dem Bett und öffne leise die Tür. Meine Augen gewöhnen sich langsam an die Dunkelheit. Evan liegt reglos auf dem Sofa. Ich höre seinen gleichmäßigen Atem und nehme seinen Duft wahr.

Du bist verrückt, sage ich mir. Dennoch breche ich die Aktion nicht ab.

So lautlos wie möglich raffe ich meine Decke und gehe damit zu Evan. Er hat das Sofa nicht ausgeklappt, sondern es sich auf der breiten Sitzfläche bequem gemacht. Ich passe da nicht mehr hin.

Notgedrungen lasse ich mein Kopfkissen vor ihm auf den weichen Teppich fallen. Doch gerade als ich mich hinlegen will, werde ich brutal gepackt.

»Ich bin es!«, quieke ich erschrocken.

»Scheiße!«, knurrt Evan hellwach, lässt mich sofort los und schaltet das Licht an. »Weißt du, was ich mit Leuten anstelle, die sich nachts anschleichen? Hast du eine verdammte Ahnung, was ich dir hätte antun können?!«, ruft er aufgebracht, hebt den Ärmel meines Shirts und sieht auf die roten Druckstellen, die seine Hände hinterlassen haben. »Mann, Riley, bist du verrückt geworden? Was glaubst du, warum Kevin wollte, dass ich auf dich aufpasse? Weil ich jedem, der dir was antun will, ohne mit der Wimper zu zucken, den Hals umdrehe.«

»Entschuldige, auf dem Sofa war kein Platz«, sage ich das Erstbeste, was mir einfällt.

Evan zeigt mir ein Messer. »Zum Glück, denn sonst hätte ich danach gegriffen.« Er fährt sich durchs Haar, nimmt drei tiefe Atemzüge und durchbohrt mich mit seinem Blick. »Also? Ich warte auf eine gute Erklärung.«

Die Situation ist dermaßen peinlich, dass sich die kleine Riley in mir die Decke über den Kopf ziehen möchte. Die starke, aufgebrachte Frau in mir feuert jedoch mit aller Kraft zurück: »Wonach sieht es denn aus, Evan, wenn sich eine Frau nachts ins Bett eines Typen schleicht? Ich bin müde, konnte nicht schlafen und dachte …« In Ermangelung passender Worte werfe ich die Arme in die Luft. Wie sagt man, dass man einen Knall hat und nur unter ganz bestimmten Umständen zur Ruhe kommt? Nämlich in der Regel nach Sex. »… Ich habe schon einmal in deinem Bett geschlafen … und keine Ahnung, warum, aber du … mein Unterbewusstsein scheint sich bei dir recht wohlzufühlen. Ich kann dabei abschalten. Was weiß ich denn! Und ich hab meine Schlaftabletten nicht mit. Ich dachte, dass ich zur Abwechslung auf deine statt auf meine Atemzüge achte. Aber … vergiss es und schlaf weiter!«

Mein Puls rast. Ich kenne das. Jetzt werde ich sowieso kein Auge mehr zu tun.

Seufzend setze ich mich auf den Boden und wickele mich in meine Decke.

Womit ich nicht rechne, ist, dass Evan zu mir kommt, seinen Arm sanft um mich legt und schließlich leise lacht. »Sorry. Ich habe mich eher über mich selbst erschrocken als über dich. Überleg mal, wie bescheuert das wäre, wenn ich dich verletzt hätte, obwohl ich dich beschützen soll.« Er drückt mich an sich. »Ist leider nicht besonders clever, sich lautlos an einen Marine ranzuschleichen, der obendrein eine Sonderausbildung in Terrorismusbekämpfung hat.«

»Ich denke, du bist nicht mehr bei der Army?«

»Einmal Marine, immer Marine.«

»Außerdem war ich gar nicht so lautlos. Du super Kampfmaschine hättest mich mühelos bemerken müssen«, schmolle ich.

»Habe ich, und ich habe mich schlafend gestellt, weil ich dachte, du wärst ein Einbrecher.«

»Die Decke hat dich nicht stutzig gemacht?«

Evan zieht mich enger. »Man kann mit solch einer Decke eine Menge tödlicher Dinge anstellen. Ich dachte, der andere wäre vielleicht ähnlich ausgebildet wie ich. Tut mir echt leid. Kann ich es wiedergutmachen?«

Ich kann ihn nicht anschauen, aber es gibt tatsächlich eine Sache … »Darf ich bei dir schlafen?« Sobald ich frage, komme ich mir blöd vor. »Vergiss es!«

Ich will schon aufstehen und mich darauf einrichten, auch die restliche Nacht wach zu liegen, als er »okay« sagt. Mitsamt der Decke hebt er mich hoch und trägt mich ins Schlafzimmer. Er knipst das Licht aus und legt sich zu mir. Und statt zu fragen, ob ich darf, schmiege ich mich an ihn und genieße seine Wärme und einen wunderbaren Frieden.

Wir rücken enger zusammen. Erst wandert nur mein Arm zu seiner Brust, dann folgt mein Gesicht, schließlich drücke ich mich an seine Seite und lege mein Bein halb über ihn. Evan macht das Gleiche, zieht mich näher, umschlingt mich fest mit einem Arm und gräbt die andere Hand in meine Haare.

Statt einzuschlafen, ergreift mich eine neue, aufwühlende Art der Wachheit. Ich winde mich, fordere mehr von seinen Berührungen, will mehr von seiner Haut. Als er den Saum meines Shirts hebt und seine Finger meinen nackten Rücken streifen, stöhne ich leise an seiner Brust und bekomme überall Gänsehaut.

Woher auch immer die plötzliche Gier kommt, aber etwas in mir will diesen Mann, braucht ihn. Mir ist egal, ob es ein Fehler ist. Manche Risiken sind es wert, eingegangen zu werden.

Nervös schiebe ich meine Hände unter sein Shirt und ertaste seine Haut und merke, wie seine Muskeln unter meiner Berührung zucken. Ich habe schon mit so vielen Männern geschlafen, aber das hier ist neu und aufregend und schön. Und auf eine schwindelerregende Art beängstigend.

Langsam ziehe ich sein Shirt höher. Evan stützt sich auf, protestiert nicht, sondern hilft mir. Er, der sonst tausend Gründe parat hat, warum wir die Finger voneinander lassen sollen, erlaubt, dass ich ihn ausziehe, und streift mir einen Moment später mein Oberteil ab.

Im Dunkeln taste ich ihn ab, fühle seine Muskeln, seine warme Haut, aber bemerke ebenso alte Verletzungen. Küssend bewege ich mich seinen Hals entlang, seine Brust, seinen Bauch. Ich schmecke seine Haut und höre auf seinen tiefen Atem, der mir verrät, was ihm gefällt, was ihn quält und was ihn die Kontrolle verlieren lässt.

Ich ziehe scharf die Luft ein, als er mit seiner rauen Hand meinen Busen streichelt und mit meinen Nippeln spielt. Ich vergesse, was ich gerade noch wollte, und verliere mich in seinen Berührungen.

Er lächelt an meiner Haut, und mit jedem Kuss sorgt sein Bart für weitere prickelnde Schauer, die direkt zu meiner Körpermitte schießen und mich immer feuchter werden lassen.

Einzig unsere Shorts trennen uns. Der Stoff klebt an unserer verschwitzten Haut und anders als sonst habe ich das Gefühl, mir fehlt nur ein Kuss, um zu kommen.

Beinahe zeitgleich recken wir uns nach der Nachttischlampe. Evan knipst das Licht an, wirft mich auf den Rücken, beugt sich über mich und sieht mich einen Augenblick lang einfach nur an. Ich weiß, warum. Um zu begreifen, dass das zwischen uns wirklich passiert.

»Ich will dich in mir spüren, Evan«, hauche ich und presse meine Hüften an seine.

»Ja«, sagt er leise, schiebt meine Schlafshorts tiefer bis zu den Knien und legt seine Hand auf meine Scham. »Und ich werde dich nehmen, Riley! Hier.«

Erwartungsvoll öffne ich ihm meine Beine, so weit es die Shorts zulassen, und streife sie mir dann ab. Voller Verlangen fasse ich in seine Hose und genieße es, seinen Schwanz zu berühren, hart und heiß. Wir küssen uns und ich wimmere, je länger er es hinauszögert, in mich einzudringen. Stattdessen quält er mich nur mit seinen Fingern.

»Fick mich, Evan! Bitte!«

Er lächelt an meinen Lippen, obwohl ich keinen Witz gerissen habe.

»Wehe, du machst einen Rückzieher!«

»Wie willst du das denn verhindern?«, provoziert er mich.

»So!« Schwungvoll rolle ich ihn herum, schiebe den Saum seiner Shorts nach unten und setze mich auf ihn, reibe meine feuchte Scham an seiner Länge.

Aufreizend will ich mein Spiel weiterspielen, doch seine Arme ziehen mich näher, er küsst mich und wirft mich zurück auf den Rücken. »Netter Versuch, Riley!« Seine Lippen knabbern zärtlich an meinen. »Aber ich ficke nicht.« Ich stöhne frustriert, als sein Schwanz meinen Eingang berührt und dort verharrt. »Ich verwöhne.« Er schiebt sich in mich. »Ich verführe.« Tiefer. »Und ich foltere.« Fast komme ich. »Bis du vor Lust zerfließt.«

Langsam bewegt er sich in mir, steigert meine Erregung in dermaßen kleinen Schritten, dass ich mich in seinen Rücken kralle, weil ich Angst habe, dass er aufhören könnte. »Ich brauche dich härter, Evan.«

So als hätte er mich nicht gehört, bewegt er sich furchtbar langsam weiter. Dann dringt er tief mit einem harten Stoß ein, als wollte er mir zeigen, dass er durchaus auch anders kann, und ich stöhne erstickt. »Ich glaub, ich bin hart genug, Darling.«

»Ich halte das nicht aus!«, keuche ich und versuche, das Tempo zu verändern.

»Du wärst überrascht, wie viel du noch aushalten wirst.« Gnadenlos sinnlich bewegt er sich und hält den Blickkontakt. Ich spüre ihn auf und in mir, mit solch einer Wucht, dass ich erregt zittere und glaube, ohnmächtig zu werden. Seine Lippen sind überall. Er umspielt meine Brustwarzen, leckt über meinen Hals, packt meine Hüften und hält mich so, wie er mich am geschicktesten mit seinen teuflisch ruhigen Stößen quälen kann. »Davon träume ich, seit ich dich das erste Mal in diesem Minikleid auf der Party gesehen habe. Ich habe mich gefragt, wie du schmeckst, wie du dich windest, wie sich deine Hüften an meinen anfühlen und wie deine Augen leuchten, wenn du mehr möchtest.«

»Oh Gott«, kann ich nur stöhnen, weil ich mich an den Moment erinnere, als wäre es gestern gewesen.

Zitternd drücke ich meine Lippen auf seine und lasse ihn spüren, was seine Stöße in mir auslösen. Der Kuss wird tiefer, nasser, gieriger und unsere Zungen umtanzen sich. Dann löst sich Evan, hält inne und stützt sich über mir auf.

Zärtlich gleitet er mit dem Daumen über meine vollen Lippen, denen ein Wimmern entschlüpft. Ich öffne meinen

Mund, schnappe nach seinem Finger und sauge neckend daran. Prompt merke ich, wie sein Schwanz in mir zuckt.

»Hätte ich mich an dem Abend nicht von dir abgewendet, ich hätte dir das Kleid an Ort und Stelle hochgeschoben und mich in dir vergraben.« Er beißt mich in den Hals. »Denn jeder sollte wissen, dass du mir gehörst, voll und ganz.« Er saugt an meiner Haut, markiert mich. »Aber es hat sich gelohnt zu warten, denn das hier ist besser.«

»Evan, ich komme gleich!«

»Halt dich noch zurück«, knurrt er.

Wie stellt er sich das denn vor? Ich habe mich nicht länger unter Kontrolle. Während Evan mich berührt und verführt und so sinnlich nimmt wie kein Mann vor ihm, als wäre ich ein kostbares Geschenk, mit dem er sorgsam umgehen müsste, kapituliert mein Körper.

»Es tut mir leid«, keuche ich. »Oh Gott, es tut mir leid, es tut mir leid, es tut mir so leid …«

Dunkel ist mir bewusst, dass Evan nicht kommt, sondern sein Spiel mit mir fortführt und mich küsst und mit mir anstellt, wonach ihm ist, während eine völlig neue Art von Orgasmus über mich hinwegrauscht. Ich kenne die schnellen harten, die schmerzhaften, die wilden, aber dieser ist noch mal anders und erfasst jede einzelne Zelle meines Körpers. Und als ich denke, dass es nicht schöner werden kann, bewegt Evan sich endlich stürmischer und reißt mich ein zweites Mal mit sich, steigert meinen Höhepunkt und lässt mich eine Lust empfinden, wie ich sie bisher nicht kannte.

Jeder Stoß erschüttert mich bis in die Fingerspitzen, wir kleben aneinander. Und ich habe das Gefühl, nicht nur mich, sondern auch ihn zu spüren, als hätte ich zwei Herzen. Nie hat mich ein Mann so voller Begehren angeschaut, nie mir so gezeigt, wie sehr er schätzt, was ich ihm gebe. Und nie habe ich mich jemandem so verbunden gefühlt, dass es wehtut.

Tränen laufen mir über die Wangen. Und weil ich sie vor ihm verbergen möchte, ziehe ich ihn näher und vergrabe mein feuchtes Gesicht an seinen Schultern. Bis es mich erneut zerreißt.

Ich schreie wie von Sinnen und fühle mich für einen Augenblick unendlich frei. Seine Lippen schlucken meine Laute, begleiten meinen Höhenflug. Sein Stöhnen wird tiefer und schließlich kann er sich ebenfalls nicht länger zurückhalten. Er kommt stöhnend und zitternd in mir.

Was zum Henker war das eben?, frage ich mich völlig überwältigt. *Was hat er mit mir angestellt? Was ich mit ihm?*

Verschwitzt klebt er an mir. Sein Geruch ist auf meiner Haut, meiner auf seiner. Sein Schwanz ist noch in mir. Ich will so viel sagen, aber weiß nicht, wo ich beginnen soll. Also beobachte ich Evan, wie er mich beobachtet, und muss lächeln.

Obwohl ich protestiere, löst er sich von mir und gleitet aus mir heraus. Er übersät mein Gesicht mit zärtlichen Küssen, löscht das Licht, legt sich auf den Rücken und zieht mich an sich. Er umhüllt mich mit seinem Körper, breitet die Decke über uns aus und küsst meinen Nacken. Seine Hand fasst zwischen meine Beine, besitzergreifend, so als hätte er nun jedes Recht dazu.

»Das hätte nicht passieren dürfen …«, ist das Letzte, was ich gemurmelt höre, bevor ich einschlafe.

Stimmt, denke ich mir. Denn ich möchte am liebsten die ganze Nacht mit ihm wach bleiben. Oder meint Evan was anderes?

13

Habt ihr euch gestritten?«, fragt mich Kevin, als Evan und ich am nächsten Tag umzingelt von Reportern den Wagen für den Testlauf vorbereiten.

»Kommt wohl in der besten Ehe vor«, witzelt Evan und überwacht, wie Fernando und Michael die Elektronik überprüfen.

»Darf ich auch noch mal schauen, ob jede Schraube da sitzt, wo sie hingehört?«, zische ich Evan zu und vertreibe ihn von der Motorhaube.

Schon den ganzen Morgen ist er gereizt, ohne dass ich verstehe, warum. Bis ich gesagt habe: »Okay, es war ein Fehler. Können wir uns jetzt wieder normal benehmen? Es war nur Sex, Evan, keine große Sache!« Das hat für ihn das Fass zum Überlaufen gebracht.

»Nur Sex?«, hat er gefährlich leise gefragt.

»Ein Fick«, habe ich noch einen draufgesetzt, dabei war das die reinste Lüge. »Schließlich war sonst niemand da.«

»Wie viele Männer hattest du bisher?«

»Warum willst du das wissen, ich frag dich ja auch nicht nach deinen Frauen.«

»Vier«, hat er gesagt. »Und du?«

»Mehr«.

»Wie viel mehr, Riley?«

»Ich führe kein Buch.«

»Schätze!«

Angestachelt habe ich angefangen hochzurechnen und bin nicht stolz auf das Ergebnis, wirklich nicht. »Vielleicht fünfzig.«

Sein Blick wurde mörderisch.

»Können auch sechzig gewesen sein.« Pause. »Schau nicht so! Wenn ich ein Kerl wäre, würdest du mir gratulierend auf die Schulter klopfen.«

»Wenn du ein Kerl wärst, würde ich dir eine reinhauen und dir dringend zu einer Therapie raten. Bei dir stimmt doch was nicht.« Er hat sich von mir abgewandt, telefoniert und einen Arzttermin vereinbart, für mich und sich.

»Ich bin sauber«, habe ich gesagt.

»Nimm's mir nicht übel, aber das hätte ich gerne schwarz auf weiß.«

»Sag mal, Evan, für wen hältst du mich eigentlich?!« Sprachlos habe ich darauf gewartet, dass er sich entschuldigt. Ich mag impulsiv sein und mich nicht darum kümmern, was andere von mir denken, aber ich bin alles andere als verantwortungslos.

»Die Frage ist wohl eher, für wen du mich hältst? Ich bin nicht der Mann für reinen Sex. Ich hätte nie mit dir geschlafen, wenn ich gewusst hätte, dass du das, was wir hatten, bloß als Fick ansiehst.«

»Was war es denn für dich? ›Ich liebe dich‹, oder was? Komm schon, wir wissen beide, dass das Blödsinn ist!« Für einen idiotischen Moment wollte die Romantikerin in mir, dass er mir widerspricht. Aber er hat nichts gesagt und ich auch nicht. Wir haben uns angestarrt wie in einem Grabenkrieg, in dem keiner bereit ist, einen Zentimeter zurückzuweichen, bis ich aufgegeben habe und duschen gegangen bin.

Wütend steige ich nun in meinen Ford. Er läuft nicht optimal, aber ich meistere die Testrunde und schaffe später am Tag im Qualifying den vierten Platz. Nicht perfekt, aber akzeptabel.

Ich bin richtig froh, dass ich den ganzen Tag mit meinem Team, Interviews und Autogrammen beschäftigt bin. Als es dunkel wird, beschließe ich, wie üblich im Truck zu übernachten. Nicht umsonst habe ich den Transporter in einen fahrenden Palast mit zwei Schlafzimmern, Dusche, WC, Küche und einem kleinen Büro umbauen lassen. Das ist mein zweites Zuhause, hier fühle ich mich wohl. Falls mich deshalb am nächsten Morgen Fans belagern, nehme ich das gern in Kauf.

Evan ist nicht angetan von der Idee, aber er fängt keine Diskussion an, weil er den Grund für die Planänderung kennt. Unseren Streit. Während ich in meinem Bett liege, hat er es sich vor der Tür auf dem Klappsofa bequem gemacht.

Schlafen kann ich wieder nicht. Ich wundere mich, dass jemand wie Evan einerseits so analytisch sein kann, andererseits so sinnlich ist. Ich frage mich, wie er zur Army gekommen ist und ob er jemals was anderes machen wollte und wenn ja, was. Außerdem denke ich über mein eigenes Leben nach. Ja, ich liebe den Rennsport, aber ich wollte immer auch eine Familie haben. Ich bin eigentlich gar nicht diese Femme fatale, die ständig Typen aufreißt. Ich bin nur jemand, der vergessen will und genau zwei Wege dazu gefunden hat: Gas geben oder Sex haben.

»Evan?«, frage ich leise in die Dunkelheit hinein. Dann noch mal lauter. »Evan?«

Keine Antwort.

Ich denke daran, wie er letzte Nacht mit mir geschimpft hat, als ich mich zu ihm geschlichen habe. Dennoch stehe ich auf.

Jeden Moment rechne ich damit, dass er wach wird und mir noch im Halbschlaf den Hals umdreht. Aber er rührt sich nicht, sondern atmet ruhig weiter.

Vorsichtig, um ihn nicht zu wecken, lege ich mich zu ihm, obwohl ich fürchte, erneut Ärger zu bekommen. Ich nehme mir seinen Arm und merke, dass meine Sorge völlig unbegründet ist. Statt mir wehzutun, drückt er mich an sich.

Ich weiß nicht, ob er wach ist und nur nichts sagt – was ziemlich verwirrend wäre – oder ob ich Teil eines Traums und willkommen bin. Letztlich ist es mir egal. Ich entspanne mich und die Müdigkeit fordert ihren Tribut. Ich rieche Evans frischen, männlichen Duft, genieße seine Wärme. Als er leise wohlig seufzt, kann ich nicht anders, als ihm im Dunkeln einen Kuss auf die Lippen zu drücken, und mir zu stehlen, was ich brauche: Nähe, Zärtlichkeit, Intimität.

Warum funktioniert das mit uns am Tag nie so gut wie in der Nacht? Natürlich, wir sind wie Feuer und Wasser. Aber bilden nicht gerade Gegensätze eine Einheit? Ist das nicht der Grund, warum mit ihm alles anders ist als mit den Männern davor?

Bevor ich Antworten finden kann, schlafe ich ein und werde erst wieder wach, als Evan sich am Morgen von mir löst und mich zu meinem Bett trägt. »Schlaf weiter!«, sagt er sanft.

»Nein!« Ich schüttele mich und richte mich ebenfalls auf.

»Du tust wohl nie, was man dir sagt, wie?«

Ich überlege kurz. »Nicht dass ich wüsste.«

Mit keiner Silbe sprechen wir an, was letzte Nacht los war. Ich glaube, Evan weiß es eh. Der Mann ist schließlich nicht dumm. Wenn wir reden, dann über rein praktische Sachen, wie den Plan für den Tag, wo der Kaffee ist und wer zuerst duschen darf. Als ich mutig doch das Thema aufgreifen will, steht Evan mit der fadenscheinigen Ausrede auf, dass er seine Kontrollrunde machen müsste.

»Jetzt?«, will ich wissen. »Kann das nicht noch fünf Minuten warten?«

»Kann es nicht«, sagt er.

»Aber –« Diskussion beendet. Mir fällt nicht ein Grund ein, warum er bleiben sollte, und wütend greife ich nach dem erstbesten Gegenstand, einem Salzstreuer, und werfe ihn nach ihm.

»Das gibt sieben Jahre schlechten Sex«, sagt er lachend, hebt ihn auf und geht.

»Glaubst du, das stört mich. Ich kenne eh nichts anderes«, rufe ich hinterher. Die Tür fällt zu und ich bin kein bisschen besänftigt. Auf dass ich mich beruhige! Denn für die Testläufe und den morgigen Renntag brauche ich einen kühlen Kopf.

14

Fehlanzeige.

Ich bin in der *Round of 8*, in der Gruppe der acht besten Fahrer, die die Serie gewinnen wollen. Ich bin in Martinsville. Auf der Rennstrecke, auf der mein Bruder vor drei Jahren gestorben ist. Und ich bin nervös.

Obwohl ich schon Dutzende Runden über den Asphalt gejagt bin, fühlt sich der heutige Renntag anders an. Jedes Mal, wenn ich auch nur blinzle, tauchen Bilder von Leo vor mir auf. Ich denke, es liegt an der Atmosphäre am Renntag, an der Fliegershow, daran, dass das Gebet von dem gleichen Mann gehalten wurde wie vor drei Jahren und sich im Wortlaut kaum unterscheidet. Als ich die Nationalhymne mitsumme, glaube ich Leo zu spüren, dicht neben mir. Was so irritierend ist, dass ich mir über die Arme reibe, um das Gefühl abzuschütteln. Das einzig Gute an diesem sonnigen Tag ist, dass es keine weiteren Drohungen gegeben hat und dass Leo technisch besser läuft als je zuvor, denn die Jungs und Evan haben ihn gefühlt alle fünf Minuten gecheckt.

Routiniert stöpsle ich mir die Kopfhörer für die Funkverbindung ins Ohr und setze mir den Helm auf.

»Kein Risiko, Riley«, ermahnt mich Kevin, der noch mal zu mir an den Wagen kommt, obwohl es jeden Augenblick losgeht.

»Ich fahre, wie ich fahre, um zu gewinnen«, sage ich.

»Riley!« Kevin klingt streng.

»Okay, okay!« Erneut bete ich ihm die Strategie herunter, die wir ausgetüftelt haben, und streife mir zu guter Letzt die Sicherheitshandschuhe über. Ich bin bereit. Hoffe ich.

Zuversichtlich hebe ich beide Daumen in Richtung Team. Dann konzentriere ich mich auf das Startzeichen. Ich mag die Anspannung in der Luft. Den Fokus auf eine einzige Sache: die Strecke vor mir. Es gibt nichts anderes in diesem Moment, nur mich, den Wagen, den Asphalt und das Gefühl, wenigstens eines im Leben unter Kontrolle zu haben.

Doch als endlich die grüne Flagge zum Start geschwenkt wird, zittern völlig ungewohnt meine Beine. Mir ist furchtbar schlecht. Ich fühle mich wie bei meiner ersten Fahrt in einem Rennwagen, eine Woche nach Leos Tod. Meine Schultern sind verkrampft. Mir fehlt die Kraft, um den Ford so zu lenken, wie ich es gewohnt bin. Mein Atem geht schnell, dabei bin ich erst in Runde eins. Ich schaue viel zu oft in den Rückspiegel, was untypisch für mich ist, sonst blicke ich immer nach vorne.

»Riley, was ist los? Gibt es Probleme?«, höre ich Kevins Stimme in meinem Ohr. »Riley?! «

»Alles gut!«, melde ich mich, wie ich es seit Tagen tue, aber nichts ist gut. Weit davon entfernt.

Vor meinem geistigen Auge läuft das Rennen von damals ab, jede Sekunde, Runde um Runde. Die Strategie, an der wir alle im Team gearbeitet haben, ist vergessen.

»Baby, fahr ihnen davon, die Kiste kann das. Fahr, fahr, fahr, du hast freie Bahn!«, ruft mir Michael zu.

Aber mein Fuß drückt das Gas nicht ganz durch. Mir unterläuft ein Fehler, ich gerate ins Schlingern, verliere sogar eine Position. Nur mit Glück kann ich einen Crash mit einem anderen Fahrer verhindern. Statt mich daraufhin zu entspannen, zieht jedoch ein Schmerz von meinen Schultern hoch in meinen Nacken und sorgt für derart höllische Kopfschmerzen, dass ich am liebsten am Rand anhalten, mir den Helm vom Kopf reißen und mich verkriechen möchte.

Ich höre, wie sich Kevin streitet, zunächst mit Joyce, dann mit Michael und schließlich übernimmt Evan das Mikro und ich schalte es ab. Ich habe genug von meinen Leuten. Statt ihrer aufgeregten Fragen, was denn los sei, verfolgen mich nun die Durchsagen von damals, von Leos Rennen, jedes einzelne Wort. Ich sitze wie in einem Film, der sich weder vorspulen noch beenden lässt. Dass ich konstant auf Platz fünf bin, so wie Leo damals, macht die Sache nicht besser.

Ohne Boxenstopp fahre ich Runde um Runde. Die innere Anspannung steigt, weil ich weiß, wann Leos Crash passiert ist, und ich mich diesem Zeitpunkt nähere.

Als ich drei Viertel geschafft habe, ist mein Rennanzug von innen total durchgeschwitzt. Es ist nicht das erste Mal, dass mir in meinem Outfit heiß ist. Genau deshalb trainiere ich jeden Tag, damit ich bei diesen Konditionen durchhalte. Aber hier und jetzt macht mir die Hitze zu schaffen. Alle paar Minuten versuchen mich Fahrer zu überholen. Aber das Feld muss so bleiben wie damals … und deshalb verteidige ich Platz fünf mit mehr Glück als Verstand.

Erst Rauchschwaden aus Ryan Tanners Wagen mit der Nummer 3 beenden mein Déjà-vu-Erlebnis. Er schlingert, streift die Balustrade und dreht sich. Für eine Sekunde fahre ich blind. Der verbrannte Geruch steigt mir in die

Nase. So vertraut, dass ich das Gefühl habe zu ersticken. Für einen Moment glaube ich, selbst zu sterben. Leo zu folgen. Was für die Presse eine Wahnsinnsgeschichte wäre. Ich streife das Wrack und gerate erneut ins Schlingern.

Doch plötzlich ist der Augenblick vorbei. Der Rauch verzieht sich und endlich begreife ich, dass das hier mein Rennen ist und nicht Leos. Ich sehe die Fans auf der Tribüne, erkenne auf einer der Übertragungsleinwände, wie Ryan aus dem Wrack klettert und bejubelt wird, und Gott sei Dank lässt meine Anspannung nach.

»Michael?«, melde ich mich, nachdem ich mein Mikro wieder eingeschaltet habe. »Miss die Zeit der nächsten Runde!«

»Mach das nicht!«, sagt er, weil er weiß, was ich vorhabe, während ich im Hintergrund Kevin, Evan und Nick wild diskutieren höre.

»Dann lass es halt!«, knurre ich stur wie eh und je, gebe Gas und rücke zum ersten Mal seit dem Start einen Platz auf. Nicht nur dass ich durch den Crash automatisch auf Position vier gerutscht bin, nun komme ich sogar auf Platz drei, nach fünf Runden.

»Du kannst nicht gewinnen«, erklärt er nach einer weiteren Runde und möchte, dass ich so sicher wie möglich fahre und meinen Platz verteidige.

»Aber lohnt es sich, noch auf die Zwei zu wollen?«, frage ich und beiße die Zähne zusammen, weil jeder verkrampfte Muskel mittlerweile protestiert. Ich spüre die Minuten hinter dem Steuer in meinen Knochen. Aber ich gebe nicht nach und trete verbissen aufs Gas, als könnte ich der Vergangenheit entkommen.

»Nimm die Kurven langsamer, bevor du ausscheidest!«, gibt mir Kevin durch.

»Ich scheide nicht aus.«

»Weil du Supergirl bist, oder was?«

»Genau! Weil ich Supergirl bin!«, rufe ich lachend zurück.

Jeff Meyers ist auf der Eins. Ich hänge hinter Position zwei, Dale Johnson. Mir fällt auf, dass er die Kurven vorsichtiger nimmt. Ich wette, weil er auf die Anweisungen von seinem Team hört. Hinter uns ist etwas Abstand zum Feld entstanden und ich entscheide, aufs Ganze zu gehen.

Ich beschleunige auf für Martinsville verdammt gefährliche einhundert Meilen pro Stunde, die bei der Strecke dazu führen, dass meine Reifen kurz ihren Grip verlieren. Mit zusammengebissenen Zähnen verlagere ich mein Gewicht, halte das Tempo und atme auf, sobald ich wieder Boden unter allen vier Rädern habe. Als die schwarz-weiß karierte Fahne geschwungen wird, die die letzte Runde ankündigt, denke ich nicht daran nachzugeben, sondern liefere mir mit Dale ein Kopf-an-Kopf-Rennen um den zweiten Platz. Das Publikum tobt. Dann rase ich vor Dale ins Ziel. In Martinsville. Wahnsinn!

Alle Anspannung fällt von mir ab. Ich fahre in die Boxengasse und kaum, dass ich bei meinem Team stoppe, stürmen sie jubelnd auf mich zu, als wäre ich die Siegerin.

Für einen Moment bin ich wie blind, so undurchsichtig ist das Knäuel aus Armen, Händen und Gesichtern, das mich beglückwünscht. Kameras schwenken zu mir. Ich schwinge mich aus dem Wagen, verzichte aber darauf, wie üblich aufs Dach zu klettern, weil meine Beine das reinste Gummi sind. Mikrofone werden mir unter die Nase gehalten und die Fernsehleute können sich kaum entscheiden, ob sie mich, die Frau, die es den Männern zeigt, oder Jeff, den Sieger, interviewen sollen, und zerren uns beide vor die Kamera. Evan hat große Mühe, die Menge auf Abstand zu halten.

Ich schlage mich tapfer, bis ich die Worte »Wie damals bei Leo Luman …« höre und erneut die schrecklichen Bilder vor mir auftauchen. Sämtliche Farbe weicht mir aus dem Gesicht. Mir wird eklig heiß. Ich wische mir über die Stirn. Vor meinen Augen verschwimmt die Welt und … Ich lächele weiter, das ist mein Job, ich bin schließlich der heimliche Star des Rennens.

Schwerer atmend lehne ich mich an den Kotflügel und öffne den Reißverschluss meines Anzugs, um besser Luft zu bekommen.

»Schau mich an!«, sagt eine vertraute Stimme leise neben meinem Ohr und Arme greifen mir unter die Achseln. »Schau mich an, Darling!«

Ich rieche, wer mich hält, klammere mich an ihn und lege meine Arme um seinen Hals. »Evan!« Am liebsten möchte ich irgendeine dumme Bemerkung darüber reißen, dass er *nun* wieder für mich da ist, aber ich bin viel zu erleichtert. »Bring mich hier weg!«, murmele ich an seiner Brust. »Ich will weg.«

»Okay«, sagt er schlicht.

Der Weg zu unseren Trucks fühlt sich länger an als sonst. Als ich endlich zurück bin, lasse ich mich erschöpft aufs Sofa fallen. Von draußen höre ich noch, wie sich die Stimmen von Moderatoren und Fans überschlagen, aber der Wagen dämpft sie auf ein erträgliches Maß.

»Riley, verdammt, was hast du dir dabei gedacht, das Headset auszuschalten? Was war los, bist du völlig verrückt geworden? Wir hatten eine Strategie«, staucht Kevin mich zusammen und schert sich kein bisschen darum, wie es mir geht.

»Aber ich bin Zweite, das ist besser als unser Plan«, murmele ich.

»Und leichtsinniger. Willst du dich etwa umbringen, so wie Leo?!«

Stille verbreitet sich im Truck. Seine Worte fühlen sich an wie ein Schlag in die Magengrube. Ich warte, dass er sie zurücknimmt, aber das geschieht nicht.

»Wie kannst du so etwas sagen? Wenn ich mich umbringen wollte, hätte ich bereits zig andere Gelegenheiten gehabt. Ich habe Leo geliebt wie keinen zweiten Menschen auf der Welt. Er war jahrelang meine gottverdammte Familie, beziehungsweise das, was davon übrig war. Bevor ihr alle aus dem Team dazu gekommen seid. Ich weiß, dass wir die Strategie für Martinsville pausenlos durchgegangen sind, nur eine Sache haben wir dabei nie besprochen: dass das hier Leos Todesstrecke war.« Ich hole tief Luft, aber nicht, um mich zu sammeln, sondern um Kevin heftiger anzufahren. »Du willst wissen, was los war? Fein, sag ich dir! Ich habe hinter dem Lenkrad gesessen und jede einzelne beschissene Runde seines Rennens nacherlebt. Anscheinend habt ihr alle vergessen, was war! Ich nicht.« Meine Kraft verlässt mich. »Ich hab es nicht vergessen, verdammt noch mal.« Schwer atmend bleibe ich auf dem Boden des Trucks sitzen. Mein Körper zittert. Ich heule, kann mich überhaupt nicht mehr beruhigen. Bis Evan sich neben mich hinkniet und mich wortlos hält. Von Sekunde zu Sekunde fühle ich mich besser.

»Es tut mir leid, Riley. Entschuldige«, sagt Kevin, nimmt sein Basecap ab, fährt sich durch die Haare und setzt es wieder auf. »Ich hätte nie gedacht, dass … stimmt, wir hätten darüber sprechen sollen.« Er seufzt. »Was ist jetzt also das Beste?«

»Wir reisen ab«, sagt Evan.

»Wie bitte?!« Kevin sieht ihn an, als wäre er verrückt geworden. »Das geht nicht. Wir haben den ganzen Abend Termine. Die sind wichtig. Fürs Image und die Sponsoren.«

Die Interviews hatte ich vollkommen vergessen. »Eine Nacht halte ich schon noch aus«, gebe ich klein bei.

Evans Griff an meiner Taille verstärkt sich. Wir sehen uns an und er versucht, die Sorge in seiner Miene herunterzuspielen. Aber es misslingt ihm. Er ist der einzige Mensch, der eine Ahnung hat, wie es in mir aussieht. Und ich weiß genau, was er mir sagen will: Hierzubleiben, ist ein Fehler.

Ich räuspere mich und drehe mich zu Kevin: »Spricht denn was dagegen, wenn ich die Interviews gebe und dann verschwinde?« Von draußen wird der Sprechchor meiner Fans immer lauter. »Ehrlich gesagt finde ich die Aussicht, in meinem Bett zu schlafen, traumhaft. Während man mich hier die ganze Nacht belagern wird, werde ich dort meine Ruhe haben. Außerdem wäre ich sicher. Zumindest sicherer als hier.«

Nachdenklich sieht mich Kevin an. »Meinetwegen«, gibt er schließlich nach. »Fahr mit Evan vor! Wir kommen morgen nach.«

15

»Ich fahre«, sagt Evan, sobald der Mietwagen da ist, und hält mir kurz vor Mitternacht die Beifahrertür des Toyotas auf.

»Aber …« Fieberhaft suche ich nach Argumenten, um selbst hinter dem Lenkrad zu sitzen, doch mir fällt keines ein. Ich bin übermüdet, gereizt, verheult – also im denkbar miserabelsten Zustand. »Wenn du eine Pause brauchst …«, fange ich an.

»Dann wechseln wir das Steuer, natürlich«, sagt er und hievt meine Reisetasche in den Kofferraum, während ich einsteige.

Letztlich ist egal, wer fährt, Hauptsache, wir kehren dieser Stadt und vor allem der Rennstrecke endlich den Rücken zu.

»Passt auf euch auf«, sage ich zu Joyce. Denn obwohl wir ein paar Tage Ruhe vor weiteren Drohungen hatten, kann niemand genau sagen, wann und wo der Verrückte das nächste Mal zuschlägt. Denn das wird er, daran glaubt jeder aus dem Team.

»Machen wir«, sagt sie. »Und du bitte auch auf dich.«

»Ich bin in den besten Händen«, sage ich. »Mehr oder weniger. Und das mit den Klamotten tut mir leid. Ich probier sie ein anderes Mal an, ja?« Die riesige Kiste mit den neu bestellten Sachen steht seit Tagen ungeöffnet herum, aber es war so viel los, dass ich nicht dazu gekommen bin, Modenschau zu spielen.

»Kein Problem, ich weiß ja, wo ich dich finde«, sagt Joyce mit verstellt tiefer Stimme.

»Das klingt wirklich beängstigend. Nicht«, gluckse ich.

»Endlich lachst du mal!.« Sie beugt sich zu mir in den Wagen. »Und jetzt nicht aufgeben, hörst du!«

»Wie meinst du das?«

Das weißt du genau!, antwortet ihr Blick.

»Da läuft nichts«, erkläre ich, und weil sie mich so skeptisch anschaut, füge ich hinzu: »Ja, wir hatten unseren Moment. Bis ich ihm gestanden habe, dass ich mit halb North Carolina geschlafen habe. Seitdem herrscht Funkstille.«

»Das sehe ich anders. Du musstest es ihm erzählen. Das war richtig. Außerdem: Wer weiß, was er dir alles verschwiegen hat?«

Meine Miene hellt sich auf, weil ich eine Idee habe.

»Ha! Das ist das Gesicht, das ich sehen wollte!« Joyce will mehr sagen, aber Evan ist in der Nähe, und so drückt sie mich bloß und sagt zu ihm: »Wehe, sie hat auch nur ein gekrümmtes Haar, wenn wir nachkommen. Dann kriegst du Ärger. Das ist dir hoffentlich klar?«

»Keine Sorge, niemand wird sie anrühren.«

»*Einer* darf schon«, sagt sie.

»Namen?« Evan mahlt mit dem Kiefer.

»Frag sie!« Sie nickt mir lachend zu, tritt vom Wagen zurück und kuschelt sich zufrieden in Kevins Arme.

Doch ich erkläre nichts dergleichen, weil ich Schiss habe, dass Evan die Flucht ergreift, sobald ich ein falsches Wort von mir gebe. Ich stelle mir die Rückenlehne nach hinten, mache es mir gemütlich und verfolge, wie wir Martinsville verlassen.

Evan schweigt ebenso, konzentriert sich auf das Fahren und lässt es gut sein. Dabei ist gar nichts gut zwischen uns, denn hier sitzen wir, zwei Menschen, die sich aus irgendeinem Grund zueinander hingezogen fühlen und dennoch nicht zusammenkommen.

Nachdem die Stadt hinter uns liegt, sage ich: »Joyce hat vorhin von dir geredet, Evan. Du hast ihre offizielle Erlaubnis, mir ein Haar zu krümmen.«

»Du schläfst ja gar nicht«, sagt er, während wir durch die Nacht gleiten.

»Offensichtlich«, sage ich und bin enttäuscht, dass er mir ausweicht.

»Versuch es!«

Ich denke nicht daran. »Angenommen, du wärst nicht mein Bodyguard, wäre das zwischen uns denn anders gelaufen?«

»Anfangs vielleicht, aber so wie die Sache jetzt steht«, sagt er leise und umklammert das Lenkrad fester, sodass seine Fingerknöchel weiß hervortreten. »Nein.«

»Warum macht es dich wütend, dass wir darüber reden? Ich will es nur verstehen. Wenn ich ernsthaft vorhätte, dich zurückzuerobern, hättest du keine Chance.«

»Wie?«, fragt er ungläubig.

Ich beuge mich zu ihm, inhaliere seinen Geruch. Meine Lippen streifen sein Ohrläppchen. »Na wie wohl?«, hauche ich verführerisch.

»Aha. Mit billigen Tricks.«

Für eine Sekunde befürchte ich, zu weit gegangen zu sein, doch sein schnell schlagender Puls verrät ihn. »Also: Warum, Evan?«

»Du willst Gründe hören? Fein, du kriegst Gründe! Mal von dieser körperlichen Anziehung abgesehen, passen wir überhaupt nicht zusammen. Du lebst dein Leben in vollen Zügen und scherst dich nicht um die Konsequenzen. Hauptsache, du hast deinen Spaß. Ich dagegen liebe es, alles unter Kontrolle zu haben und möchte auf jede Eventualität vorbereitet sein. Ich hasse Überraschungen. Wie soll daraus was Gutes entstehen?«

»Klingt für mich eher nach einem Grund für statt gegen uns«, sage ich.

Er seufzt, sieht kurz zu mir, dann wieder auf die Straße. »Riley, du brauchst außerdem jemanden, der dir hilft, deine Geister zu vertreiben. Niemanden, der mit seinen eigenen Dämonen kämpft.«

»Hat es mit deiner Zeit in der Army zu tun? Was ist passiert?«, frage ich.

»Geheimsache.«

»Von wegen! Es existiert garantiert keine Akte zu deinen Gefühlen.« Auch wenn ich die spannend fände.

»Lass es, Riley! Ich habe schon mehr als genug Stunden damit verbracht, darüber zu reden. Es reicht.«

Typisch Mann, blockt ab, wenn es ernst wird. Meine nächsten Worte überlege ich mir daher gründlich. »Du hast mir geholfen. Es hat wirklich gutgetan, einmal darüber zu sprechen. Evan, ich versteh dich vielleicht auch. Lass mich dir ebenso helfen.«

»Indem wir Sex haben?« Er reibt sich über sein Ohr, dass ich angehaucht habe, als wollte er mich loswerden.

»Du verurteilst mich, weil ich mit all diesen Typen geschlafen habe?«

»Ich verurteile dich, weil du dir keine professionelle Hilfe holst. Ich hatte immerhin welche.«

»Und sie hat aus dir einen übervorsichtigen Spießer gemacht. Herzlichen Glückwunsch!«

Er lacht. »Das war ich schon vorher. Keine Sorge, egal zu welchem Therapeuten du gehst, du wirst immer die kopflose Riley Luman bleiben.«

»Da wäre ich mir nicht so sicher.« Denn dass mich ein anderer Mensch dermaßen beschäftigt, so wie Evan jetzt, das ist neu für mich. Sehr neu. Ich merke Veränderungen an mir, kann nur noch nicht sagen, ob es gute oder schlechte sind. »Fassen wir also zusammen: Du willst eigentlich nichts mehr mit mir zu tun haben, weil du selbst im Arsch bist? Du willst mich, Evan, aber ich mache dir Angst mit meiner Art, meine Gefühle auszuleben, statt sie zu unterdrücken?« Ich mustere ihn von der Seite und weiß nicht, was mich reitet, aber einer Eingebung folgend frage ich: »Deine letzte Freundin war wie ich, richtig? Sie konnte die Finger nicht von dir lassen, ihr habt Spaß gehabt – und wiegele das nicht ab – ich seh die Lachfältchen an deinen Augen. Ihr hattet eine tolle Zeit. Und was ist dann passiert?«

Obwohl es dunkel im Wagen ist, fällt mir auf, wie blass Evan plötzlich wird. Auf seiner Haut bildet sich ein Schweißfilm, dabei ist es nicht sonderlich warm, und sein Blick ist starr nach vorne gerichtet. Liege ich dermaßen daneben? Oder bin ich zu weit gegangen?

»Evan?«, frage ich besorgt.

Er reagiert nicht.

»Evan, du machst mir Angst.« Selbst für meinen Geschmack steuert er den Wagen viel zu rasant. »Evan, fahr rechts ran!« Nichts geschieht. »Halt sofort an!«

Immer noch keine Reaktion. War es so heute für ihn auf der Rennstrecke? Denn wenn ja, dann muss ich mich unbedingt für mein Verhalten entschuldigen. Wenn ich dem hier länger zuschauen muss, mach ich mir in die Hose. Warum musste ich auch den Mund aufreißen?

Blöde Frage! Ich kenne die Antwort. Sie sitzt neben mir. Weil dieser Mann mir unter die Haut geht und egal, was passiert, er brennt sich nur tiefer ein, wie ein unsichtbares Tattoo.

»Evan?«

Es ist fast, als würde er mit offenen Augen träumen. Er gibt weiter Gas und ich tue das Einzige, was mir einfällt, um ein Unglück zu vermeiden: Ich beuge mich über ihn und drücke auf die Lichthupe, wenn wir angeschossen kommen und beim Vordermann zu dicht auffahren.

Unvermittelt schert vor uns ein SUV aus. Instinktiv ziehe ich die Handbremse an. Unser Toyota gerät ins Schleudern und ich greife ins Lenkrad. Als Evan endlich reagiert und auf die Bremse steigt, krache ich gegen das Steuer und die Hupe. Wir drehen uns und halten auf dem Standstreifen. Der Wagen, der uns blockiert hat, verschwindet in der Nacht.

Zitternd lasse ich das Lenkrad los und sinke in meinen Sitz.

»Bist du in Ordnung?«, fragt Evan.

»Das müsste ich wohl eher dich fragen.«

»Scheiße!«

Ich muss lachen. »Mr Korrekt flucht? Dann war es jeden Kratzer wert!«

»Das ist nicht lustig, Riley. Du …« Er dreht sich zu mir, sieht mich an und streckt seine Hand nach mir aus.

»Willst du mir den Hals umdrehen?«, scherze ich. Schließlich habe ich den kleinen Streit ausgelöst. »Was echt ironisch wäre, wenn man bedenkt, dass –«

Seine Lippen verschließen meinen Mund. Der Kuss ist hungrig, wild, brutal, ganz anders als die Küsse, die ich von Evan kenne. Er lässt mir keine Luft zum Atmen und verwirrt mich.

Widerwillig löse ich mich von diesem plötzlich so leidenschaftlichen Mann und schiebe ihn an den Schultern von mir. Nur leicht, zu mehr bin ich nicht imstande.

»Denkst du an sie oder mich?«, frage ich.

»Du bist eine wirklich mutige Frau, Riley«, sagt er und streichelt mein Gesicht.

Ich will nachbohren, aber dermaßen tapfer bin ich dann doch nicht. Also warte ich, hoffe, dass er sich nicht erneut zurückzieht, und werde belohnt.

»Ich will nicht, aber ich denke an dich, Riley. Pausenlos. Ich suche nach Gründen, warum es richtig ist, dass wir nicht zusammen sind, doch am Ende will ich dich bloß mehr. Das heißt nicht, dass ich alles, was du machst, toll finde. Und ich habe es ernst gemeint, als ich sagte, dass wir beide grundverschieden sind und deshalb eigentlich nicht zusammenpassen. Am liebsten möchte ich, dass du dich vernünftig verhältst, deine Rennen ruhig fährst und nichts gewinnen willst. Dann wärst du auch nicht in Gefahr. Aber wenn du genau das tust, wärst du wiederum nicht die Frau, die mir so viel bedeutet, die ich so respektiere und die ich will wie nichts sonst auf der Welt.«

Mein Puls rast derart schnell, als wären wir weiterhin mit zu hohem Tempo auf der Straße unterwegs.

Wie gelähmt warte ich darauf, was als Nächstes passiert. Ob er mehr sagt, mehr fordert. Bis sich die Sekunden in die Länge ziehen. Enttäuscht lehne ich mich zurück und ächze, als der Gurt sich eng an meine Hüfte legt. Dorthin, wo er mich bei der Vollbremsung eingequetscht hat.

»Scheiße, Riley, du bist verletzt?« Bevor ich ihn aufhalten kann, schiebt Evan mein Shirt und meinen Hosenbund zur Seite, und ein schmaler Bluterguss kommt zum Vorschein.

»Das ist nichts«, murmele ich, weil ich spüre, dass er sich mir weiter entzieht. Als wäre diese dumme Verletzung der Beweis, dass es nichts mit uns werden kann. *Küss mich einfach noch mal*, denke ich mir. *Egal wie.* Wenn er sich jetzt wieder abwendet, dann sterbe ich.

In dem Moment treffen mich seine weichen, warmen Lippen. Auch dieser Kuss ist stürmisch. Er spielt mit mir und bringt meinen Körper zum Glühen. Unwillkürlich frage ich mich, ob Evan im Bett ebenso sein kann und wie sich das wohl anfühlt, mit ihm nicht nur gefühlvollen, sondern auch wilden Sex zu haben.

Ich kralle mich in seinen Nacken, damit er nicht zurückweicht und automatisch schiebe ich mich ihm entgegen, will ihn auf meiner Haut. Als seine Hand unter mein Shirt schlüpft, seufze ich wohlig. Die Hitze zwischen uns nimmt ungeahnte Ausmaße an. Er löst sich von mir und sieht mich mit diesem unglaublich begehrenden Blick an.

»Was?«, necke ich ihn.

»Ja, ich will dich, Riley Luman. Aber nicht hier in dem Wagen.«

16

Das Schweigen bis zur nächsten Abfahrt ist das schönste meines Lebens. Es ist erwartungsvoll, heiß, sinnlich. Obwohl wir nur noch eine Stunde brauchen, bis wir bei mir sind, hält Evan das Warten nicht länger aus. Endlich! So mag ich diesen Mann.

»Ein Zimmer für zwei«, sagt er mit fester Stimme, als wir nach Mitternacht im Mountain Inn im idyllischen Bermuda Run einchecken. Er zeigt seinen Ausweis, bezahlt mit seiner Karte und legt seinen Arm um mich. Als könnte ein Zweifel daran bestehen, dass wir uns das Zimmer teilen.

»Zieh dich aus«, sagt er, sobald wir in dem kleinen Studio allein sind. Plötzlich ist er wieder ernster, als mir lieb ist.

»Sag bloß, du kommandierst gerne herum?«, necke ich ihn und spiele mit dem Saum meines Oberteils.

»Würde dir das denn gefallen?«

»Möglich.«

Er frisst mich förmlich mit Blicken auf, kommt näher und hält mir die Hände hinter dem Rücken zusammen. »Auch wenn ich dich bestrafen müsste, weil du meinem Befehl nicht Folge leistest?«

»Kommt wohl auf die Strafe an«, sage ich nervös und erregt. »Aber grundsätzlich stehe ich nicht auf Schmerzen.«

»Und ich nicht darauf, sie zuzufügen.« Er knabbert an meinem Ohr. »Aber ich überleg es mir vielleicht noch mal anders, wenn du nicht augenblicklich dein Shirt ausziehst«, sagt er plötzlich in einer ernsteren Tonlage und rutscht erneut von seinem Verführer- in seinen Beschützer-Modus. Nicht um mich schnellstmöglich ins Bett zu kriegen, sondern weil er besorgt um mich ist.

»Du ziehst deines dann aber bitte ebenfalls aus!«, beeile ich mich zu sagen.

Er grinst und spielt mit, greift den Saum und zieht es sich wie ein Kerl mit einer fließenden Bewegung über den Rücken. »Zufrieden? Jetzt du.«

Ich schüttele den Kopf. »Nur ein Kratzer, wie?« Der Gurt hat ihm in die Schulter geschnitten und der Verband am Oberarm vom Streifschuss muss dringend ausgewechselt werden. »Warte!«, sage ich, bevor er sich herausreden kann, und hole aus dem Wagen den Erste-Hilfe-Kasten.

»Es geht mir gut«, sagt er, sobald ich zurück bin, und mustert mich. »Du bist dran!«

»Ich hab nichts.«

»Dann stört es dich sicherlich nicht, mir das zu zeigen. Komm!« Gehorsam machen meine Beine zwei Schritte auf Evan zu, er tritt mir entgegen und vorsichtig schiebt er mein Shirt höher und zieht es mir aus. »Fuck, Darling!«

»Was?!« Ich schaue an mir herunter und entdecke an meinem Busen einen zweiten ziemlich hässlichen blauen Fleck. Diesmal vom Lenkrad. Völlig unpassend muss ich kichern. »Das ist nichts.«

»Ich finde das nicht lustig, Riley.« Sanft küsst er meine malträtierte Haut.

»Ist es aber, denn Kevin wird dich dafür umbringen.«

Er löst sich, holt eine kalte Bierflasche aus der Minibar

und legt sie mir auf das Brustbein. »Aber jetzt ist das Nichts etwas besser, stimmt's?«

Ich nicke, stelle jedoch die Flasche ab und dirigiere ihn zum Bett. »Und nun mach den Verband ab und lass mich das anschauen!«

»Ich kann das alleine«, sagt er und will mir mein Notfall-Kit abnehmen.

»Hast du Schiss, dass ich das nicht kann und dir wehtue?«, necke ich ihn. »Ich nehme regelmäßig an Erste-Hilfe-Kursen teil.«

»Ich hab eher Schiss, dass ich nur von deinen Berührungen komme.«

Die Hitze, die seine Worte in mir auslösen, lässt mich für einen Moment vergessen, was ich überhaupt wollte. Dann fange ich mich. »Evan Crawford, versuchst du etwa, mich zu verführen?!«

Er legt seine Hände auf meinen Hintern, küsst meinen Bauchnabel und sieht zu mir hoch. »Fühlt sich das für dich nur wie ein Versuch an?«

Nein. Dieser Mann weiß ganz genau, was er mit mir anstellt. »Ich denke, du hattest bloß vier Frauen!«

»Aber die hatten es in sich.« Er grinst zufrieden mit meinem überraschten Gesichtsausdruck, und ich ahne, wie Evan noch sein kann, wenn er will. Unwiderstehlich.

Langsam löse ich den Verband, lasse aber frech meine Finger über seinen Schritt gleiten. »Komm doch, Evan! Ich finde es nur fair, wenn deine Unterwäsche genauso feucht ist wie meine.«

Er stöhnt, aber er fragt nicht nach, ob es stimmt, sondern revanchiert sich mit einem weiteren Kuss. Dieses Mal an meinem Busen.

Himmel!

Meine Hände zittern, als ich die Wunde abtupfe. Zum Glück ist sie nicht entzündet. Sie scheint bei der Vollbremsung auf dem Highway bloß leicht aufgerissen zu sein. Ein neues, großflächiges Pflaster genügt. Beim Versorgen entgehen mir aber nicht Evans weitere Narben, die ähnlich wie die am Bein auf eine verdammt schmerzhafte Verletzung schließen lassen.

»Evan?« Ich konzentriere mich weiter auf die Wunde. Denn dieser Mann mit dem freien Oberkörper, den Muskeln und diesem himmlischen Geruch macht mich viel zu schwach.

»Ja, Darling?«

»Erzählst du mir von ihr?«

Er zieht scharf die Luft ein, weiß genau, von wem ich rede – seiner letzten Freundin – und versteift sich.

»Ist schon okay«, wiegele ich ab. Da löst er meine Hände von dem Verbandszeug und berührt mein Kinn, damit ich ihn anschaue.

»Hast du einen deiner sechzig Männer geliebt?«, fragt er.

Vor Scham möchte ich im Boden versinken. Hitze steigt mir ins Gesicht. Ich will seinem Blick ausweichen, aber er lässt das nicht zu und mustert mich, als könnte er mir die Antwort an der Nasenspitze ablesen.

Nein, habe ich nicht. Bei keinem der Männer habe ich je gefühlt, was Evan in mir auslöst. Nicht nur Lust, sondern Sorge, Freude, Wut, alles. Aber bevor Evan auf der Bildfläche erschien, habe ich auch niemanden an mich herangelassen – aus Angst, verletzt zu werden. Denn schon zu oft haben mich Menschen verlassen, die mir alles bedeuten.

»Ich hab nicht gefragt, um über dich zu urteilen«, sagt er sanft, sieht mir tief in die Augen und holt Luft. »Es ist bloß schwer darüber zu reden, wie man für jemanden empfindet, wenn der andere keine Ahnung hat, was gemeint ist.« Er seufzt. »Oder diesen Hollywood-Kitsch für die wahre Liebe hält.«

Da ich diesen Hollywood-Kitsch gerade empfinde, ist die Diskussion wohl beendet. Mal wieder. Ich rutsche von Evans Schoß, packe das Verbandszeug weg und schüttele die Kissen vom Bett auf, um mich irgendwie zu beschäftigen und abzulenken.

»Sie hieß Layla«, sagt er plötzlich in die Stille hinein.

Ich halte inne, sehe ihn an und warte, ob noch mehr kommt.

»Du hättest sie gemocht. Sie war ebenfalls in der Army und hat es als Frau unter Männern geschafft, sich den Respekt ihrer Einheit zu verdienen. Auch meinen. Sie war clever, nicht auf den Mund gefallen und hatte immer einen coolen Spruch auf Lager. Und sie hat stets einhundert Prozent gegeben. So wie du.«

»Sie war Frau Nummer vier?«, frage ich überflüssigerweise.

»War sie«, sagt er kurz angebunden.

Wir legen uns ins Bett, Evan macht das Licht aus, doch als er den Arm um mich schlingen will, rücke ich ab. Mein Gehirn malt sich viel zu plastisch aus, wie es zwischen Evan und Layla gewesen sein muss. Seine Berührung ertrage ich daher nicht, obwohl ich mich nach ihr verzehre.

»Riley?« Mein Name genügt. Er will wissen, was los ist.

Ich drehe mich auf die Seite, als wären wir in einem Feriencamp und würden uns nachts Geschichten erzählen. »Was war ihr Job?«, frage ich. »Oder ist das auch geheim?«

Evan lächelt, streicht mir über meine Lippen und runzelt die Stirn, da ich ihn nicht ermutige, mich weiter zu berühren. »Sie war Scharfschützin. Eine ziemlich dankbare Position, denn je besser du bist, aus umso größerer Entfernung kannst du dein Ziel treffen.«

»Und bist in Sicherheit?«

»Genau.« Er holt tief Luft. »Sobald sie in unsere Truppe kam, hat jeder Kerl sie umschwärmt. Sie war es gewohnt und konterte die Anmachen mal mit Humor, mal mit Verstand. Ich fiel ihr deshalb auf, weil ich sie nicht wie ein Sexobjekt behandelt habe, sondern wie eine Soldatin und eine Frau. Wenn die Einheit zusammensaß, haben wir immer öfter bloß zu zweit geredet. Sie war in der Army, weil sie ihren Bruder im Krieg verloren hatte. Sie wollte, dass sein Tod nicht umsonst war. Wir sind uns nähergekommen, haben uns blendend verstanden, und irgendwann ist es passiert. Wir haben miteinander geschlafen, heimlich natürlich. Es sollte nur eine einmalige Sache sein, aber es blieb nicht dabei.«

»Beziehungen sind in der Army eigentlich verboten, richtig?«, frage ich leise.

»Richtig.« Er dreht sich auf die Seite. »Und wenn wir Sex hatten, war er schnell und schmutzig. Weil uns niemand erwischen sollte.«

»Deshalb magst du es langsam?«, frage ich, obwohl ich nicht zu viel darüber nachdenken will, was er mit Layla angestellt hat.

»Ich mag beides. Aber ja, ich finde es unglaublich schön, Zeit zu haben, den anderen zu erobern, den Körper zu verführen, heiß und bereit zu machen. Schon immer.« Er holt tief Luft. »Layla sah das genauso und wir haben jede freie Minute dafür genutzt, uns mit Worten, Blicken und Gesten zu erregen. Und abends gab es einen Quickie.« Evan will mich streicheln, aber ich zucke zurück, weil ich das Gefühl habe, er berührt eigentlich diese mir fremde Frau, nicht mich.

»Habt ihr euch keine Sorgen gemacht, was geschieht, wenn ihr auffliegt? Du bist doch sonst nicht derart leichtsinnig.«

Evan lächelt. »Nein, bei ihr hab ich all die Zweifel und Warnungen einfach ignoriert. Je länger wir zusammen waren, umso süchtiger wurde ich nach ihr.«

»Ist das bei dir immer so?«, frage ich.

»Nein, das ist mir vorher noch nie passiert.« Er dreht sich wieder auf den Rücken und ich mache es ebenso und bin dankbar, ihn nicht weiter ansehen zu müssen. Ich will ihm zuhören, möchte alles über Layla erfahren und begreifen, warum Evan heute so anders ist als damals. Aber gleichzeitig fühle ich mich verletzt und habe mit jedem Wort mehr das Gefühl, dass er mich gar nicht lieben kann. Dass es zwischen uns was anderes war und ist, von Anfang an, und dass er noch an Layla hängt. Obwohl sie offensichtlich schon seit einer ganzen Weile getrennt sind.

Ich bringe all meinen Mut auf und frage ihn, was sich geändert hat. Daraufhin lacht er bitter. »Irgendwann hab ich erkannt, dass sie richtig durchgeknallt ist. Das hat sich geändert.« Sein Tonfall ist plötzlich voll aufgestauter Wut, die ich nicht verstehe, und dann schweigt er lange. Aber ich erkenne an seinen Atemzügen, dass er nicht schläft, sondern sich nur sammelt. »Eines Nachts, wir waren in einer irakischen Stadt, um jemanden … lassen wir das … Sie hat auf jeden Fall gesagt, sie habe einen Ort entdeckt, den sie mir unbedingt zeigen müsse. Sie wolle keine drei Minuten, sondern endlich eine Stunde oder zwei oder drei mit mir.«

»War das nicht dumm?«

»Ja und nein. Es hatte die vorangegangenen Tage viele Feuergefechte gegeben. Aber nach solchen Phasen herrschte meist einige Zeit Ruhe. Wir warteten auf einen Informanten, um zu entscheiden, welches der nächste Schritt wäre. Solange der nicht kam, passierte nichts.«

»Mmh«, mache ich bloß, weil ich möchte, dass er weiterredet, aber beim besten Willen nicht weiß, was ich dazu sagen soll, außer dass ich es dumm finde, sich im Krieg von einem sicheren Lager wegzuschleichen.

»Und dann –« Evan spannt seine Muskeln an. »Layla war Amerikanerin. Sie sprach unsere Sprache, ist bei uns aufgewachsen und die Welt lag ihr zu Füßen, aber an diesem Tag –«

Mein Gefühl sagt mir auf einmal, dass die Geschichte ein ganz anderes Ende nimmt, als ich bisher erwartet habe. Ich stütze mich auf meinem Arm auf und streiche über seinen Bauch, seine Brust, seine Schultern, möchte, dass Evan spürt, dass ich da bin.

Der Plan geht auf. Er küsst meine Fingerknöchel und legt meine Hand dann auf sein schnell schlagendes Herz und seine eigene warm darüber.

»Niemand spricht groß darüber, aber es kommt vor, dass einer überläuft und auf der anderen Seite untertaucht. Es gab in meiner Gruppe einen Afghanen, der regelmäßig im Visier der Ermittler stand, dabei war er in Detroit geboren und aufgewachsen und hatte gar keine Familie im Nahen Osten.«

»Und Layla?«

»Sie auch nicht. Deshalb fiel nie ein Verdacht auf sie. Noch dazu, weil sie Scharfschützin war. Ihr Kontakt zur anderen Seite beschränkte sich auf ein Minimum.« Er holt tief Luft. »Aber ich, ich hätte es merken müssen. So oft wie sie die Kämpfe verurteilt hat. So oft wie sie auf die Leute da oben schimpfte, die falsche Entscheidungen trafen und damit das Leben Unschuldiger aufs Spiel setzten. Irgendwann hat sie sogar mal gesagt, was es für ein Irrsinn sei, dass die USA sich in einem Land einmischen, das dermaßen weit von ihnen entfernt ist, und dass sie die einheimische Bevölkerung verstehen könne, die ihre Probleme selbst lösen will.«

»Aber so einfach ist das doch nicht«, wende ich ein.

»Das stimmt«, sagt Evan. »Aber ich habe mit ihr nicht darüber diskutiert. Sie mochte zwar nicht im Recht sein, hatte aber auch nicht wirklich unrecht. Durch eine Fehlinformation hatten wir erst eine Woche zuvor fünf unschuldige Kinder getötet. Was uns alle betroffen gemacht hat.«

»Also hast du es dabei bewenden lassen?«

»Habe ich. Schließlich war Layla ansonsten Layla. Als sie den Vorschlag brachte, mehr Zeit mit mir zu verbringen, fand ich die Idee großartig. Jemanden zu lieben ist etwas unglaublich Schönes und ich brauchte was Gutes, während um mich herum nur Schlechtes passierte.«

Wieder atmet er tief durch.

»Ich bin ihr durch die Nacht gefolgt, zu einem perfekten Ort, wie sie ihn nannte. Wir erreichten die verlassene Ruine einer alten Villa und obwohl es riskant war, wollte sie weiter auf das Grundstück.«

Er hält meine Hand fester und ich spüre, wie hektisch sein Herz schlägt.

»Wir küssten uns immer hemmungsloser. Sie knöpfte mir mein Hemd auf, öffnete meine Hose. Aber als ich sie endlich ausziehen wollte, stieß mir ein vermummter Typ einen Gewehrkolben in den Rücken. Sofort wirbelte ich herum, stellte mich vor sie, wollte sie beschützen. Allein von der gegnerischen Seite entdeckt zu werden, war gefährlich. Da wir drauf und dran waren, miteinander zu schlafen, rechnete ich jede Sekunde damit, umgebracht zu werden. Doch Layla überraschte mich. Sie küsste mich in den Nacken, biss mich hart und begrüßte dann in ungewohnt gutem Arabisch die schwer bewaffnete Gruppe.«

»Oh mein Gott!«, rufe ich bestürzt und versuche, mir vorzustellen, wie sich das anfühlen muss, jemanden zu lieben und plötzlich auf die Art hintergangen zu werden. »Du musst es mir nicht erzählen, wenn du nicht willst«, sage ich, rücke näher und lehne mich an seine Seite.

»Ich würde aber gerne, wenn du es erträgst.«

»Natürlich«, hauche ich und habe auf einmal das Gefühl, dass meine Dämonen im Vergleich zu seinen ziemlich harmlos sind.

»Jede Sekunde mit Layla war Teil eines größeren Plans. Sie haben mich ausgesucht, weil ich Zugang zu geheimen Strategien hatte. Der perfekte Kriegsgefangene. Sie haben mich verschleppt und gefoltert, immer heftiger, je weniger ich bereit war zu reden.«

»Was haben sie mit dir –?« Ich breche ab, als mir klar wird, wie taktlos meine Frage ist, und dass ich mir nicht sicher bin, ob ich die Antwort überhaupt wissen will. Sanft streiche ich über seine Haut, ertaste die alten Verletzungen und bin ganz ergriffen. Wenn jemand wie Evan, der darauf trainiert ist, Geheimnisse mit ins Grab zu nehmen, mir solche Sachen erzählt, muss das etwas bedeuten.

»Sie haben mir Gliedmaßen gebrochen. Zum Beispiel den hier.« Er hebt seinen Zeigefinger und ich erkenne, dass er steif ist. Unbrauchbar. »Und einige andere Sachen versucht«, sagt er und küsst zärtlich meine Wange, als könnte er spüren, wie schockiert ich bin.

»Wie bist du dieser Hölle entkommen?« Ich stütze mich auf, habe Tränen in den Augen. »Kevin hat nie erwähnt, dass du verschwunden warst und verletzt und all das mitgemacht hast. Mein Gott, Evan!«

Er drückt mich an sich, fest. »Kevin weiß nichts davon. Das soll auch so bleiben. Bitte sag ihm nichts. Er denkt, ich hätte irgendwas extrem Grausames gesehen und deswegen einen kleinen Dachschaden«, witzelt er. »Aber unter uns, Riley, alles, was du dir vorstellen kannst, habe ich erlebt, und man stumpft ab, das muss man. Sonst wird man verrückt. Es gibt wirklich nichts, was mich in der Hinsicht noch traumatisieren kann.«

»Also bei dem blauen Fleck vorhin an meinem Brustbein warst du mächtig schockiert«, ziehe ich ihn auf.

Er lacht freiheraus und ich bin erleichtert. »Weil ich ein bisschen Schiss davor habe, was mein Bruder mit mir anstellt, wenn er erfährt, dass ich seiner Lieblingsrennfahrerin wehgetan habe.«

Ich schmiege mich an seine Brust, genieße die Ruhe, die er ausstrahlt.

»Wie wurdest du gerettet?«, frage ich leise.

»Ich hatte Glück. Nichts als verfluchtes Glück.« Er will weiterreden, aber er braucht einen Moment, um sich zu sammeln, und ich gebe ihm die Zeit. »Ich wäre lieber gestorben, als meine Leute und die Operationen zu verraten. Sie wurden immer wütender, aber es half nichts. Nach drei oder vier Tagen haben sie mich als blutigen Haufen zum Sterben liegen lassen und sind weitergezogen.«

»Und dann?«

Er atmet tief durch. »Das Wissen, dass Layla wieder bei meinen Leuten war, hat mich am Leben gehalten. Ich kann mit vielem klarkommen, aber diese Dummheit werde ich mir niemals verzeihen. Ich hab mich von den Ruinen weggeschleppt und Bauern fanden mich, einfache Leute, die sich trotz all der Risiken um mich gekümmert haben. Ich bekam Fieber, die Wunden hatten sich entzündet. Dennoch wollte ich zu meinem Camp, schleppte mich mehrmals weg, was meinen Zustand teilweise verschlechtert hat. Bis mir ein durchreisender Händler mitteilte, dass der Stützpunkt nach einem Anschlag dichtgemacht worden war.«

»Layla?«, frage ich.

»Ja, Layla war dafür verantwortlich, wie ich später erfahren habe. Erst nach einem halben Jahr war mein Zustand stabil genug, damit mich meine Retter zu meinen Leuten bringen konnten. Dort wurde ich weiterversorgt und endlos befragt. Mir konnte man nicht nachweisen, dass ich für die Rebellen arbeite, aber vertrauen konnte man mir nach dem Vorfall auch nicht mehr. Aus Nebensätzen konnte ich mir zusammenreimen, dass alle meine Operationen mittlerweile auf verschiedene Teams aufgeteilt worden waren. Und dass Layla sich im Camp in die Luft gesprengt hatte. Niemand aus meiner Einheit hat überlebt, bloß ich.«

Da ich keine Ahnung habe, was man jemandem sagt, der solche Sachen durchgemacht hat, schmiege ich mich einfach an Evan und atme seinen vertrauten Duft ein. Irgendwie vergessen wir zu oft, was für schreckliche Dinge es auf dieser Erde gibt.

»Nein«, flüstert er nur, obwohl ich nichts gesagt habe.

»Was nein?«

»Das, was ich erlebt habe, ist nicht schlimmer, als das, was du erlebt hast. Ich habe Kevin und Joyce. Aber du?«

»Ich hab sie auch«, erinnere ich ihn.

Er lacht. »Aber du hast deinen Bruder nicht mehr, auch nicht deine Eltern. Das ist was anderes.« Er legt seine Arme um mich und ich nehme sie dankbar an.

Obwohl ich es nie zugeben würde, verstehe ich Evan plötzlich besser. Ich weiß nicht, ob ich jemals wieder jemandem vertrauen könnte, wenn ich das durchgemacht hätte. Geschweige denn, Dinge auf die leichte Schulter nehmen würde. Nun ergibt es Sinn, dass er sich so darüber aufregt, dass ich von heute auf morgen lebe und mich so wenig um die anderen kümmere. Außerdem begreife ich, wie viel ich ihm bedeute.

»Evan?«

»Ja, Riley?«

»Ich spiel kein doppeltes Spiel mit dir. Du frustrierst mich so oft, dass es beinahe komisch ist. Gleichzeitig bist du mir unglaublich wichtig. Ich wünschte, es wäre anders, aber hier, jetzt, dich an meiner Seite zu spüren, das fühlt sich unendlich gut an. Was die Zukunft bringt, weiß ich nicht, aber ich möchte den Moment genießen und den Rest auf mich zukommen lassen.« Mein Herz klopft wie wild. So etwas habe ich noch nie zu jemandem gesagt, mich so noch nie gefühlt, und ich hoffe und bete, dass er mich versteht.

»Ich will das auch, aber ich habe Schiss, dass ich nicht für dich da bin, meine Pflichten verletze, wieder einen Fehler mache, wenn du so bist …«

»Wie?«, frage ich.

»So verflucht unwiderstehlich.«

Grinsend rücke ich von ihm ab. »Okay, verstanden, steh auf und überzeug dich davon, dass das Zimmer sicher ist. Mach, was du tun musst. Ich warte. Denn wenn alles sicher ist …« Lüstern mustere ich ihn.

Zögerlich steht Evan auf und überprüft die Tür. Er wirft einen Blick aus dem Fenster. Dann legt er seine Waffe griffbereit auf den Nachttisch und sieht mich hungrig an. »Ich halte es immer noch für eine miese Idee und –«

Ich öffne meinen BH, knie mich auf dem Bett vor ihn hin und küsse seine Lenden. Langsam streiche ich durch den Stoff seiner Shorts über seine Erektion. Er verstummt.

»Ich bin in Sicherheit, Evan. Mir passiert nichts.« Ich schiebe die Hose herunter und umspiele seine Eichel mit meiner Zunge. »Und dir auch nicht. Zumindest nichts, was du nicht genießen wirst.«

17

Ich kralle mich in Evans Hintern, bin hin- und hergerissen zwischen vorsichtigem Verwöhnen und ungestümem Verlangen. Ja, ich möchte ihn in mir spüren. Aber in diesem Moment ist mir wichtiger, dass er loslässt und alle Hemmungen ablegt.

Neckend sauge ich an seiner empfindlichen Spitze, schmecke den salzig-herben Geschmack seiner Lust und nehme seinen Penis schließlich in meinen Mund auf.

Sanft drückt er mich an den Schultern zurück. »Nein, Riley!«

»Gefällt es dir nicht?«

Er lacht verzweifelt, versucht, sich zu sammeln, und verrät mir damit, was ich wissen muss. Doch, tut es. Sehr sogar.

Ich stemme mich gegen seinen Griff und nehme seinen Penis wieder in den Mund, sauge intensiver und lasse ihn spüren, was sein Protest mit mir anstellt: dass ich mehr von ihm will. Er belohnt mich mit einem tiefen, ergebenen Stöhnen, bewegt seine Hüften und genießt meinen feuchten Mund und mein Zungenspiel.

Kräftiger klammere ich mich an ihn. Ich möchte, dass er nicht an seine Verletzungen denkt, sondern an mich. Ich will Spuren der Liebe und Leidenschaft, nicht des Hasses und des Schmerzes auf ihm hinterlassen. Ich will, dass er sich morgen mit einem dämlichen Grinsen an mich erinnert und übermorgen und –

»Riley, bitte mach langsamer!«

So als hätte ich ihn nicht gehört, nehme ich ihn tiefer in den Mund. Seine Lippen sagen Nein, aber sein Körper sagt Ja, drängt zu mir, zittert. Bis er seine Hände in meine blonden Haare gräbt und den Rhythmus vorgibt, der ihm gefällt.

Als ich zu ihm aufschaue, sehe ich, dass er die Augen geschlossen und den Kopf in den Nacken geworfen hat. Nie hat mich ein Anblick so erregt. Nur eine Sache fehlt mir noch …

Mit Absicht passe ich nicht mit meinen Zähnen auf, seine Lider fliegen auf und sein Blick bohrt sich in meinen.

Besser … Jetzt, da er mich ansieht. Hitze schießt direkt in meine Mitte, und Gänsehaut überzieht meinen Nacken und meine Schultern.

»Oh Gott, Riley!« Evan verliert die Beherrschung. Endlich. Jede Faser seines Körpers ist angespannt, Schweiß glänzt auf seiner Haut und die Sehnen an seinem Hals treten hervor. Ich nehme ihn tiefer und warm kommt er in meinen Mund. Sein Griff wird lockerer und sein Schwanz weich. Sein Blick trifft meinen und ich verstehe nicht, warum er mich dermaßen finster anschaut. »Das eben –«, beginnt er und fährt sich durchs Haar.

Ich lächele, obwohl es mir schwerfällt. »Sag bloß, es hat dir nicht gefallen?«

Er löst sich und reicht mir eine Wasserflasche. »Trink was!«

Ich weigere mich, möchte seinen Geschmack so lange wie möglich behalten. »Antworte!«

»Es hat mir gefallen, okay?«

»Gut.« Ich bin erleichtert. »Dann komm ins Bett!«

»Willst du wirklich nichts trinken? Nachdem ich in …«

Amüsiert lächele ich über seine Verlegenheit. »Ich mag, wie du schmeckst.«

»Sagst du das jedem?«

Eine kurze Sekunde lang möchte ich mich aufregen. Ich verwöhne ihn, wir haben einen wunderbaren Moment zusammen und dann das! Bis mir klar wird, dass er eifersüchtig ist.

Einladend hebe ich die Bettdecke. Er legt sich hin und ich schmiege mich an ihn. »Ob du es mir glaubst oder nicht, Evan, aber vor dir hab ich immer Kondome benutzt. Zusätzlich zur Pille.« Ich suche im Halbdunkel seinen Blick. »Und normalerweise verwöhne ich einen Mann nicht oral. Ich lecke nicht mal. Ich hatte nur Ficks. Ich dachte, ich hätte mich in dem Punkt klar ausgedrückt.«

Er stöhnt und ich sehe, wie ihn mein Geständnis erregt. »Du magst also, wie ich schmecke?«

»Ich mag alles an dir. Ich hab das eben sehr genossen und wiederhol das gerne. Ich hätte gedacht, Männer sind dankbarer«, setze ich noch einen drauf.

Womit ich nicht rechne, ist, dass Evan wieder hart wird. Er dreht mich herum, zieht mir meine Shorts aus und spreizt meine Beine. »Wie dankbar darf ich denn sein?« Er fasst an meine Scham, wo ich warm und feucht bin, seit wir in diesem Auto gesessen haben.

»Ich nehme alles, was du mir zu bieten hast, Evan.«

Er küsst mich sanft und ich schnappe nach Luft, als sein harter Schwanz mich zwischen den Beinen berührt. Träge reibt er sich an mir. Ich winde mich und will mehr, doch er macht keine Anstalten, mich zu erlösen.

»Evan!«, rufe ich hilflos.

»Schsch«, sagt er und schluckt meine Schreie. »Eben ging es um mich, jetzt um dich.«

Ich atme hektischer, versuche, ihn dazu zu bringen nachzugeben, und hasse und liebe sein langsames Tempo. Seine Spitze dringt in mich ein, er zieht sich zurück, nimmt mich erneut, etwas tiefer, und entfernt sich wieder.

»Gut so, Darling?«, fragt er mit einem wissenden Funkeln in den Augen.

»Mehr!«, stöhne ich frustriert und recke ihm mein Becken entgegen. Ich höre auf, darüber nachzudenken, was hier passiert, was ich tue und was er tut. Das konnte ich noch nie beim Sex und mit Evan sowieso nicht. Unsere Körper verschlingen sich gegenseitig. Ich lege meine Beine um seine Hüften und ziehe seinen Mund zu mir, muss ihn küssen, sofort, bevor sein Geschmack auf meiner Zunge verblasst. »Und nun nimm mich härter! Bitte Evan, halt dich nicht zurück, liebe mich, wie du willst!«

»Und wenn ich es genau so mag?« Er bewegt sich langsam und treibt mich in den Wahnsinn.

»Dann bist du ein perverser Sadist!«

»Nur ein Genießer!«, entgegnet er und küsst sich von meinen Lippen zum Ohr und weiter zu meinem Nacken. »Der möchte, dass du bereit bist.«

»Bin ich doch. Worauf wartest du?«

»Ach ja?« Er fesselt mich mit dem Gewicht seines Körpers, bewegt seine Hüften und schiebt sich ganz in mich, so tief wie nie zuvor jemand in mir gewesen ist. Dann folgt ein einzelner Stoß, der mir den Atem raubt. »Du willst es also auf diese Art?«

»Oh mein Gott, ja!«, stöhne ich ihm ausgeliefert und gleichzeitig im siebten Himmel.

»Reicht dir das?«, fragt er, stößt wieder härter zu und wartet schwer atmend, weil ihn das langsame Tempo genau wie mich fordert.

»Nein«, seufze ich. »Mehr!« Ich ziehe ihn zu mir, plündere seinen Mund, schiebe ihm die Zunge in den Rachen und zeige ihm, welches Tempo ich im Kopf habe. »Verdammt, Evan, du bringst mich um! Nimm mich endlich richtig!«

»Was richtig ist und was nicht, entscheide ich.« Als wollte er seine Worte unterstreichen, gleitet er tief in mich und ich stöhne erstickt. »Und mir gefällt dein Gesichtsausdruck, wenn ich in dir bin.«

»Wie schaue ich denn?«, knurre ich finster.

»Verzückt und so, als würde dir ziemlich gut gefallen, was ich mache.«

»Aber um zu kommen, brauche ich mehr«, jammere ich.

»Das weiß ich. Doch soweit ich mich erinnere, geht es beim Sex nicht darum, innerhalb von drei Minuten zu kommen.« Etwas in seinem Blick verändert sich. Seine Küsse werden schmerzhafter, seine Lippen sind überall auf mir. Er packt mich an den Handgelenken und verhindert, dass ich mir hole, was ich will. Ich muss nehmen, was er mir gibt. »Genieße, was ich mit dir anstelle, spür mich und wie sehr ich dich will.«

»Du willst, dass ich noch nicht komme?«

Er nickt.

»Aber ich bin nah dran, wirklich nah dran.«

»Geht mir genauso«, sagt er und bewegt sich schneller, stößt wieder zu, weil er die Spannung selbst kaum noch aushält.

»Dann bring uns dahin! Bitte, Evan. Erlös mich, lass mich kommen! Und spiel danach mit mir so viel, du willst, aber jetzt brauche ich dich anders – und du mich auch.«

»Meinst du?«, fragt er mit rauer Stimme nach und vergräbt sich, so weit er kann, in mir.

Wütend umschlinge ich ihn enger, nehme ihn tiefer und quäle ihn, wie er mich quält. »Sag du es mir!«

»Riley Luman, du Biest!« Er kämpft mit seinem Gewissen und seinen Werten, will nicht nachgeben, aber tut es letztlich. Das lese ich in seinen Augen. »Du willst es härter?« Langsam legt er meine Beine auf seine Schultern.

»Ja, Evan.«

»Schmutziger?« Er beugt sich über mich und leckt meinen Hals entlang, dort, wo mein Puls wie verrückt hämmert.

Ich nicke.

»Wilder?« Er packt meine Hände und drückt sie in die Kissen.

Oh bitte, ja, denke ich und schreie erstickt, als dieser Mann über mir aufhört, sich zu beherrschen, und mich nimmt, als wäre ich seine letzte Rettung. Er fickt mich, wie ich es kenne. Und doch ist es anders als mit jedem Typen vor ihm, denn seine Lippen sind überall, ebenso seine Haut, sein Geruch, seine Wärme. Es ist, als würde eine Naturgewalt über mich hinwegfegen. Die Lust trägt uns beide davon, lässt unsere Körper immer gieriger werden und dennoch sind wir die ganze Zeit beim anderen.

»Sonst noch Wünsche?«, fragt er keuchend.

»Mach weiter, das ist perfekt!«

»Und wie ist es hiermit?« Er knabbert an meinem Ohr und ich schreie erstickt vor Verlangen. »Gut?«

»Ich sterbe.«

»Und das?« Seine Finger berühren meinen Kitzler und ich bäume mich auf, um seinen folternden Bewegungen zu entkommen.

»Nein«, keuche ich, nicht weil es nicht gut ist, sondern weil ich mich frage, was passiert, wenn er dieses Spiel bis in alle Ewigkeit mit mir treibt.

»Dein Körper sagt Ja.«

»Ach wirklich?«

»Ach wirklich, denn … Oh Gott, Riley!« Immer stürmischer pumpt Evan in mich, stützt sich über mir auf, verschlingt mich mit seinen Küssen und kommt. Er kann sich nicht länger zurückhalten und zeigt mir damit, wie wundervoll, leidenschaftlich und sinnlich Sex zwischen zwei Menschen sein kann, selbst wenn es heftiger zur Sache geht.

Sobald Evan wieder zu Atem kommt, massiert er meine Klit, küsst mich, verwöhnt mich, bleibt in mir, bei mir. Tut alles, damit ich ebenfalls komme und diesen Moment als etwas Wunderbares erlebe. Und am Ende ist es nur ein Blick von ihm, der mich loslassen lässt und mir den längsten Orgasmus meines Lebens beschert. Ich stöhne und winde mich, ziehe ihn an mich, will ihn verschlingen, als wären wir zwei Teile eines Ganzen. Bis ich erschöpft zurück ins Kissen falle, wieder zu mir komme und als Erstes Evans stolzem Blick begegne.

»Na?«, sagt er. »Zufrieden mit mir?«

»Mmh«, mache ich total groggy und genieße, wie er Haare aus meinem Gesicht streicht, mein Kinn küsst, meine Schultern, meine Schläfen.

»Gut«, sagt er mit seiner sexy Stimme und ich bekomme plötzlich Panik, weil es schon einmal so zwischen uns gewesen ist. Bis der nächste Tag mich eines Besseren belehrt hat.

»Heißt das, wir sind quitt und morgen früh behandelst du mich wieder nur wie einen Job?«

Das Lächeln auf seinen Lippen bleibt. »Das heißt, dass wir schlafen, und ab morgen früh weiche ich dir nicht mehr von der Seite. Jeder Typ, der dich auch nur schräg anschaut, bekommt Ärger mit mir. Und einer von uns wird sich am Abend wohl in das Bett des anderen stehlen müssen. Denn du wirst nicht mehr allein schlafen.«

»Das alles heißt ›gut‹?«, frage ich schläfrig. »Was passiert denn dann, wenn du was hervorragend findest?«

»Wirst du merken«, sagt er, rollt sich von mir herunter und zieht mich an seine Brust. Seine Arme umschlingen mich, und ich habe zum ersten Mal das Gefühl, ich selbst zu sein. »Und jetzt schlaf, Riley!«

18

Evans aufgeregte Stimme weckt mich am nächsten Morgen. Ich schrecke hoch, ziehe mir die Bettdecke an den Busen und bin bereit, um mein Leben zu laufen. Doch in dem Moment setzt sich Evan zu mir aufs Bett, legt seinen Arm um mich und zieht mich an sich.

Obwohl ich weiterhin merke, wie angespannt er ist, sinkt mein Stresspegel und ich lehne mich an ihn, fühle mich sicher und geborgen.

Ich fahre mit meiner Nase über seine Halsbeuge, um seinen Duft einzuatmen. Er hat bereits geduscht, aber über den Geruch von *Wild Ocean* hinweg nehme ich ihn wahr. Perfekt!

»Versuch, es aus der Presse rauszuhalten«, sagt Evan in sein Handy und blättert auf seinem Tablet durch einige Bilder.

»Wenn wir die Polizei –«, höre ich Kevins Stimme durchs Telefon.

»Nein, keine Polizei! Überlass das meinen Leuten. Packt eure Sachen und fahrt nach Hause! Sofort. Dort untersuchen wir alles.«

Ich mache einen langen Hals, um die Fotos zu sehen, die Evan aufgerufen hat.

Fahr zur Hölle, Bitch!

Die Schrift steht auf jedem meiner Trucks und davor liegen die Hühner, die offensichtlich ihr Blut für die Farbe lassen mussten.

Fröstelnd ziehe ich meine Beine heran und schließe kurz die Augen. Ich verstehe nicht, wer mich so sehr hassen könnte.

»Wie geht es allen?«, fragt Evan.

»Linda ist mächtig durch den Wind. Sie hatte was mit Hühnchen zum Essen geplant und hat bei der Zubereitung einen Weinkrampf bekommen, sodass wir uns auf Hot Dogs verlegt haben.«

»Und Joyce?«, frage ich in den Hörer.

»Hi, Riley«, meldet sich Kevin. »Sie ist krank vor Sorge. Du kennst sie, um sich selbst kümmert sie sich zuletzt.«

»Umarm sie mal fest von mir«, sage ich und spüre im gleichen Atemzug, wie mich Evan an sich drückt und mir beruhigend über den Rücken streicht.

»Mach ich. Ich geb sie dir gleich, okay? Lass mich nur schnell mit meinem Bruder die nächsten Schritte durchgehen!«

»Oh … klar!« Ich weiche Evan nicht von der Seite, aber halte die Klappe. Ich hab mal wieder zuerst an mich gedacht statt an das Beste für alle.

Evan gibt genaue Anweisungen, schickt die Bilder an seinen Kontakt und telefoniert mit den Leuten, die versuchen, aus einem mit Hühnerblut beschmierten Truck schlau zu werden. Wobei ich meine Zweifel habe, dass das was bringt.

»Auch Hühner haben DNA«, erklärt Evan, als er meinen skeptischen Gesichtsausdruck bemerkt. »Mit etwas Glück kriegen wir raus, wo die Viecher herkommen, oder entdecken über irgendeine Kamera unseren Hühnerdieb.«

»Meinst du, dem Typen ist es wirklich ernst?«, frage ich. »Manche drohen doch nur, wollen einen einschüchtern.«

Evan sieht mich warm an. »Tut mir leid, Riley, aber ich fürchte, ja.«

»Vielleicht war es falsch, das alles aus der Öffentlichkeit rauszuhalten«, denke ich laut nach. »Vielleicht sollte ich mich vor die Presse stellen, wir geben alles durch und ich sage, was ich für wahnsinnige Angst habe.«

»Du bist eine miserable Lügnerin«, sagt Evan schmunzelnd.

»Ich habe Angst!«, protestiere ich.

»Weniger als vor dem Rennen in Martinsville.« Nachdenklich mustert er mich.

»Aber du findest meine Idee grundsätzlich okay?«

»Ich hab das auch schon in Erwägung gezogen und mit Kevin diskutiert. Er ist dagegen. Aber wer auch immer da draußen ist, eventuell verlässt er dann seine Deckung.«

»Ich wäre der Köder«, hauche ich angespannt.

»Dem nichts passiert, versprochen.« Evan zieht mich an sich, und ich sauge seine Ruhe auf und vertraue darauf, dass er weiß, was er tut.

»Dann machen wir das«, sage ich. »Ich will, dass das endlich aufhört, und ich bin nicht der Mensch, der still sitzt und abwartet, dass sich alles von selbst in Wohlgefallen auflöst.« Meine Hände sind die ganze Zeit in Bewegung, fahren über seine Schultern, kämmen ihm durchs Haar. »Klärst du das mit Kevin?«

»Bist du dir wirklich sicher?«

»Ja«, sage ich.

»Also gut.« Evan zieht mich an sich und küsst mich erst zärtlich, dann immer leidenschaftlicher. »Dir passiert nichts«, murmelt er. »Das verspreche ich dir.«

»Ich weiß.« Nie habe ich mich so gut aufgehoben gefühlt wie bei Evan, und ich liebe dieses Gefühl, wichtig für ihn zu sein.

Evan nickt mir zu, und während er sich an sein Handy klemmt und alles in die Wege leitet, rufe ich Joyce an. Wie in einer Song-Dauerschleife versichere ich ihr, dass ich okay bin. Richtig okay, super okay. Sie ahnt sofort, dass das etwas mit Evan zu tun hat. Doch sie überrascht mich, indem sie lediglich sagt, dass sie das unglaublich freut. Dann droht sie mir scherzhaft, dass sie aber gefälligst nach wie vor meine einzige beste Freundin bleibt.

»Klar«, verspreche ich. »Evan kennt ja auch keine tollen Shoppingplattformen für Dessous.«

Sobald wir auflegen, springe ich unter die Dusche, frühstücke und packe unsere Sachen zusammen. Bevor ich jedoch in den Wagen steige, halte ich inne.

Es ist herrlich warm, weder zu heiß, noch zu kalt. Die Sonne scheint, Schäfchenwolken ziehen träge am Himmel entlang. Es weht eine leichte Brise. Vögel zwitschern. Ein angenehmer Frieden liegt in der Luft.

»Wir können noch etwas hierbleiben«, sagt Evan, der mein Zögern bemerkt. »Wann hast du zuletzt was anderes gemacht, außer an ein Rennen zu denken?«

»Ähm …« Wir schauen uns über das Wagendach hinweg an. Mir fällt kein Moment ein. Rennen zu fahren ist für mich wie atmen, es gibt keine Auszeit.

Evan schließt seine Tür und umrundet das Auto. »Wehe du sagst: nie!«

»Ich bin keine besonders gute Urlauberin«, gebe ich ausweichend zu.

»Woher willst du das wissen, wenn du es nicht probiert hast?«

»Wann warst du denn das letzte Mal in den Ferien?«, frage ich.

»Vor zwei Jahren, mit Kevin, angeln in Kanada.«

Ich muss lachen, weil ich mich daran erinnere. Obwohl mir damals nicht klar war, dass Evan zu den Leuten gehörte, mit denen mein Crew Chief losgezogen ist. »Er sah danach aus, als hätte er sich an allem verletzt, woran man sich nur verletzen kann.«

»Und er war glücklich, oder?«

Stimmt. Als er zurückkam, hatte Kevin beinahe abartig gute Laune und sich aufgeführt, als wäre er der Held der Stunde. Woche um Woche hat er uns Geschichten von den Fischen erzählt, die er gefangen hat. Und sie wurden mit jedem Tag größer. Aber das war völlig okay. Denn Evan hat recht: »Er war verflucht glücklich.«

»Vielleicht sollten wir mal testen, wie es um deine Fähigkeit steht, Urlaub zu machen«, sagt er und zieht mich an sich.

Sofort wird mir wärmer. Ich lege meine Arme um seinen Hals und wir küssen uns. Kein bisschen gierig, sondern träge, genüsslich, als wollten wir einander nie wieder loslassen.

»Wie mache ich mich?«, frage ich an seinen Lippen.

»Für den Anfang ganz gut.«

»Nur ganz gut?« Ich zwicke ihn in die Unterlippe und er lacht.

»Vielversprechend«, verbessert er sich.

Während ich es genieße, hier so mit Evan zu stehen, einfach Frau zu sein und keine von den Medien und einem Verrückten verfolgte Rennfahrerin, googelt er nach einem lauschigen Plätzchen für einen faulen Tag.

»Bereit?«, fragt er und tippt eine Adresse ins Navi ein.

»Solange ich nicht den Golfschläger schwingen muss.« Ich habe das mal als Kind ausprobiert und kläglich versagt. In dieser Gegend gibt es viele Plätze und ich habe nicht vor, mich vor Evan zu blamieren.

»Lass dich überraschen!«, sagt er geheimnisvoll.

19

Wir fahren nicht lange, vielleicht zehn Minuten, und gerade als ich denke, dass Evan mich zum Golfspielen zwingen will, weil wir an zig Anlagen vorbeikommen, taucht neben uns Wasser auf. Er biegt ab, und als die Straße endet, tut sich ein Areal mit Parkplätzen, Picknickstellen und Wald und Wiese auf – alles direkt am See.

»Gut?«, fragt er.

»Total gut«, rufe ich und bin schon aus dem Wagen raus.

Natürlich ist der Park weit entfernt von der Wildnis Kanadas, aber für eine kleine Auszeit genau richtig.

An einem Steg sind Tretboote vertäut und ich steuere sie an. »Wollen wir?«, frage ich begeistert, weil ich das zuletzt als Kind gemacht habe.

»Wie könnte ich dir etwas abschlagen?!«

Evan regelt alles, wir müssen uns Schwimmwesten anziehen, dann wetzen wir die ersten fünf Minuten über das Wasser. Wen wundert es? Ich bin eben ein echter Adrenalinjunkie.

Nach einer Weile driften wir in eine abgeschiedene Bucht, in der niemand sonst ist außer mir und Evan. Bäume und Schilf schützen uns vor Blicken vom Ufer. Es ist so friedlich, dass sich Enten ganz nah zu uns herantrauen und man das Summen von Insekten hören kann.

»Wie mache ich mich als Urlauberin?«, frage ich amüsiert, halte inne, beobachte die Wolken am Himmel und genieße die Sonne auf meiner Haut.

»Ich hab dich noch nie zuvor so ruhig daliegen sehen«, sagt er.

Selig seufze ich, spüre, wie der Stress von mir abfällt, von dem ich erst jetzt merke, dass er da war. »Ich bin auch überrascht.«

Plötzlich werde ich mit kaltem Wasser geärgert. »Was zum –« Lachend will Evan nach mir greifen, aber da hat er die Falsche aus der Reserve gelockt. »Na warte!«, rufe ich, lehne mich mit ihm aus dem Boot und spritze, was das Zeug hält. Wodurch nicht nur Evan nass wird, sondern ich ebenfalls zunehmend durchweiche. Wir schütteln uns vor Lachen und müssen uns zwingen aufzuhören, bevor wir noch baden gehen.

»Ich würde sagen, du hast den Test als Urlauberin bestanden«, sagt Evan, nimmt mich ausgelassen in die Arme und aneinanderklebend küssen wir uns, erst sanft, dann verlangender. Bis ich mehr will als seine Lippen und merke, dass es ihm genauso geht.

»Meinst du, man erwischt uns, wenn wir hier auf dem Boot …«

»Ja,«, unterbricht er mich lachend.

»Langweiler!«, ziehe ich ihn auf.

»Draufgängerin!«

»Stock im Arsch!«

»Besser als ein Schwanz im Arsch«, knurrt er.

»Da kann ich nicht mitreden, aber es soll geil sein …«, hauche ich und spüre, wie hart Evans Erektion gegen meinen Bauch drückt und wie heiß ihm plötzlich ist. »Außerdem scheinst du nicht abgeneigt.«

»Gott, Riley!«, stöhnt Evan auf. »Willst du, dass ich mich vergesse?«

»Unbedingt«, ziehe ich ihn auf und knabbere an seinem Ohrläppchen.

Schwer atmend lehnt er seine Wange an meinen Kopf. »Zu blöd, dass da hinten gerade Leute kommen.«

»Du willst mich doch –« *verarschen*, will ich sagen. Aber Evan scheint Augen im Hinterkopf zu haben. Denn als ich über seine Schulter schaue, sehe ich tatsächlich ein zweites Boot unsere Bucht ansteuern und unsere Zweisamkeit stören.

»Schöner Tag, oder?«, rufen uns zwei Teenager grinsend zu, als wüssten sie genau, weshalb wir in dieser abgeschiedenen Ecke gelandet sind.

»Ein herrlicher Tag!«, erwidert Evan, macht es sich auf seinem Sitz bequem und tritt in die Pedale.

»Müssen wir schon zurück?«, frage ich.

»Willst du etwa bei dem Pärchen bleiben?«, zieht er mich auf. »Wir haben das Tretboot eh nur für eine Stunde. Die ist gleich rum.«

Als ich auf die Uhr schaue, bin ich überrascht, wie spät es ist. Dass ich so die Zeit vergesse, passiert mir sonst nur beim Fahren.

Ich drehe mich noch mal um und sehe, wie die Teenager es sich nun in unserem Liebesnest gemütlich machen. Auch sie bespritzen sich mit Wasser und mir wird bewusst, wie durchsichtig unsere Klamotten sind. Ich muss lachen und Evan fällt mit ein.

»Das ist nicht lustig«, japst er.

»Ist es nicht«, gackere ich weiter.

»Könntest du dann bitte aufhören!«

»Hör du doch zuerst auf!«

Ein Wort ergibt das andere, bis wir uns erneut nass machen und das Boot zum Schaukeln bringen. Nur ganz kurz bin ich unaufmerksam und gehe prompt über Bord, was Evan nur dazu bringt, noch lauter zu lachen.

»Hilf mir raus!«, fauche ich.

»Natürlich«, sagt er und reicht mir seine Hand.

»Ha!«, mache ich nur und ziehe ihn wütend zu mir ins Wasser, wo wir auf unseren Schwimmwesten treiben.

»Du bist echt unmöglich, Riley!«, sagt er lachend.

»Du auch!«, verkünde ich. »Und wie kommen wir jetzt hier raus?«

»Sei froh, dass du mit einem trainierten Marine unterwegs bist!«

Bevor ich fragen kann, wie er das meint, hievt sich Evan hoch aufs Boot, als wäre das seine leichteste Übung. Dann zieht er mich ebenfalls nach oben, wenngleich ich dabei eine weit weniger elegante Figur abgebe. Das Wasser rinnt mir aus jedem Stück Stoff und zitternd verschränke ich die Arme, weil wir Herbst haben. Die Sonne ist zwar spätsommerlich warm, aber der See ist verdammt kalt.

»Geht es Ihnen gut?«, ruft uns der Mann vom Bootsverleih zu, sobald wir zurück sind.

»Bestens«, verkündet Evan, nimmt mir die Schwimmweste ab und scheucht mich zum Wagen. »Hat wirklich Spaß gemacht.«

Schlotternd öffne ich den Kofferraum und bin dankbar, dass ich noch trockene Sachen dabeihabe. Zunächst schnappe ich mir jedoch eine der Decken, die dort liegen, und wickele mich ein.

»Alles okay?«, fragt Evan, schlendert tropfnass zu mir, als hätten wir Hochsommer, und umarmt mich, wodurch mir gleich weniger kalt ist.

»Wenn es dir auch gut geht«, sage ich.

»Tut es.«

Evan will mich küssen, aber ich halte ihn auf Abstand. »Das glaube ich dir nicht. Los, raus aus den nassen Klamotten, bevor du dich erkältest.«

»Sag bloß, du machst dir Sorgen um mich?«

»Was bringt mir denn ein kranker Bodyguard?«, kontere ich.

»Du sorgst dich um mich!«, reitet er darauf herum. »Heiß, Darling.«

Er stiehlt sich einen Kuss, trocknet sich ab und zieht sich um. Völlig ungeniert präsentiert er der Öffentlichkeit sein knackiges Hinterteil und mir seine Vorderseite, und er merkt genau, wie mich der Anblick dahinschmelzen lässt. Mann, Mann, Mann …

»Jetzt du!«, sagt er, sobald er umgezogen ist. »Ich schirm dich auch von den anderen ab.«

»Damit nur du mich nackt siehst?«

»Richtig erkannt!« Er grinst höchst zufrieden und erstickt jegliche weitere Diskussion im Keim. Als hätte er das schon zig Mal gemacht, hält er die Decke und verfolgt, wie ich nasses Kleidungsstück um nasses Kleidungsstück ablege. Dann ziehe ich mir trockene Sachen an und wir legen uns auf einen Fleck Rasen in die Sonne, bis unsere Haut wieder warm ist.

»Was hast du eigentlich ursprünglich gelernt?«, fragt er neugierig.

»Stand das nicht in dem Dossier zu mir?«

Er legt sich auf die Seite, stützt sich auf dem Ellenbogen auf und spielt mit meinen Haaren. »Würde ich dann fragen?«

Für einen Augenblick kann ich ihn nur ansehen, so viel bedeutet mir sein Interesse. »Seit ich klein bin, habe ich es geliebt, schnell zu fahren«, sage ich schließlich. Kurz zögere ich, ob ich es dabei bewenden lasse. Aber vor Evan will ich keine Geheimnisse haben. Er soll wissen, wer ich bin, nur dann kann aus uns beiden was werden. Also räuspere ich mich und füge hinzu: »Doch soweit ich mich erinnere, war mein erster Berufswunsch nach dem Unfall meiner Eltern, Rettungssanitäterin zu werden.«

Obwohl der Vorfall lange zurückliegt, spreche ich selten darüber. Aber das macht nichts, denn ich erinnere mich nur zu deutlich an den Tag. Ich erzähle Evan von der Massenkarambolage, in die wir damals als Familie geraten sind. Davon, dass die Ursache ein Transporter mit ungesicherter Ladung war. Er hatte Bauteile verloren. Die nachfolgenden Autos wollten ausweichen, doch der Verkehr war zu dicht, dazu kamen schlechte Sichtverhältnisse. Und so schlitterte ein Wagen in den anderen, sodass am Ende an die hundert Fahrzeuge in den Unfall verwickelt waren. Dafür, dass wir mittendrin steckten, war es ein Wunder, dass mein Bruder und ich überhaupt überlebt haben. Unser Glück war, dass wir im Auto geblieben sind, weil die Türen verkeilt waren.

»Ich werd niemals das Geräusch vergessen, wie immer neue Wagen in die Unfallstelle gekracht sind.«

»Hey?« Evan stoppt den Film, der in meinem Kopf abläuft. »Ich wusste nicht, dass es so passiert ist.« Er zieht mich an sich und ich schmiege mich an seine Brust, genieße das Gefühl der Sicherheit, obwohl ich weiß, wie trügerisch es ist. »Und wo bist du dann aufgewachsen?«, fragt er leise.

»Bei Verwandten, bis Leo alt genug war und die Verantwortung für mich übernommen hat.«

»Ich wette, das hat er bereut«, sagt er lachend.

»Hey, ich war eine wundervolle, kleine Schwester.« Ich grinse. »Fast immer.« Dann werde ich wieder ernst. »Ich hab die Ausbildung zur Rettungssanitäterin nicht lange durchgehalten. Ich konnte zwar Blut sehen und war bei jeder Übung eine der Besten, aber bei den ersten echten Fällen hab ich neben den Verletzungen auch die Schicksale dahinter gesehen. Das hat mich fertiggemacht. Die Haushaltsunfälle fand ich am schlimmsten. Weil man sofort daran denkt, ob einem das auch hätte passieren können. Dazu kamen die Missbrauchsfälle. Mir war nicht klar, wie viele Leute in zerrütteten Familienverhältnissen leben.«

»Und dann?«, fragt er, während er mit meinen Haaren spielt und mir zeigt, dass nicht alles im Leben furchtbar ist, sondern dass die heile Welt existiert und keine Erfindung von Walt Disney ist.

»Danach wollte ich Mechanikerin werden. Für den Anfang«, sage ich. »Falls mir das liegt, hatte ich vor zu studieren und Autos zu entwickeln, die so stabil sind, dass ihnen auch Massencrashs nichts anhaben können.«

»Wie lange hast du das durchgehalten?«

»Fast zwei Jahre. Bis Leo mit dem Rennsport angefangen hat. Michael, Nick und Fernando waren damals noch nicht dabei. Das Team bestand nur aus ihm, Kevin und einem Ingenieur. Letzterer hat mehr als einmal grobe Fehler gemacht, die Leo Punkte gekostet haben. Erst wollte mir natürlich keiner der Männer glauben, dass ich es besser kann, aber ich habe sie zu einem Rennen herausgefordert: ich in einem von mir getunten Wagen gegen meinen Bruder in seinem.«

»Du hast gewonnen?«

»Selbstverständlich!«, tue ich empört. »Und der Rest ist Geschichte. Ich hab das Stockcar ausgebaut, irgendwann

Fernando und Michael ins Team geholt und wir haben bei immer mehr Wettbewerben immer bessere Platzierungen erzielt. Die Fans haben Leo den Namen *Lion King* verpasst. Seit diesem Moment ging seine Karriere komplett durch die Decke.«

»Wow«, sagt Evan nur.

Ich drehe mich zu ihm. »Du fängst keine Diskussion darüber an, wie schwachsinnig es von mir war, meine Träume für die von jemand anderem aufzugeben?«

Er schüttelt den Kopf. »Du hattest deine Gründe und ich finde, man muss nicht alles im Leben zu Ende bringen. Dein Weg ist beeindruckend. Er hat dich zu dem Punkt geführt, an dem du heute bist. Und so weit ich das beurteilen kann, machst du nun etwas, was du wirklich liebst, vielleicht sogar mehr, als an Autos herumzuschrauben. Ob du den Abschluss in der Tasche hast oder nicht, ist doch heutzutage völlig egal.«

Ich lächele breit. »Manchmal bist du echt perfekt. Weißt du das?«

»Manchmal?«, nuschelt er, als ich ihn bereits küsse.

»Mmh«, mache ich und strahle ihn an. »Könntest du das übrigens auch Kevin sagen? Er liegt mir nämlich ziemlich oft in den Ohren, dass ich über einen Fernlehrgang mein Studium beenden soll.«

»Kann ich machen. Wobei du im Grunde weißt, dass er recht hat.«

»Ja, irgendwie schon«, seufze ich. Vor allem, wenn ich daran denke, dass mich nur ein Trimester davon trennt. Richtig wenig.

Ich strecke mich. »Und findest *du* es schlimm, dass ich keinen Abschluss habe?« Mein Herz klopft plötzlich schneller. Denn solche Fragen stellt man nur einem Menschen, mit dem man eine Zukunft plant, der einem wichtig ist.

»Solange du weiter das machst, wofür du brennst, ganz sicher nicht.«

Ich bin erleichtert. »Was hast du eigentlich gelernt? Abgesehen von deiner Spezial-Militärausbildung.«

»Ich bin Schreiner.«

»Schreiner?!« Ich richte mich auf und setze mich ihm gegenüber hin. Darauf wäre ich bei Evan nie gekommen. »Wieso das denn?«

»Ich benutze gerne meine Hände«, sagt er und streicht über mein Bein. »Und ich mag den Geruch von Holz und wie vielfältig sich mit dem Werkstoff arbeiten lässt. Man braucht Kraft, aber auch Geschick.« Er grinst. »Als Junge habe ich angefangen zu schnitzen. Erst Pfeile und Schwerter, später Figuren, die ich in der Nachbarschaft verkauft und damit mein Taschengeld aufgebessert habe.«

Keine Ahnung, wieso, doch augenblicklich denke ich an ein Holzmodellauto, das mir Kevin zum Start meiner Profikarriere geschenkt hat. »Der Ford Mustang war von dir, oder?«, frage ich.

»Kevin hat nicht gesagt, woher er ihn hat?«

Ich schüttele den Kopf.

»Na, dem werde ich was husten!«

Wir lachen beide, weil wir wissen, dass er das nicht ernst meint. Evan zieht mich zu sich zurück auf die Wiese und gemeinsam schauen wir den Wolken zu.

»Evan?«, unterbreche ich die Stille.

»Ja, Riley?«

»Wenn das alles vorbei ist, gehst du dann wieder?«

»Hatte ich nicht vor.«

»Ehrlich nicht?«

»Ehrlich nicht.« Er grinst. »Oder soll ich?«

»Untersteh dich!« Ich denke laut nach. »Du könntest mein Sicherheitschef werden.«

Er nimmt mich fester in die Arme. »Ich bin für dich, was du willst.«

Das hat noch niemand zu mir gesagt und gerührt schließe ich die Augen und schmiege mich an ihn. Ich traue mich jedoch nicht, mir eine rosige Zukunft mit Evan auszumalen. Das, was ich bei ihm empfinde, ist viel zu neu für mich und bereitet mir viel zu große Angst. Bisher habe ich jeden Menschen, der mir nahestand und der mich wirklich kannte, wieder verloren. Die Vorstellung, mit Evan das Gleiche zu erleben, vertreibt das wohlige Urlaubsgefühl und lässt mich frösteln.

Bevor Evan merken kann, was in mir vorgeht, mache ich mich frei und schwinge mich hoch: »Ich glaube, wir haben genug Urlaub gemacht, oder?«, verkünde ich fröhlich.

»Schon klar, die Rennstrecke ruft.«

»Und wie!«

»Na dann, hopp, Riley!« Er gibt mir einen Klaps auf den Hintern und treibt mich an, zum Wagen zu gehen.

»Willst du mich etwa loswerden?«, necke ich ihn.

»Ich will, dass du schneller deinen heutigen Job erledigst. Damit ich dich schneller wieder für mich habe.«

»Überhaupt nicht egoistisch!«, meine ich sarkastisch.

»Nein«, sagt er grinsend. »Denn dir gefällt das, Darling.«

»Darf ich dann fahren? Ich kümmere mich nicht ums Tempolimit.«

»Kommt nicht infrage!«

Und einfach so ist er wieder der altbekannte Kontrollfreak. Aber es macht nichts, weil er *mein* Kontrollfreak ist.

»Du protestierst ja gar nicht«, bemerkt er.

»Vielleicht plane ich gerade meinen nächsten Schachzug, Baby.«

Lachend fährt Evan los. »Kann es kaum erwarten.«

»Wer sagt dir, dass er dir gefallen wird?«

»Du! Weil ich dir ansehe, dass er dir gefällt.«

20

Die Unbeschwertheit der letzten Stunden erhält einen Dämpfer, als wir bei mir zu Hause auf den Rest der Crew treffen, die aus Martinsville zurück ist. Die mit Blut besudelten Trucks stehen in meiner Einfahrt und werden bereits von einem Fünf-Mann-Team untersucht.

»Das ist ernster, als ich dachte«, murmele ich.

»Kneifst du?«, fragt mich Evan.

»Nein, wir machen das mit dem Interview.«

»Welches Interview?«, mischt sich Kevin in unser Gespräch ein.

Detailliert erklären Evan und ich ihm, dass es am besten wäre, den Freak aus seiner Deckung zu locken. Und dass ich dafür der perfekte Köder bin.

Unerwartet stellt sich Kevin quer. »Denk nicht mal dran!«, ruft er, als er mich ansieht. »Nein, Riley! Nur über meine Leiche.«

Evan und ich tauschen einen Blick und wir beschließen, ihn später noch einmal darauf anzusprechen, wenn die Ergebnisse der Forensik vorliegen. Doch so als wüsste Kevin das, führt das dazu, dass er in den folgenden Tagen bereits protestiert, bevor ich auch nur Luft holen kann.

»Kevin, warum denn nicht?«, frage ich ihn am Mittwoch, weil mir die Vorstellung, in Texas anzutreten, überhaupt nicht behagt, wenn dort draußen jemand herumläuft, der immer unberechenbarer und gewalttätiger wird.

»Normalerweise bin ich ein großer Fan von solchen Aktionen. Das weißt du, Riley. Aber du bist ja nicht vor deiner ersten Tasse Kaffee am Tag in einen Berg toter Hühner getreten«, sagt Kevin. »Du übrigens auch nicht«, faucht Kevin seinen Bruder an, der neben mir steht, so nah, dass ich sein Duschgel von heute Morgen rieche und die Wärme seines Körpers spüre. Auch wenn er nicht seinen Arm um mich legt.

»Es ist unsere beste Chance«, sagt Evan.

»Ich will davon wirklich nichts hören, nicht mal von dir«, sagt Kevin.

»Sieh mal, mir gefällt das ebenso wenig wie dir. Aber der Kerl dort draußen wird immer aggressiver. Das haben die Analysen bestätigt. Wir haben dank der neuen Überwachungskameras am Truck nun eine Statur. Wir wissen, dass der Mann mittelgroß und kräftig gebaut ist, die Schultern von einem Bodybuilder hat, einen Ohrring trägt. Das ist so viel mehr als vor einer Woche. Danach können wir in der Menge suchen, ihn festnehmen, abführen, verhören.«

»Und wenn er nur darauf wartet?«, kontert Kevin. »Wenn das zu seinem Plan gehört? Vielleicht reden wir ja nicht nur von einem Täter? Wer passt auf Riley auf, während du dir diese Kakerlake vornimmst?«

»Ihr wird nichts passieren«, sagt Evan ruhig.

»Wie kannst du dir so sicher sein, gerade du!«, wird Kevin lauter.

»Weil ich der Beste bin!«

»Als hättest du nie jemanden verloren!«

»Hab ich auch nicht, falls ich dich daran erinnern muss.«

»Das reicht mir aber nicht. Riley ist wie ein Teil meiner Familie.« Er wendet sich an mich. »Und wie kannst du überhaupt dafür sein?! Bist du lebensmüde?«

»Ich muss etwas tun, und wenn es hilft, ist das bisschen Risiko ein akzeptabler Preis.«

Ich sehe kurz zu Evan, weil wir das Thema bereits mehrfach unter vier Augen besprochen haben und er weiß, dass ich ihm vertraue. Ich habe meine Materie, von der ich Ahnung habe, er hat seine.

»Außerdem wäre es nicht so, dass ich hin- und hertänzle und jedem zurufe: Bitte knall mich ab! Ich gebe ein Interview vor laufenden Kameras. Dabei trage ich eine schusssichere Weste und werde jede Minute bewacht.«

»Aber es ist gefährlich.«

»Minimal«, wende ich ein, weil ich merke, dass Kevin bereit ist, nachzugeben. »Plus: Es ist besser, etwas zu unternehmen, als darauf zu warten, dass der Irre ein weiteres Mal zuschlägt. Und das wird er, das ist uns doch klar, oder?«

»Es ist wirklich das Beste, Kev«, fügt Evan hinzu.

Kevins Blick wird mörderisch. »Spar dir die Fürsorge! Du willst ihr doch nur heimzahlen, dass sie sich nicht benommen hat!« Wir beide machen ein verblüfftes Gesicht. »Glaubt ihr, ich hab nicht mitbekommen, was los ist? Ich schwöre dir, Evan, wenn du dich bloß rächen willst, so wie damals …«

»Als du in der Jauchegrube gelandet bist?« Evan knirscht mit den Zähnen. »Ich war zehn und das war was völlig anderes.« Unerwartet umschließt er mich von hinten beschützend mit den Armen und ich spüre seine wohltuende Wärme. »Ihr wird nichts passieren. Das will ich genauso wie du.« Ich lehne mich gegen ihn und schließe kurz die Augen, tanke Kraft, die ich so nötig brauche, um das hier durchzustehen.

»Kevin?«, sage ich leise. »Ich möchte das machen. Zwar hab ich eine Scheißangst, aber ich vertraue Evan und ich weiß, du tust das auch.«

Statt Evans Arme abzuschütteln, lege ich meine Hand auf seine und halte sie, damit er mich auf keinen Fall loslässt. Und das tut er nicht.

Kevin entgeht diese Geste nicht. Er schaut uns beide an und begreift endlich, dass sich zwischen mir und seinem Bruder etwas geändert hat. Statt zu streiten, bilden wir eine einheitliche Front.

»Du passt wirklich auf sie auf?«, fragt Kevin nochmals, jetzt jedoch wesentlich sanfter. »Ihr passiert nichts?«

»Ihr passiert nichts.« Evans Griff wird fester und er inhaliert tief den Duft meiner Haare, als wollte er ihn sich bis in alle Ewigkeit einprägen. »Ich weiche ihr nicht von der Seite, versprochen.«

»Also schön, ich kümmere mich darum.« Plötzlich ist Kevin wieder ganz der Teamchef und tippt auf seinem Tablet herum. »Ich kenne jemanden und ich bin mir sicher, dass die sich um ein Exklusivinterview reißen würden.« Er runzelt die Stirn. »Oder lieber nach dem nächsten Rennen?«

Fragend sehe ich zu Evan, dabei weiß ich, was mir am liebsten ist. »Davor«, sagt er und ich atme auf. »Je eher, desto besser.«

»Gut.«

Kevin klemmt sich sein Handy ans Ohr, und ich drehe mich in Evans Armen um und verschränke meine Finger in seinem Nacken.

»Du musst keine Angst haben«, sagt er.

»Hab ich nicht«, antworte ich und kaue auf meiner Unterlippe herum. »Zumindest nicht, wenn du mich –« Ich komme nicht weiter, denn in dem Moment beugt sich Evan zu mir und presst seine Lippen auf meine. Allzu bereitwillig öffne ich ihm den Mund und genieße, wie seine Zunge mich erobert.

»Schade, dass ich jetzt arbeiten muss«, sagt er, sobald er sich gelöst hat.

»Wirklich schade«, stimme ich ihm zu. »Ich leider auch.«

Wir trennen uns und für einen Augenblick befürchte ich, dass ich ein miserables, unglaubwürdiges Interview geben werde, weil ich viel zu glücklich bin.

Dann bekomme ich mit, wie Evan den Leuten am Truck Dampf macht und bei der Reinigung mithilft. Rote Seifenlauge läuft über meine Einfahrt und mir wird flau im Magen. Das Interview werde ich wohl doch nicht vermasseln. Ich habe Angst, mehr als ich irgendwem eingestehen möchte.

21

Du schaffst das!«, sagt Joyce aufmunternd am Donnerstagabend zu mir, kurz nachdem wir in Fort Worth, Texas, angekommen sind. Das Gespräch findet in einem nah an der Rennstrecke gelegenen 4-Sterne-Hotel statt. Anfangs, als Leo kaum Geld mit dem Rennsport verdient hat und wir uns keine Luxus-Trucks leisten konnten, haben wir hier auch mal übernachtet. Die vertraute Umgebung sollte mich beruhigen. Aber das tut sie nicht.

Als ich die Moderatorin Winona Harding kennenlerne, bin ich das reinste Nervenbündel. Meine Hände sind schweißnass. Und obwohl Evan in meiner Nähe ist und mir aufmunternd zunickt, reagiere ich auf jedes kleinste ungewöhnliche Geräusch wie ein verschrecktes Reh.

Nicht nur der elegante Konferenzraum, sondern die gesamte Etage, auf der sich die Meetingräume befinden, wird komplett von Evans Security-Leuten bewacht. Ausschließlich Personen mit einem entsprechenden Ausweis dürfen den Bereich betreten. Wie das jemanden hervorlocken soll, ist mir noch unklar. Aber Evan meinte, dass unsere Maßnahmen echt aussehen müssten, damit die Falle nicht auffliegt, und ich vertraue ihm in der Hinsicht.

Ich bin leger gekleidet, in bequemen Jeans und einer weißen Bluse, die ich mir bis zu den Ellenbogen hochgekrempelt habe. Auch Evan sieht sehr lässig aus, mit Jeans und Shirt, um neben mir nicht als Bodyguard aufzufallen. Nur ein kleines Gerät in seinem Ohr verrät, dass er mehr ist als mein Begleiter.

»Können wir anfangen?«, fragt der Produktionsleiter vom Fernsehteam und Evan schüttelt den Kopf und bittet um Aufschub. Er fummelt, ohne zu fragen, an meiner Bluse herum. Und ich bin zu nervös, um zu protestieren und zum Beispiel zu sagen, dass er das gefälligst machen soll, wenn wir unter uns sind. Dann klebt mir Evan ein schwarzes Stück Technik zwischen meine Brüste.

»Was ist das?«, presse ich hervor. Zu behaupten, ich sei cool, wäre eine fette Lüge. Noch dazu wenn ich die Anspannung auch bei Evan spüre.

»Nur zu deiner Sicherheit.«

»Evan, *was* ist das?« Meine Stimme wird schriller und ich bin drauf und dran, das Teil von mir abzureißen. Beruhigend legt er seine Hände über meine.

»Ein kleiner Sender. Damit ich weiß, wo du steckst.«

»Aber ich denke, du weichst mir keinen Moment von der Seite?«

»Tue ich auch nicht. Damit.« Er tippt an den schwarzen Punkt. »Ich muss meine Runden drehen, aber ich verspreche dir, ich bin bei dir wie dein Schatten. Dir passiert nichts. Okay? Hör auf, dir Sorgen zu machen.« Er sagt es zum hundertsten Mal, hält dabei mein Gesicht in seinen Händen und schaut mir tief in die Augen. Aber es gibt nur eine Nachricht, die mich beruhigen könnte, nämlich dass sie den Typen schon haben.

»Kannst du endlich damit aufhören«, fauche ich mit den Nerven am Ende und reiße mich los.

»Womit denn?« Er lacht leise.

»Mich so zu behandeln, als könnte ich jeden Moment sterben! Du machst mich nervöser als Kevin, bevor ich in den Wagen steige und ein Rennen fahre.«

»Ich weiß, was dir helfen könnte«, sagt Evan mit seiner sexy rauen Stimme.

»Und das willst du hier mit mir anstellen?« Verstohlen schaue ich mich um, wo die Toiletten überhaupt sind.

Er lacht lauter. »Ich dachte eigentlich nicht an einen Quickie, sondern an das!« Ohne Atem auf die Erklärung zu verschwenden, was ›das‹ ist, beugt er sich vor und küsst mich.

Dass mir genau das gefehlt hat, merke ich erst daran, dass sich alle negativen Gedanken in Luft auflösen. Ich bin im Hier und Jetzt, sauge das Gefühl auf, dass alles gut ist, perfekt und richtig. Und mal ehrlich: Dieser Mann kann so küssen, dass sich ein Kribbeln von meinen Lippen tiefer bis zu meiner Mitte ausbreitet.

»Besser?«, fragt er leise, während um uns herum die Kameras schwirren.

»Bitte noch einmal zur Sicherheit!«, fordere ich und packe ihn, bevor er widersprechen kann. Augenblicklich schmelze ich dahin und kann nicht nachvollziehen, wie ich Evan auch nur eine Sekunde widerstehen konnte. »Ich will dich«, hauche ich. »So sehr, dass es wehtut.«

»Ich dich kein bisschen«, flüstert er an meinen Lippen und grinst dabei. Er will mich nur ärgern, damit mein Puls in die Höhe schnellt und ich im Interview gleich vor Energie strotze. »Du schaffst das, Darling, okay?«

Ich nicke, als ich mich löse. Ja, ich schaffe das. Ich brettere regelmäßig mit bis zu zweihundert Meilen pro Stunde über den Asphalt, da werde ich wohl fünfzehn Minuten vor der Kamera überstehen.

»Und, Riley …« Evan hält mich auf. »Falls wider Erwarten irgendwas sein sollte: Bring dich aus der Schusslinie und mach Lärm! Oder versteck dich! Ich find dich schon. Spiel auf keinen Fall die Heldin!« Besorgt seufzt er, weil er mich mittlerweile zu gut kennt. »Ich meine es ernst, Riley: Wehe, du lässt die coole Rennfahrerin raushängen!«

Bevor ich auch ihn beruhigen kann, so wie er mich beruhigt hat, holt mich Winona Harding zum Interview ab. Wir werden beide abgepudert und Winona wird mit Haarspray eingedieselt, damit ihre blonde Lockenpracht perfekt in Szene gesetzt ist. Im Anschluss beginnen wir.

Der erste Teil ist einfach. Ich bin momentan die einzige Frau im Rennen. Daher werde ich gefragt, wie ich mich unter den Jungs behaupte, ob es anzügliche Witze gibt und ob es mich ärgert, dass die Rennanzüge so furchtbar hässlich geschnitten sind.

Ich lächele charmant, beuge mich vor, sodass ich mehr Dekolleté zeige, und beantworte jede Frage der Wahrheit entsprechend. »Ich weiß, es wäre spektakulärer, wenn ich über die Männerdomäne herziehen würde. Aber dazu habe ich keinen Grund. Ich mag mein Team, ich mag die anderen Fahrer, ich mag Autos, eigentlich alles, was schneller als Schrittgeschwindigkeit fährt. Und diese Anzüge sind nicht die schönsten, aber mal unter uns: Wir Frauen tun eine Menge idiotischer Dinge im Namen der Schönheit. Wir schmieren uns Schlamm ins Gesicht, essen tagelang Rüben, weil das entschlacken soll, oder trinken Gemüsesäfte, um fit zu bleiben. Der Anzug macht im Grunde nichts anderes: Er schützt mich und meine Haut davor, Schaden zu nehmen, und ich finde, dafür sieht er ziemlich gut aus.«

Winona jubelt begeistert. Was mich nicht wundert. Sie sieht aus, als wüsste sie, welche Qualen man als Frau erleidet, um attraktiv zu bleiben. Ihre Augenbrauen sind gezupft, ihre Haare blondiert, ihre Haut gebräunt, die Zähne aufgehellt und die eine oder andere Hautpartie wurde bereits gestrafft. Diese Frau würde sogar einen Raumanzug tragen, wenn sie dafür jugendlicher wirken würde.

»Kommen wir nun zu einem weniger angenehmen Thema: Stimmt es, meine Liebe, dass Sie Drohungen erhalten?«

Sofort schnürt sich mir Brust zusammen, und ich hole tief Luft und suche im Hintergrund nach Evan. Ich brauche einen Moment und mein Herz klopft panisch, bis ich ihn entdecke. Wie ein Fels in der Brandung steht er dort, ruhig, konzentriert, sein Blick scannt immer wieder den Raum. Als er meinem begegnet, nickt er mir unmerklich zu. Alles ist in Ordnung.

»Ja, das stimmt«, sage ich gepresst.

»Und wie können Sie dann so locker hier sitzen?«

»Sieht das locker aus? Ich schwitze gerade, als hätten wir vierzig Grad im Schatten.« Ich lüfte meinen Blazer. »Ich schätze, ich wirke nur so, weil ich hoch konzentriert bei der Sache bin und Nerven aus Stahl habe.«

Eine Bewegung im Hintergrund erregt meine Aufmerksamkeit. Es wird nicht laut, aber irgendwas ist im Busch. Alarmiert rutsche ich auf meinem Stuhl hin und her und versuche, mich zu entspannen. Hoffentlich nimmt das Mikro nicht auf, wie hektisch mein Herz schlägt! In meinem Wagen mag ich einen kühlen Kopf bewahren, aber da weiß ich auch, was auf mich zukommt. Hier und jetzt fühle ich mich völlig unvorbereitet und ausgeliefert. Unsicher sehe ich zu Evan, der nun in sein Interkom-Gerät spricht, und mir beruhigend zunickt.

»Hält die Polizei die Drohungen denn für echt?«, fragt Winona weiter.

Ich nicke. »Sehr echt.«

Mit zitternden Händen hole ich einen der Briefe heraus und habe Mühe, das Papier ruhig zu halten, damit die Regie eine Großaufnahme zeigen kann.

»So hat es angefangen«, sage ich.

Das passiert mit Frauen beim Rennen erscheint auf dem gesamten Bildschirm. Dann folgt eine Überblendung auf das Bild eines überfahrenen Huhns.

»Gibt es schon eine Spur?«, fragt die Moderatorin betroffen. Sie liest den Text zum ersten Mal und ich kann ihr ansehen, dass ihr die Situation unheimlich ist. Sie rückt von mir ab, als wäre ich radioaktiv verseucht und würde Unglück bringen.

»Der Zettel allein beißt nicht«, scherze ich und bin stolz darauf, wie lässig ich klinge.

»Sie stecken das gut weg«, sagt sie.

»Das muss ich. Übermorgen ist das Qualifying und ich möchte dieses Mal wieder aus der Poleposition starten. Das gelingt mir am besten, wenn mein Kopf frei ist.«

»Und Sie haben keine Angst, dass Ihnen jemand was antun könnte?«

»Doch. Und wie! Aber davon darf ich mich nicht verrückt machen lassen. Ich habe ein Team um mich herum, was hohe Sicherheitsstandards einhält. Ich vertraue ihnen und sie mir. Und mal ehrlich: Es sterben mehr Menschen im Haushalt, als durch eine Begegnung mit einem Psychopathen. Ich gehe davon aus, dass der Kerl geschnappt wird, bevor jemand zu Schaden kommt, und dass es am Ende des Tages nur um die sportliche Leistung geht.«

»Sie wollen es den Männern da draußen also zeigen?«

»Hundert pro!« Ich mache das Victory-Zeichen, jemand ruft Cut und das Ganze ist so rasch beendet, wie es begonnen hat.

Erleichtert stehe ich auf und will zu Evan, doch ich kann ihn nirgends entdecken. Nervös taste ich nach dem schwarzen Elektronikteil, das er mir zwischen die Brüste geklebt hat.

»Ms Luman, können wir noch Fotos mit Ihnen schießen?«

Suchend schaue ich mich erneut nach Evan um, aber nicke. Kevin hat mir im Vorfeld eingeimpft, dass ich auf keinen Fall abhauen soll, sobald die Kameras aus sind. Der Sender braucht noch Einstellungen für die Ankündigungen des Beitrags und Bilder für Tochterunternehmen, die das Interview zeitgleich online und mit einem Tag Verzögerung in ihrem Heft bringen wollen.

»Hier entlang, bitte!«

Ich steige über Kabel und schlängele mich an der Fernsehtechnik vorbei in Richtung Hotelhalle. Bis ich bemerke, dass ich die Sicherheitszone verlassen habe.

»Ähm, wo soll denn das Shooting stattfinden?«, frage ich plötzlich nervös und mustere den Typen vor mir genauer, weil ich Schiss habe, dass das mein Psychopath sein könnte. Meine Sorgen scheinen jedoch unbegründet. Ich kenne die Überwachungsfotos. Dieser Mann hier ist viel schlanker, größer, jünger.

»Gleich dort vorne haben wir alles aufgebaut«, sagt er gut gelaunt und will mich in einen Raum lotsen, vor dem beruhigenderweise Sicherheitspersonal steht. Dennoch würde ich mich weitaus wohler fühlen, wenn ich Evan sehen könnte. Er hat gesagt, er bleibt in meiner Nähe. Ich schaffe das nicht ohne ihn.

»Danke«, murmele ich. »Ich sollte nur noch schnell …« Ich drehe mich um und knalle gegen jemanden, und das Blut gefriert mir in den Adern.

Das ist er! Ohne aufblicken zu müssen, weiß ich bis in die letzte Zelle, dass der Kerl vor mir derjenige ist, der mir seit Wochen folgt. Derjenige, der mich bedroht. Derjenige, der es auf mich abgesehen hat. Und er ist nur einen Atemzug von mir entfernt.

Instinktiv weiche ich zur Seite. Ich spüre ein warmes Brennen an meinem Arm. Ein Teil von mir weiß, was gerade passiert ist, aber ich habe keine Zeit, den Gedanken weiterzuverfolgen. Adrenalin rauscht zusammen mit Evans Worten durch meinen Kopf. Abhauen, hat er gesagt. Ich soll laut sein und abhauen.

Ein Schrei löst sich aus meiner Kehle, und ich reiße mich los.

22

Obwohl ich vor Angst wie gelähmt sein müsste, arbeiten mein Körper und mein Geist auf Hochtouren, um mich in Sicherheit zu bringen. Ich vermute, das liegt am Rennsport. Denn ich bin es gewohnt, auch unter Stress die richtigen Entscheidungen zu treffen. Ich empfinde dieses Gefühl sogar als vertraut und beruhigend. Man bekommt einen Tunnelblick, all die Komplexität des Lebens reduziert sich plötzlich auf das Wesentliche. Das einzig Dumme ist, dass ich zu langsam vorankomme. Dabei weiß ich genau, wohin ich möchte. Wo ich mich in Sicherheit fühle. Nicht in der Menge. Nicht im Hotelrestaurant. Nicht in einem der Zimmer. Nicht bei den Fernsehleuten. Sondern in meinem Truck, in der Nähe von meinem Wagen, bei meinen Freunden.

Gott sei Dank ist die Rennstrecke gleich nebenan!

Ich stürme nach draußen, vorbei an überraschten Gästen, Journalisten und Rennkollegen. Aber was die alle denken, ist mir gerade so was von egal.

Ohne anzuhalten laufe ich die Allee entlang in Richtung Schnellstraße. Mit mehr Glück als Verstand renne ich über die Fahrbahn und erreiche den abgesperrten Bereich des Speedways. Problemlos werde ich auf das Gelände gelassen – das ist einer der Vorteile, wenn man die einzige

Frau ist: Jeder kennt einen. Und völlig außer Atem tippe ich den Sicherheitscode in die Alarmanlage des Trucks ein, schließe hinter mir die Tür und flüchte mich auf mein Bett.

Erst jetzt wird mir klar, was eben wirklich passiert ist. Mein Gehirn spult jede Minute im Hotel noch einmal in Zeitlupe ab. Ich bin diesem Fotografen gefolgt, von dem ich dachte, dass er zum Team gehört. Aber dann kam der andere Mann. Sein Gesicht sah viel älter aus, als wir bisher angenommen haben, vom Wetter gegerbt, was es schwer macht, sein Alter richtig einzuschätzen. Mit der unverkennbaren gebrochenen Nase und den dunklen, undurchdringlichen Augen.

»Scheiße!« Ich reibe mir beruhigend über meine Arme und ziehe scharf die Luft ein, als mich ein brennender Schmerz durchfährt. Im ersten Moment bin ich völlig überrascht, dass am Ärmel meiner weißen Bluse Blutflecken kleben. Dann fällt mir wieder ein, dass ich mit diesem Mann zusammengestoßen bin und in der Sekunde ein Brennen wahrgenommen habe.

Mir wird total übel und ich ächze, als ich mich aufrichte. Weniger vor Schmerz als vor langsam ansteigender Panik. Vorsichtig knöpfe ich mein Oberteil auf und streife es mir ab. Die Schutzweste hat einen lang gezogenen Kratzer, der sich bis zu meinem Arm zieht, und mir wird klar, was ich für ein Riesenglück hatte. Der Typ hat eigentlich auf meinen Brustkorb gezielt, ist mit dem Messer aber abgerutscht und hat mich nur oberflächlich am Oberarm verletzt.

Als würde ich mich jeden Tag um Schnittverletzungen kümmern, schwanke ich zu unserem Erste-Hilfe-Kasten, hole mir Desinfektionsmittel und reinige die Wunde. Ich brauche länger als üblich. Aber ich finde, dafür dass meine Hände zittern, als würden sie das Lenkrad halten, während ich über Kopfsteinpflaster brettere, mache ich das gut.

»Wo zum Teufel warst du?«, höre ich Kevins aufgebrachte Stimme. »Du hast mir versprochen, dass ihr nichts passiert.«

»Und ihr wird auch nichts ...«, brummt Evan, als die Tür auffliegt und er mich sieht. »Fuck!« Eben noch ist er an der Tür, ein Blinzeln später bei mir. »Riley, setz dich hin! Ich mach das!«

Ich denke nicht daran zu protestieren. Ich vertraue ihm, das weiß er. »Mir geht es gut«, sage ich erstaunlich ruhig.

Evan schmeißt die schmutzigen Tupfer weg und legt einen Verband an, dabei würde ein größeres Pflaster völlig ausreichen. Dann löst er die beschädigte Weste und untersucht mich weiter.

»Mir geht es wirklich gut. Das ist nur ein Kratzer.« Ich drehe mich zu Kevin, der sein Basecap knetet, als hätte er den Hals einer gewissen mit ihm verwandten Person in den Händen, die ihm versprochen hat, dass mir nichts passiert. »Damit kann ich locker fahren«, versuche ich meinen Crew Chief zu beruhigen. Evan nimmt mich in den Arm. »Echt, alles in Ordnung.« Dennoch lässt er mich nicht los. Er fühlt sich unglaublich warm an, angenehm, und mich erfasst mehr und mehr schwere Müdigkeit.

»Ich weiß, Darling«, flüstert er und ich merke, wie er zittert, viel stärker als ich.

»Wirklich«, wiederhole ich und bin plötzlich ganz gerührt davon, wie getroffen Evan ist. Weil das zeigt, wie viel ich ihm bedeute.

»Zum Glück«, sagt er leise. Dabei nehme ich eine Veränderung in seinen Schultern wahr, die mir nicht gefällt.

Er hält mich weiterhin, streicht über meinen Rücken, inhaliert den Duft meiner Haut, küsst sich meinen Hals entlang, so vertraut und doch neu. Schließlich löst er sich und steht auf. »Ich kündige.«

»WAS?!« Ich bin sofort auf den Beinen und packe ihn am Arm, bevor er abhaut. »Du kannst nicht kündigen, wir brauchen dich.«

»Was ihr braucht, ist ein Bodyguard, der hundert Prozent an deine Sicherheit denkt anstatt daran, was er sonst noch mit dir anstellt.« Völlig verständnislos sehe ich ihn an. »Das hier mit dem Interview war eine blöde Idee, Riley. Ich hätte auf Kevin statt auf dich hören sollen. Aber mein Wunsch, dir zu helfen, damit wir den Kerl schnappen können, der dich bedroht, war stärker als meine Vernunft. Und nun sehen wir, wozu es geführt hat: Bei deinem Interview war ich abgelenkt, habe nicht jeden Winkel so gründlich kontrolliert wie sonst, hatte meine Blicke vor allem auf dich gerichtet, weniger auf mögliche Gefahren. Wenn ich mir vorstelle, was hätte passieren können …«

»Nein, das akzeptiere ich nicht!«, rufe ich. »Das ist doch nicht deine Schuld gewesen.« Entsetzt stoße ich Kevin an. »Sag was!«

»Ich muss meinem Bruder leider recht geben. Von Anfang an hatte ich ein total mieses Gefühl bei der Sache. Ich hab darauf vertraut, dass das Superbrain hier jedes Detail bedacht hat. Hat er jedoch nicht.« Er knetet das Basecap so heftig, dass der Schirm sich verformt und seine Fingerknöchel weiß hervortreten. »Das eben hätte furchtbar schiefgehen können.«

»Aber es war doch nicht umsonst«, werfe ich ein und erhole mich langsam von dem ersten Schock. »Auch wenn wir den Täter nicht haben, ich kann ihn beschreiben, auf den bisherigen Aufnahmen identifizieren. Das ganze Manöver hat uns was gebracht.«

Evan schüttelt den Kopf und sieht ziemlich blass aus. »Das ist gut, aber es ändert nichts. Es ist besser für dich, Riley.«

»Geh nicht, ich brauche dich«, sage ich so leise, dass nur er mich hören kann. Und damit meine ich so viel mehr. Jeden Tag hat er ein Stück in mir geheilt, von dem ich bisher nicht einmal wusste, dass es kaputt ist. Jeden Tag habe ich mich diesem Mann stärker verbunden gefühlt. »Wenn du jetzt gehst …« Ich kann den Satz nicht beenden, aber ich weiß, was dann passiert: Ich würde durchdrehen. Auf eine Art und Weise, die für keinen der Anwesenden ein Zuckerschlecken wird.

»Es tut mir leid«, sagt er sanft und streicht liebevoll Tränen von meinen Wangen, die ich nicht länger zurückhalten kann.

»W-w-was meinst du damit?«

»Ich hab von Anfang an gewusst, dass das mit uns ein Fehler ist. Ich wünschte, wir wären uns nie begegnet und es hätte nie dieses Knistern gegeben. Ich wünschte, es wäre nie zu all dem gekommen.«

Ich kann das nicht hinnehmen. »Aber nur, weil du nicht mehr mein Bodyguard bist, musst du ja nicht –«

»Doch«, unterbricht er mich und weicht einen Schritt zurück. Er sieht ziemlich fertig aus. »Du musst dich auf deine Rennen konzentrieren. Es sind nur noch zwei. Die werden nicht einfach.«

»Aber danach?«

Er schweigt lange, bis er sagt: »Du bist Rennfahrerin, Riley. Du liebst die Geschwindigkeit, den Nervenkitzel, selbst jetzt …« Nach Worten suchend mustert er mich.

»Ich will dich, Riley, mehr als du dir vorstellen kannst. Aber wenn wir mal ehrlich sind, dann sind wir nur im Bett kompatibel.«

Bevor ich nachdenken kann, bin ich bei Evan und knall ihm eine. Das soll wohl ein Scherz sein! Glaubt er das wirklich? Dann werde ich ihm aber auf die Sprünge helfen.

»Kevin? Raus! Sofort!«

Ich lasse Evan nicht aus den Augen, aber merke, wie Kevin sich verzieht. Er ist clever genug, sich in solche Streitigkeiten nicht einzumischen.

Sobald die Tür zufällt, attackiere ich Evan mit meinem Zeigefinger. »Evan Crawford, ich hab dir Sachen erzählt, die ich niemandem zuvor anvertraut habe. *Noch nie.* Du kennst Seiten an mir, die nicht mal Joyce kennt. Ich war ehrlich zu dir, und selbst wenn du gleich das Gegenteil behaupten solltest, du warst auch ehrlich zu mir. Ich weiß es einfach. Also tu das nicht! Wirf nicht, nur weil ich einen Kratzer habe, alles, was wir haben, weg. Denn ich habe das, was ich für dich empfinde, noch nie für jemanden empfunden.« Ich schlucke und warte, ob er was sagt, aber er schweigt mit versteinerter Miene. Und dann rutscht es mir raus: »Evan, ich liebe dich.«

Meine Nerven flattern, denn es ist das erste Mal, dass ich das einem Menschen gestehe. Ich fühle mich einerseits ganz leicht, und andererseits, je länger Evan nichts sagt, immer bedrückter.

Er schnaubt bitter und schaut mich an, als hätte ich etwas absolut Unverschämtes gesagt. »Du begehrst mich, Riley, das ist ein Unterschied. Wir waren von Anfang an heiß aufeinander. Und nein, ich spiele nichts herunter.« Er sieht mir direkt in die Augen. »Ja, ich merke, wie du mir wichtiger und wichtiger wirst und dieser Kratzer, verdammt, Riley, der tut auch mir weh. Alles, was dir passiert, verletzt auch mich und das will ich nicht. Wenn du glaubst, dass du mit dem hier klarkommst, bitte schön! Ich kann es nicht. Ich bin aus dieser einen Hölle zurückgekommen und mache mir Vorwürfe, wie all das nur passieren konnte, aber bei dir …« Er bricht ab, kann nicht mehr weitersprechen, schließt seine Augen und ringt um Fassung.

Währenddessen warte ich ab, habe keine Ahnung, was ich noch sagen soll, um diesen komplizierten Mann nicht von mir wegzustoßen, sondern dafür zu sorgen, dass er bleibt.

»Evan?«, frage ich vorsichtig, als gefühlt eine lange Minute vergangen ist.

Er schaut auf und sein Blick fesselt mich. »Riley, wenn du mich wirklich liebst, dann brich das Rennen ab! Die Sache ist zu gefährlich, sie ist es nicht wert.«

»Das kann ich unmöglich tun. Zu fahren ist alles für mich.«

»Das weiß ich. Daher meine ich auch nicht deinen Job an sich, obwohl mir die Vorstellung, mit welchen Geschwindigkeiten du über den Asphalt rast, Bauchschmerzen bereitet. Aber das halte ich noch aus. Irgendwie. Nein, ich rede von dem hier, diesem konkreten Rennen, solange der Täter frei herumläuft.«

Ich schüttele heftig den Kopf. »Wir wissen doch gar nicht, wie weit er wirklich gehen will. Genau genommen wissen wir nicht mal, ob der Vorfall eben mit den Drohungen zusammenhängt. Wir wissen rein gar nichts. Und im Ernst: Das da draußen könnte einfach jemand sein, der sich einen kranken Scherz erlaubt. Nein, ich bin nicht so weit gekommen, um jetzt aufzugeben. Noch dazu, wenn ich so kurz davor stehe zu gewinnen. Für mich. Für Leo.«

»Du willst für einen Toten gewinnen?«

Evan bleibt unnachgiebig, aber auch ich kann nicht nachgeben. Ich weiß selbst, wie verrückt das klingt, aber ich kann unmöglich aufhören. Ich dachte, er versteht das.

Hilflos schlinge ich meine Arme um ihn. Mir schießen weitere Argumente durch den Kopf, doch ich spüre seine Entschlossenheit und verkneife mir, sie laut zu sagen. Man hält im Leben nur ein gewisses Maß an Verletzungen aus. Von jeder weiteren erholt man sich nicht. Mich zu verlieren, würde ihn zerstören.

Dankbar seufze ich, als sich Evans Arme beruhigend um mich legen. Er lehnt seinen Kopf an meinen, und ich versuche, mir jedes Detail der Berührung einzuprägen. Wie er sich anfühlt, wie er riecht, wie ruhig und gleichmäßig sein Atem geht. Fast fange ich mich. Aber als mir klar wird, dass dies das letzte Mal ist, dass ich diesen Mann so berühren darf, schluchze ich wieder heftiger.

»Pscht«, flüstert er mir ins Ohr und ich möchte, dass er nie damit aufhört. Ich kann mir gar nicht vorstellen, wie es ist, morgens aufzuwachen und niemanden an meiner Seite zu haben, den ich necken kann. Oder küssen. Oder umarmen.

»Nein«, wispere ich, lasse aber zu, dass er behutsam meine Arme von seinem Hals löst. Fassungslos sehe ich mit an, wie er seine Sachen zusammensucht. Es war nie viel Zeug. Aber je mehr davon in seiner Sporttasche verschwindet, umso bewusster wird mir, wie sehr Evan für mich zu meinem Leben dazugehört hat und wie groß die Lücke ist, die er hinterlässt. »Gehst du gleich heute?«, frage ich.

»Nein.«

Hörbar erleichtert atme ich aus. Daraufhin streift mich sein Blick, der jegliche Hoffnung auf eine glückliche Wendung zunichtemacht.

»Ich bleibe so lange, bis Ersatz eintrifft, ein guter Freund von mir, sehr kompetent. Und ich werde die Fahndung überwachen. Der, der dich bedroht, ist auf so vielen Kameras zu sehen. Es sollte nun ein Leichtes sein, ihn aufzuspüren und festzunehmen.«

Resigniert nicke ich, als wäre ich einverstanden. Aber ich bin es nicht.

Es gibt nur eine Sache, die mir jetzt hilft, nicht durchzudrehen: zu fahren und wieder das Gefühl zu haben, dass alles unter Kontrolle ist.

Als ich aufstehe, fragt mich Evan nicht, was ich vorhabe. Als ich mir ein sauberes Shirt anziehe, sagt er ebenfalls nichts, und als ich den Truck verlasse, folgt er mir einfach nur, obwohl es nicht besonders clever ist, durch die Gegend zu spazieren, wenn man Morddrohungen von einem Psychopathen erhält. Das macht alles nur noch schlimmer, denn erst dadurch begreife ich, dass es wirklich aus ist. Doch ich zwinge mich, nicht darüber nachzudenken. Denn wenn mir jetzt das ganze Ausmaß der Trennung klar wird, dann kann ich das Rennen absagen, weil ich mit Tränen in den Augen keine einzige Runde überstehen werde. Also lasse ich es, schlucke alle meine Gefühle herunter und reagiere mich bei einer Spritzfahrt ab.

23

Alles okay?«, fragt mich Joyce zum hundertsten Mal innerhalb von vierundzwanzig Stunden. Nur dass sie mich dabei heute, am Qualifying-Tag, strenger anschaut.

»Glaubst du, ich höre auf, dich anzulügen? Ja, mir geht es fantastisch!«, rufe ich gereizt, blende alles aus, was nicht mit dem Rennen zu tun hat, und bespreche mit Michael ein letztes Mal unsere Strategie für Texas.

Wie versprochen hat mir Evan einen neuen Bodyguard besorgt, Makoto Black, einen nie lächelnden Japaner, für den Kampfsport Erholung ist und mit dem er seit der Armyzeit befreundet ist. Mit Joyce habe ich schon Witze gemacht, dass er sich von Zitronen ernähren muss, so ernst wie er ständig schaut. Woraufhin uns Makoto eine Limette zugeworfen und gesagt hat: »Sollten Sie auch mal probieren, Ms Luman, fördert die Konzentration.«

Davon abgesehen kommen wir jedoch gut miteinander aus. Er erledigt seinen Job, ich meinen. Weit anstrengender finde ich, dass Evan noch nicht abgereist ist. Wie mir Kevin versichert hat, nur um weiter zu ermitteln. Aber das macht die Situation kein bisschen leichter für mich. Neuerdings besitze ich eine Art Evan-Radar. Sobald dieser Mann in Sichtweite ist, brennt meine Haut. Sobald ich mit dem Wind einen Fetzen von dem mitkriege, was er sagt, zieht sich alles in mir zusammen. Ich vermisse ihn mit einer geradezu krankhaften Intensität, die Stunde um Stunde schlimmer statt besser wird. Wie hält er es nur so gelassen in meiner Nähe aus?

Völlig übermüdet steige ich für das Qualifying in den Wagen. Ich habe in der letzten Nacht kaum geschlafen. Kevin, Joyce und Makoto wissen das. Aber sie lassen mich fahren.

»Alles sauber?«, fragt Kevin Makoto, der wie ich ein letztes Mal die Technik kontrolliert hat.

Er nickt, geht auf Abstand und sichtet die Menge.

»Dann mach sie fertig, Riley!«

»Für Leo«, sage ich, verspüre jedoch nicht die übliche Traurigkeit. Mein Bruder hat es nie auf diesen Gesamtranglistenplatz geschafft und keine Ahnung, ob es Einbildung, Aberglaube oder schlichtweg Übermüdung ist, ich habe das Gefühl, er schaut mir von oben zu. Ich kann förmlich hören, was er mir sagen würde:

›Lass die Jungs glauben, du hast es nicht drauf, Schwesterherz! Bleib vorne, aber nicht an der Spitze. Bis zur Hälfte. Mach kleine Fehler! Und dann brettere ihnen davon. Zeig denen, dass wir Lumans Benzin im Blut haben! Beweis denen, dass Frauen mehr Eier haben als Männer!‹

›Wesentlich mehr‹, ergänze ich im Stillen.

Michael wirft mir die letzten Analysen zu. Ich lege sie gedanklich zu dem Berg anderer Informationen, die mir durch den Kopf schießen. Dann gebe ich Gas und …

Ich würge den Motor ab. Der Ford stottert, macht einen tollpatschigen Hüpfer nach vorne und kommt zum Stehen.

Alle halten die Luft an. Erst jetzt merke ich, wie meine Hände zittern, und schließe die Augen. Ich höre Kevin mit

Michael diskutieren, ob wir abbrechen sollen, und kriege mit, dass sie den Motor noch mal checken. Dabei ist mir bewusst, dass niemand den Wagen sabotiert hat, sondern ich schlichtweg angespannter bin, als ich irgendjemandem eingestehen würde. Mich selbst eingeschlossen.

Tief atme ich ein und aus und rede mir ein, dass ich wegen der Drohungen nervös bin, aber das stimmt nicht. Es liegt an einem Typen mit mal grünlicheren, mal bläulicheren Augen, der so viel von mir weiß, dass ich immer noch nicht so recht begreife, wie er das zwischen uns beenden konnte.

Aber zu fahren wird dir helfen, mache ich mir Mut.

»Reingefallen!«, rufe ich, als hätte ich mir eben mit Absicht einen Scherz mit dem Team erlaubt. »Geht zur Seite und wünscht mir Glück!«

Mit einem Knall schließt Michael die Motorhaube. »Wenn du diese Show beim Finale abziehst –«

»Mach ich nicht«, verspreche ich. So als wäre nichts gewesen, starte ich den Motor neu und steuere den Wagen aufs Feld.

Gefahren werden drei Durchgänge. Erst fünfundzwanzig, dann zehn und abschließend fünf Minuten, und stark vereinfacht ausgedrückt: Wer die schnellste Zeit hat, gewinnt die Pole.

Ich habe Michael förmlich im Ohr, wie er mir wieder und wieder eintrichtert: ›Langsam angehen lassen, dann steigern.‹ Aber ich bin so voller aufgestauter Emotionen, dass ich unseren Plan in den Wind schieße.

Da draußen will mich jemand umbringen? Als würde mich das kümmern! Evan kommt nicht damit klar, dass er in meiner Nähe ist und mir was passieren kann? Dann zeig ich ihm, wie sehr mich das juckt. Null. Und ich kann nicht gut schlafen? Kein Problem, konzentriere ich mich eben so stark, bis ich am Ende todmüde umkippe!

Sobald das Startsignal ertönt, gebe ich Gas und mache sofort Plätze wett. Über Funk rät mir Michael, gemäßigt zu fahren. Aber ich bin unbelehrbar. Mit jeder Minute, die ich auf dem Asphalt bin, verschmelze ich mehr mit meinem Wagen, der Geschwindigkeit und dem Rennen zu einer Einheit. Ich merke nicht, wie die Zeit vergeht, sondern erlebe voll und ganz den Augenblick und fühle mich zum ersten Mal seit Tagen wieder wie ich selbst. Ich fliege dahin, überhole, bremse, weiche aus. Jeder Handgriff sitzt.

Nachdem ich den ersten Qualifizierungsdurchgang mühelos gewonnen habe, halte ich in meiner Box. Nick und Fernando überprüfen die Technik. Und Makoto ist klug genug, nicht meine lebensgefährliche Fahrweise zu kritisieren, sondern seinen Job zu machen und dafür zu sorgen, dass keine unbefugten Personen die Box betreten, sodass ich in Sicherheit bin.

»Schon die verdammten Reifen«, knurrt Kevin sauer, weil ich mich nicht an die Abmachung gehalten habe.

»Wir haben noch die anderen«, gebe ich zurück.

»Und wie geht es deinem Arm?«

Ich merke den Schnitt, aber ich zucke nur mit den Schultern. »Macht keine Probleme. Und jetzt reg dich ab, Kevin, ich gewinne.« Um konzentriert zu bleiben, nehme ich einen Schluck Wasser.

»Du kannst auch erst im Rennen den großen Jungs zeigen, wie toll du fährst.«

»Aber wenn ich von der Pole starte, habe ich die beste Chance, und ich werde von der Pole starten, verlass dich drauf!«

»Riley –«

»Klappe, Kevin!«, unterbricht Joyce ihn und strahlt mich an. »Feg sie weg, Süße!«, ruft sie mir zu und klopft aufs Wagendach.

Die Pause ist zu Ende und ich lenke den Wagen zurück auf die Strecke. Ich überbiete meine Zeit vom ersten Durchgang sogar und registriere am Rande, wie ein Raunen durch die Zuschauerränge geht. Die Moderatoren reden sich schon jetzt heiß, als würde es um das eigentliche Rennen gehen, sie können einfach nicht fassen, dass ich als Frau mithalte. Ich fahre wie ein Adrenalin gesteuerter Macho. Und das fühlt sich genau richtig an.

Dass ich auch im dritten Durchgang weiterhin vorne liege, sorgt dafür, dass die Kommentatoren sich vor lauter Aufregung beim Sprechen überschlagen. Doch was niemand erwartet, ist, dass ich das Weite suche, sobald die Plakette mit dem *Pole*-Zeichen an meinem Wagen klebt.

Mein Puls beruhigt sich. Ich habe Kopfschmerzen von der stundenlangen Anspannung, pelle mich aus meinem Rennanzug und falle auf mein Bett. Ich denke noch, dass ich Ohropax nehmen sollte. Bestimmt wird es draußen laut werden. Aber da endlich überkommt mich der Schlaf und raubt mir jeden Gedanken an den Verrückten, das Rennen und an Evan …

»Lass mich durch!«, höre ich nach einer Weile wie in einem Traum eine vertraute Stimme, die mir ein Seufzen entlockt. »Ich übernehme.«

»Aber –« Das ist Makoto.

»Lass ihn!« Und das Kevin.

Unwirsch stöhne ich. Ich will noch nicht aufwachen, eine weitere Nacht in die Dunkelheit starren und mich fragen, was alles schief gelaufen ist. Können die Jungs nicht leiser sein?

Als es um mich herum ruhig wird, werde ich von der Bettmitte zur Seite geschoben. Jemand legt sich zu mir, zieht mich an sich und bedeckt mich förmlich mit seinem Körper.

»Gut gemacht«, flüstert mir eine vertraute Stimme ins Ohr.

Mein Körper seufzt erleichtert auf und gibt mir etwas zu verstehen, was besser ist, als die Poleposition gewonnen zu haben: Er ist hier.

Dann schlafe ich endlich so tief und erholsam ein, wie ich es nach den letzten Tagen brauche.

24

Joyce, die in einem fort »Oh mein Gott!« ruft, weckt mich am Samstag mit dem Morgengrauen auf. Ich fühle mich fitter, viel fitter, und kann es kaum erwarten, dass das Rennen losgeht.

Ungeduscht strecke ich meinen Kopf aus dem Truck und knalle gegen Makoto. »Sie sollten drinnen bleiben, Ms Luman.« Er drängt mich zurück.

»Warum?« Da Joyce sich noch immer nicht beruhigt hat, mache ich einen langen Hals, bis ich sehe, was da draußen los ist.

Oh! Mein! Gott!

Normalerweise bin ich schwer zu schockieren, aber dieser Anblick macht mir Angst.

Überall auf dem Areal verteilt liegen Flugblätter, wenig originell mit meinem Gesicht von gestern und einem Totenkopf verziert. Was jedoch spektakulär ist und dafür sorgt, dass der gesamte Platz nur so von Blaulicht, Presse, und Schaulustigen okkupiert wird: Die Flyer sind überall. Wirklich *überall.* Als hätte jemand über Nacht eine ganze Containerladung aus einem Flugzeug abgeworfen.

Soweit ich es mitbekomme, will der Veranstalter sie wegräumen lassen, damit die Rennstrecke frei ist und das Publikum möglichst wenig von dem hier mitbekommt.

Doch die Behörden möchten akribischer vorgehen und sicherstellen, dass sie keine Beweise unter dem Berg an Papier übersehen.

»Scheiße!«, fluche ich und will mich an Makoto vorbeischlängeln, doch er packt mich. »Und wenn jemand den Wagen in die Luft sprengt?!«

Milde lächelt er über meinen Einwand, als wäre er darauf gefasst gewesen. »Wir haben den Untergrund überprüft. Keine Bombe. Ihr Truck ist der sicherste Ort weit und breit.«

Widerwillig verkrümle ich mich nach drinnen, setze mich, springe aber sofort wieder auf, als Joyce reinkommt.

»Da draußen ist die Hölle los!«, ruft sie. »Der Typ muss vollkommen durchgeknallt sein. Statt sich zurückzuziehen, wird er noch aggressiver.«

»Wie eine Wespe, nach der man schlägt«, murmele ich und reibe mir die Schläfen. »Ich glaub, ich dusche erst mal.«

Da ich nichts tun kann und mich auch niemand irgendetwas tun lässt, versuche ich, normal zu funktionieren. Das warme Wasser tut gut und danach frühstücke ich, denn nachdem ich am Vortag vor Stress kaum was runtergekriegt habe, habe ich heute Hunger. Makoto befiehlt mir, im Truck zu bleiben, sodass ich in einem fort mit Kevin telefoniere und mir durchgeben lasse, wie der neueste Stand ist.

»Evan ist abgereist?«, frage ich Joyce bei der nächsten Gelegenheit. Dann schaue ich gleich wieder zu Makoto, der mit regloser Miene in meiner Nähe bleibt, alle fünfzehn Minuten draußen seine Runde dreht und sich mit den Sicherheitsleuten abstimmt.

»Ist er. Einer seiner Kontaktleute hat eine Spur.«

»Penner!«, entfährt es mir.

»Er hat dir wehgetan, oder?«

»Kein bisschen«, lüge ich erneut. »Er hätte sich aber wenigstens verabschieden können.« Mein ruppiger Gefühlsausbruch juckt Joyce nicht und ich seufze. »So wie mit ihm habe ich mich noch nie gefühlt. Ich kann es gar nicht beschreiben. Alles schien so richtig.«

Ich lehne mich gegen die Wand, schließe die Augen und überlege, was Riley Luman machen würde, wenn das ein normaler Renntag wäre. Immerhin habe ich schon Dutzende mitgemacht.

»Meinst du, du kannst mir jemanden für Sex besorgen?«, frage ich Joyce, und als Makoto dazukommt, ergänze ich: »Sie können denjenigen ja kurz überprüfen.« Dreckig grinse ich. »Oder Sie stellen sich zur Verfügung …«

Joyce gibt mir eine Kopfnuss. »Du bist unmöglich, Riley!«

Ich lache frech. »Aber ich meine es ernst. Wie viel Zeit habe ich, bis das Rennen beginnt: drei Stunden, vier?« Schließlich verzögert sich alles. »Ich werde mich nicht schlecht fühlen, weil ich die mit Sex überbrücken will.« Ich wende mich an Makoto. »Vielleicht können Sie ein Hotelzimmer buchen, das sicher ist?«

»Ich bin nicht Ihr Kindermädchen«, knurrt er.

»Fein, dann nehme ich eben irgendeines, mir ist es egal«, gebe ich zurück.

»Du meinst es tatsächlich ernst«, sagt Joyce plötzlich wie verwandelt. »Hör mal, das mit Evan ist unglücklich gelaufen, aber du wirst früher oder später bestimmt darüber hinwegkommen.«

»Und dann? Ich will Sex und mich nicht neu verlieben. Das eine hat mit dem anderen nichts zu tun. Oder dachtest du, ich hab all die Typen vor Evan wirklich gemocht?

Das war nur bei ihm so und glaub mir, bis ich wieder jemanden so nah an mich heranlasse, werden einige Meilen auf der Strecke vergehen. Wenn überhaupt.« Es ist zum Haare ausreißen! Frustriert und verzweifelt sehe ich sie an. »Ich weiß, dass man die Uhr nicht zurückdrehen kann, aber einfach nur Sex, das wäre ein Stück weit mein altes Leben. Normalität. Als gäbe es weder Evan noch einen Psychopathen. Bitte, hilfst du mir?«

Wir sehen uns lange an, bis sie seufzt und ich weiß, dass ich gewonnen habe.

»Warum hab ich dich nur so gerne?«, sagt Joyce und meint damit Ja.

Eine Stunde später warte ich im Hotel darauf, dass die Tür aufgeht. Joyce hat mir gesagt, dass sie kurzfristig jemanden aus einer Callboy-Agentur erreicht hat. »Gleiche Größe wie Evan, gleiche Statur, gleiche Frisur. Wie klingt das?«, hat sie gefragt.

»Gut«, habe ich lahm geantwortet, weil ich mir nicht sicher bin, ob ich einen Evan-Ersatz ertrage. »Und der Agentur kann man vertrauen?« Das Letzte, was ich jetzt brauche, ist ein Skandal, weil meine Sexgeschichten an die Presse durchsickern.

»Kann man.«

»Makoto soll ihn überprüfen«, habe ich gesagt, plötzlich nervöser als ich sein müsste. Als würde ich das zum ersten Mal machen.

»Hat er schon, er ist einverstanden. Aber er bleibt im Nebenzimmer.«

»War nicht anders zu erwarten.«

Nun warte ich, dass jemand, der auf den Namen Othello hört, mit der an der Rezeption hinterlegten Schlüsselkarte mein Zimmer betritt.

Erst wollte ich mich ausziehen, saß schon in der neuen Unterwäsche, die Joyce mit mir geshoppt hat, auf dem Bett. Doch dann habe ich mich wieder angezogen. Ich zupfe an meinem Shirt, fühle mich hässlich und mir ist ungewohnt übel. Gleichzeitig kribbelt mein Körper. Weil ich an Sex mit Evan denke statt an ein unpersönliches Stelldichein mit irgendeinem Unbekannten.

Wild Ocean soll er nehmen, hab ich gesagt. Das ist Evans Duschgel.

Nun seufze ich und habe das Gefühl, damit alles schlimmer zu machen. Evan ist weg. Niemand kann ihn ersetzen. Aber ich verzehre mich so nach seiner Nähe und ich vermisse ihn als Gesprächspartner, sei es nun, um Dampf abzulassen oder um ernsthafte Themen zu besprechen. Oder um zu wissen, dass ich nicht alleine bin.

Es klopft und ich setze mich aufrechter hin und ordne meine Haare.

»Herein!«, rufe ich und höre, wie die Tür aufgeht.

»Hal–«

»Können Sie … Kannst du nichts sagen?«, unterbreche ich meinen Besucher. Woher auch immer das plötzlich kommt, aber sobald ich rede, weiß ich, was ich da treibe. Etwas total Bescheuertes. Mich einer Illusion hingeben. »Klopf einmal an die Wand, wenn du einverstanden bist, zweimal, wenn du was dagegen hast.« Ich zähle die Sekunden. Doch nichts passiert. »Und ich zahl auch mehr, okay? Ich weiß, dass das nicht abgesprochen war, aber ich schwöre, ich bin alleine und … Wenn du willst, regele ich das sofort mit der Agentur.«

Eine Ewigkeit vergeht. Dann höre ich ein Klopfen. Ich warte, doch es folgt kein zweites, sondern Schritte.

»Nein! Moment! Noch was!«

›Joyce wird dir nachher eine Standpauke halten, bei der dir deine Ohren glühen werden‹, denke ich mir aufgeregt, als ich mich umschaue. ›Sie hat dir zwar den Typen besorgt, aber für das, was du hier treibst, war der nicht gedacht.‹ Ich kann mich dennoch nicht bremsen.

Da ich nicht finde, was ich brauche, ziehe ich mir notgedrungen mein Shirt über den Kopf. Umständlich wickle ich es mir vor die Augen, wie eine Augenbinde. Ich überprüfe den Sitz und atme tief durch. Wenn ich den Fremden nicht sehe, könnte ich mir einbilden, dass es Evan ist. Doch gerade, als ich das denke, wird das Gefühl in meiner Brust enger.

»Ich bin so weit«, sage ich mit zittriger Stimme und lausche auf seine Schritte. Wie er näher kommt, um die Ecke biegt, stehen bleibt. »Ich weiß, ich sehe seltsam aus, aber –«

Bevor ich die Erklärung über die Lippen bringe, trifft mich ein warmer, weicher Mund zwischen meinen Schulterblättern, und ein Bart reizt meine empfindliche Haut.

Sofort brenne ich und fühle mich zugleich wie eine Verräterin. Aber mein Körper nimmt keine Rücksicht auf meine Befindlichkeiten und Schuldgefühle, zittert, als wäre ich eine Süchtige, die ihren ersten Schuss bekommt. Die Droge strömt durch mich hindurch und sorgt dafür, dass ich mehr will. Mehr von Evan.

Ein leises Schluchzen entweicht mir und die Lippen hören sofort auf.

»Nein, mach weiter! Bitte!« Ich heule in mein Shirt, überwältigt von den Gefühlen, die diese wenigen Berührungen in mir ausgelöst haben. Wenn Evan mich so sehen könnte, kein bisschen tough, sondern das reinste Weichei!

Ich kämpfe mit meinen Wünschen, Bedürfnissen, meinem Gewissen, meiner Lust, meinem Anstand und diesem unmenschlichen Schmerz. Und ich verliere. Nervös taste ich hinter mir nach den fremden, vertrauten Armen. Ich lege sie eng um mich, schmiege mich an den Körper, der Evans so ähnelt. Wärme umhüllt mich und ich lasse mich von der Illusion von Nähe, Geborgenheit und Liebe quälen.

Wieder überzieht der Fremde meine Haut mit Küssen. Knabbert an meinem Nacken, fährt mir durch die Haare, beißt in meine Kehle.

Als ich den Kopf neige und meine Lippen auf seine pressen will, weicht er zur Seite. Frustriert wimmere ich, dabei weiß ich, dass das verboten ist.

Ich greife nach hinten, fühle seine Hüften, ziehe ihn zu mir heran und erschauere, als er seine Erektion gegen meinen Po drückt.

»Ich brauch dich auf meiner Haut«, keuche ich und vergesse völlig, dass ich mit einem Fremden im Bett bin. Mein Mund spricht Wünsche aus, die tief in mir drinstecken. »Und dich in mir!«

Ein Knurren folgt, das für einen Hitzeschauer sorgt.

Geschickt öffnet er meinen BH und fasst an meine Brüste. Er knetet sie und spielt mit meinen Nippeln, und ich atme schwer und habe Evans Hände vor Augen. Wie viel Zeit sich dieser Mann immer gelassen hat, so wie der hier. Wie er jeden Zentimeter von mir auf seine Art bewundert hat. So wie dieser es auch tut.

Ich dachte, mit Evan zu schlafen, ist so einmalig wie ein Fingerabdruck. Schließlich hatte ich genug Typen im Bett, um zu wissen, dass jeder anders ist. Aber wen auch immer Joyce aufgetrieben hat, er handelt wie der Mann, den ich brauche, ist wie die Luft zum Atmen.

Aber das hier ist nicht Evan!

Wütend darüber, dass mein Verstand mir diesen Streich spielt, fahre ich herum und ziehe ihm das Shirt aus. Ich nestele an der Knopfleiste seiner Jeans, mache deutlich, was ich will. Er geht auf mein Tempo ein, öffnet meine Hose und streift sie zusammen mit dem Slip ab.

Für einen Moment wird mir ganz anders. Schuld schießt bitter durch meine Adern, als würde ich Evan betrügen, als wäre das hier falsch: es nackt mit einem Fremden im Hotelzimmer zu treiben. Der Escort-Mann beugt sich zu mir, und ich lege meine Hand an seine Brust und stoppe ihn mit Tränen in den Augen.

Er wartet, thront über mir und streichelt meinen Arm, der ihn aufhält. So lange, bis ich nachgebe, ihn wieder näher heranlasse und er sich gänzlich über mich beugen kann.

Wild Ocean dringt mir in die Nase, so unglaublich intensiv, dass ich glaube, Evan vor mir zu haben. Es ist nicht nur der Duft vom Duschgel, sondern der von Evan auf der Haut des Fremden.

»Es tut mir leid«, murmele ich, ziehe den Fremden zu mir, schmiege mich an seine Schultern und überlasse mich dem Schmerz. Mir ist nicht mehr nach Sex, ich will Evan, nichts und niemanden sonst. Nur ihn.

Meine Finger brennen, weil sie Evan spüren wollen und wissen, dass er es nicht ist. Mein Herz rast, weil es weglaufen will, und gleichzeitig durstig die Nähe trinkt, die mir dieser Fremde spendet. Tränen kleben auf meinen Wangen. Seine Erektion ist verlockend hart zu spüren und der Kerl tut mir leid, weil er keine Befriedigung finden wird. Aber ich kann keinen Fremden in mich lassen.

»Ich kann nicht«, bringe ich mühsam als Erklärung hervor, klammere mich aber weiterhin an ihn. »Wenn das

Ärger mit deiner Agentur gibt, sag mir das. Aber wenn es okay ist, dann halt mich einfach nur. So lange, bis deine Zeit abgelaufen ist, halt mich!«

Statt zu gehen, beugt sich der Fremde über mich, sodass ich in seiner warmen Nähe ertrinke. Ich inhaliere seinen Geruch, genieße, wie zärtlich seine Hände über mein Gesicht streichen und als seine Lippen mich treffen, stockt mir der Atem. Bevor ich mich wehren kann, wird der Kuss fester, fordernder. Seine Zunge dringt in mich, langsam aber unnachgiebig, und als ich ihn schmecke, hauche ich: »Nein!«

Er hört sofort auf, dabei will ich das gar nicht. Ich bin nur so verwundert, dass sich noch ein zweiter Mann auf Erden so anfühlt wie Evan.

Schließlich halte ich die Ungewissheit nicht länger aus. Mit zitternden Fingern schiebe ich mir das Shirt von meinem verheulten Gesicht und blinzle in ein Paar Augen, sowohl blau als auch grün. Der Blick, der mich trifft, ist vorsichtig, auf der Hut und gleichzeitig voll Leidenschaft und Liebe. Ich müsste sauer sein und will wissen, was er sich dabei gedacht hat. Ob Joyce dahintersteckt oder er, und was an dieser Situation gut ist. Aber ich brauche diesen Mann über mir so sehr, dass ich nur sage: »Liebe mich, Evan! Bitte, liebe mich, hier und jetzt. Wie du möchtest. Mir egal.«

Kaum ist die letzte Silbe über meine Lippen gekommen, dringt er in mich ein, behutsam, begleitet von Küssen und zärtlichen Nichtigkeiten.

»Mehr!«, wispere ich und kann endlich meinem Verlangen ohne Reue nachgeben und jede Berührung genießen.

»Mehr?«, fragt er zurück und saugt an meiner Unterlippe.

»Oh ja!« Ich fühle mich so ausgehungert nach ihm, dass das, was er tut, nicht genug ist.

»So?«

Mit jedem Stoß bewegt er sich schneller und dringt tiefer. Seine Lippen schlucken meine Schreie der Lust. Ich schlinge meine Beine fester um seine Hüften, würde ihn am liebsten komplett in mich aufnehmen und nie mehr loslassen. Das Blut rauscht immer wilder in meinen Adern und übermütig drehe ich ihn auf den Rücken, reite ihn und werfe den Kopf in den Nacken. »So«, keuche ich. »So, so, so.«

Evan stemmt sich hoch, saugt an meinen Brustwarzen und sabotiert meine Kontrolle über ihn, macht mich schwach und feucht. Innerlich bin ich von Wärme durchdrungen, das Kribbeln wird intensiver. Ich bin verdammt nah daran zu kommen und möchte ihn dabei in mir spüren. Möchte, dass er ebenfalls so weit ist und seinen Samen in mir hinterlässt. Etwas Echtes. Nicht nur diese Sehnsucht unter meiner Haut, die mir die Luft zum Atmen nimmt.

Mehr und mehr bestimmt Evan den Rhythmus. Um ihn zu küssen, ziehe ich ihn zu mir hoch. Mein heißer Atem mischt sich mit seinem. Seine Hände packen meinen Hintern und bewegen meine Hüften schneller und schneller. Perfekt. Er soll nicht auf mich Rücksicht nehmen. Ich muss spüren, dass er mich genauso dringend braucht wie ich ihn.

Reden müssen wir nicht. Unsere Körper kommunizieren ohne uns. Der eine beugt sich vor, der andere zurück. Der eine öffnet sich, der andere nimmt den Platz ein.

»Du bringst mich um, Evan«, keuche ich und er lächelt zufrieden an meiner Kehle, küsst sich träge über meinen Hals und knabbert an meinen Lippen.

»Gut so. Genau das habe ich vor. Und genau das willst du auch. Sag es!«

»Ja, mach mit mir, was du willst. Alles. Nur hör nicht auf.«

»Werde ich nicht.«

»Hör nicht auf!«, schreie ich vor Lust.

»Niemals.«

»Evan!«

»Oh Gott, Riley!«

Unter dem Ansturm seiner Berührungen gebe ich nach und fühle mich, als würde ich fliegen. Ich klammere mich an Evan, als wäre er mein Tandempartner, der mich davor bewahrt, auf dem Boden zu landen und zu zerschellen.

Obwohl ich glaube zu sterben, wirft Evan mich auf den Rücken und nimmt mich so, wie ich es liebe: als hätte man als Mensch nicht genug Zeit auf Erden. Seine Hände sind überall. Seine Lippen sind nass. Sein Mund schmeckt süß. Sein Bart kratzt. Und während ich mich in seine Haare kralle und glaube, andernfalls den Verstand zu verlieren, ergießt er sich in mir, und ich spüre seinen warmen Samen, spüre ihn. Genau so wie es von Anfang an hätte sein sollen. Und ich folge ihm, bäume mich auf und umschlinge ihn. Mein Körper gibt auf, pulsiert warm und heftig. Und der Moment ist perfekt.

Das habe ich gebraucht.

Evan habe ich gebraucht.

Sonst nichts.

Ohne sich aus mir zurückzuziehen, umschlingt mich Evan. Statt sich zu trennen, bleibt er. Sanft drückt er mich an sich, streichelt mir durch die Haare und ich klammere mich an ihn, weil ich merke, dass er gehen will, gehen muss. Aber ich ertrage den Gedanken nicht. Er kann doch nicht jedes Mal mein Herz zum Schlagen bringen, mich, die wahre Riley Luman, zum Leben erwecken und mich im Anschluss wieder verlassen.

»Du willst mich«, sage ich und kann den verwunderten Unterton nicht zurückhalten.

»Hab ich je was anderes behauptet?«

»Und ich brauche dich, Evan.« Einstimmig schweigen wir und sind uns ganz nah. Ich drehe mich auf die Seite und verliere mich in seinem Anblick. »Du kannst nicht einfach gehen. Mich allein lassen. Nicht nach all dem …«

»Dann fahr nicht!«, wiederholt er seine Bitte. »Was muss noch geschehen?!«

Er drückt mich fester und ich habe das Gefühl, ich bin unverwundbar, wenn ich in seinen Armen liege. Aber wir kennen beide die Antwort. Ich werde fahren. Ich muss. Das bin ich.

»Riley, nicht nur dir fällt es schwer loszulassen. Aber ich muss es tun. Denn ich kann nicht mit jemandem zusammen sein, der so leichtsinnig durchs Leben geht wie du, jemand, der ausschließlich an sich denkt. Mir ist bewusst, dass zwei Menschen nicht immer füreinander da sein können und dass manche Dinge einfach passieren. Aber man muss sein Schicksal nicht obendrein herausfordern … Dein Verhalten bringt mich noch ins Grab. Ich sterbe tausend Tode, wenn ich sehe, wie du herumtanzt und tust, als wäre alles normal! Ich halte das nicht aus.« Er sieht mich warm an. »Wenn du mich liebst, dann gehst du nicht jedes Risiko ein, sondern nur die guten.«

Er wartet, aber da ich erneut nichts sage, küsst er sanft meine Stirn.

Ich kann seine Sicht verstehen. Aber er verlangt von mir, einen Lebenstraum wegzuwerfen, für den ich verdammt hart gearbeitet habe, eine Chance zu vertun, die so vielleicht nie wiederkommt. Ich kann gewinnen. Das weiß ich.

»Evan!« Mehr bringe ich nicht heraus, weil ich keine Antwort habe, die uns beide glücklich macht. »Ich sollte dich an einem Bungee-Seil von einer Brücke werfen, damit du lockerer wirst«, schnaube ich.

Er lacht. »Das wäre ein kalkuliertes Risiko, du Adrenalinjunkie, und völlig okay.«

»Als hättest du das schon mal gemacht!«

»Hab ich nicht«, bestätigt er meine Vermutung, »Würde ich aber. Mit dir. Wenn du –«

»Nein.« Ich schüttele den Kopf. »Ich kann das Rennen unmöglich absagen. Evan. Bitte versteh das doch.«

»Scheiße, Riley«, flucht er und drückt mich ohne ein weiteres Wort an sich. »Es tut mir wirklich leid, aber dann ist das hier unser Auf Wiedersehen. Vielleicht sieht man sich, wenn ich Kevin und Joyce besuche. Aber wir beide … du und ich … das kann ich nicht.« Er küsst meine Haare. »Und ich weiß, obwohl du es nicht verstehen willst, tust du es.«

»Warum hast du hier dann überhaupt mitgemacht?«, frage ich, schiebe ihn von mir runter und funkele ihn sauer an.

»Weil du eine verdammt gute Freundin hast.«

»Ich hab dich nicht gefragt, warum Joyce findet, dass du das warst, was ich brauche, sondern warum du eingewilligt hast.«

Er lacht verzweifelt und stützt sein Gesicht in seine Hände. »Weil du in meinem Kopf bist und selbst wenn ich tausend Meilen von dir und diesem dämlichen Rennen entfernt bin, dann denke ich an dich und mache mir Sorgen. Du sagst mir, du liebst mich? Nun, Überraschung, Riley, ich liebe dich auch! Und? Was bringt uns das? Gar nichts. Nur dass ich wie ein Neandertaler mit meiner Keule durch die Gegend laufe, wenn ich mitkriege, dass du mich brauchst. Und dass ich alles plattmache, was mir dabei im Weg steht. Dass ich mich kaum wiedererkenne und mir wünsche, ich wäre dir nie begegnet!« Er wird immer lauter, wütender, was mich wiederum wütender macht.

»Dein geschrienes ›Ich liebe dich!‹ kannst du dir sonst wohin stecken! Ich hab dich nicht gerufen, Evan! Ich wollte einen Fick, schon vergessen? Einen anonymen, einfachen Fick. Einmal den Kopf freikriegen, damit ich nachher konzentriert bin und die Session gewinne.«

»Und du hättest es nicht gekonnt.« Evan rauft sich die Haare. »Ich sehe, wie du mich willst, wie du mich brauchst. Sei froh, dass ich aufgetaucht bin. Sonst wärst du nämlich nicht gekommen und immer noch das reinste Nervenbündel.«

Ich klebe ihm eine und werfe ihm seine Sachen zu. »Raus!« Mit jeder Sekunde wird die Luft im Raum dicker. »Raus, Evan Crawford! Wenn Joyce mir nur einen ähnlichen Typen geschickt hätte, dann hätte er sich weder angefühlt, noch gerochen wie du. Und dann hätte ich mich gar nicht erst schuldig gefühlt. Ich hätte meinen kleinen Fick bekommen. Harmlos und ohne Drama. Ohne das hier!« Ich bin völlig überfordert von meinen Gefühlen. »Hau ab, Evan! Verschwinde! Ich will dich nie wiedersehen! Ich lass mir nicht vorschreiben, wie ich zu leben habe, nicht vom besten Mann der Welt. Ich lass mir nicht von jemandem wie dir sagen, was richtig und was falsch ist. Du bist doch genauso verkorkst wie ich! Und nörgele ich an deinen Ticks rum?!«

»Ach? Was soll ich denn deiner Meinung nach anders machen?«, faucht er zurück.

»Geh mal ein Risiko ein! Das gehört nämlich zum Leben dazu. Spring ins kalte Wasser und schwimm! Ist manchmal gar nicht so schwer. Aber du versuchst es nicht mal. Warum soll nur ich Kompromisse eingehen?!« Ich bedecke mich mit dem Laken und schiebe ihn raus. Wackelig springt Evan in seine Hose. »Hau ab, Evan! Es sei denn, *du* kommst zur Vernunft. Na, wie fühlt sich das an?!«

Ich öffne die Tür und Evan stolpert an einer verdutzten Joyce vorbei.

»Ihr seid ja wie ein altes Ehepaar«, scherzt sie.

»Klappe, Joyce!«, rufen wir beide.

Abwehrend, aber amüsiert, hebt sie die Hände. »Schon gut, schon gut, ich wollte dir nur sagen, dass es in einer Stunde endlich losgeht. Die Polizei hat ihre Arbeit beendet.«

»Wundervoll«, flöte ich und erdolche Evan mit meinen Blicken.

»Tu es nicht«, beschwört er mich erneut.

»Ich kann nicht anders. Das weißt du.«

Ich schlage ihm die Tür vor der Nase zu, verschwinde im Zimmer und suche meine Sachen zusammen. Trillionen Gedanken wirbeln wild durch meinen Kopf. Allen voran, dass ich mir ein Leben ohne Evan nicht vorstellen kann.

Mir bleibt jedoch keine Zeit, mich länger mit meiner katastrophalen Gefühlswelt auseinanderzusetzen. Joyce klopft und ich weiß, dass ich dieses Rennen fahren werde. Ich werde nicht kneifen. Keine Ahnung, was andere Leute machen, aber ich werde mich nicht einschüchtern lassen. Hätten Menschen ausschließlich auf ihre Angst gehört, wir wären heute nicht, wo wir sind. Hätten keine Elektrizität, keine Medikamente, keine Flugzeuge, gar nichts. Natürlich bin ich nur eine Rennfahrerin. Ich bewirke mit meinem Handeln keine Veränderungen in der Welt. Aber dennoch verspüre ich den Drang, über meine Grenzen hinauszugehen, und den kann mir Evan nicht verbieten. Andernfalls würde er aus mir einen anderen Menschen machen und den liebt er ja nicht, wie er eben lautstark gebrüllt hat.

Ich ziehe mich an und öffne die Tür und Joyces besorgte Miene verrät mir sofort, was los ist. Von Evan fehlt jede Spur. Er ist weg.

»Ich bin bereit«, sage ich. So bereit, wie man unter diesen Umständen sein kann.

25

Er ist weg, oder?«, frage ich, sobald ich als Zweite ins Ziel gekommen bin. Obwohl ich von der Pole gestartet bin, hat mich ein Fahrfehler in der vierunddreißigsten Runde den ersten Platz gekostet. Ein eiskalter Schauer ist mir über den Rücken gekrochen und für eine Sekunde bin ich nicht bei der Sache gewesen.

Kevin will fragen, wen ich meine, aber ich blicke zu Joyce und sie nickt bestätigend. Evan hat seine Aufgaben also gänzlich in Makotos Hände übergeben und ist weg.

Müde wische ich mir über mein heißes, verschwitztes Gesicht, lasse die Pressefragen auf mich einprasseln, lächele so glücklich wie unter diesen Umständen möglich in die Kamera und spiele bei Nachfragen die Drohungen herunter. Während ich Autogramme gebe, habe ich jedoch Mühe, Haltung zu bewahren. Ich liebe das Fahren, und ich liebe Evan. Und ich kann nur eines von beiden haben. Aber eines von beiden ist nicht genug.

Am Rande bekomme ich mit, wie Kevin mit dem Team die Zeitplanung durchspricht. Die Trucks brauchen je nach Verkehr etwa zwei Tage, bis sie in Phoenix beim nächsten Rennen sind. Bevor Evan auf der Bildfläche aufgetaucht ist, habe ich diese Roadtrips immer genossen und bin anders als viele Topfahrer mitgereist. Die Atmosphäre ist entspannt und erinnert an ein Sommercamp, nicht an Arbeit. Wir scherzen, ziehen uns gegenseitig auf und erzählen uns schmutzige Witze.

Doch nun bedrückt mich die Vorstellung, die Hände in den Schoß zu legen und stundenlang aus dem Fenster zu starren. Ich werde an Evan denken. An wen sonst? Ich werde jede einzelne Sekunde mit ihm wiederholt durchgehen. Angefangen bei unserer ersten Begegnung auf der Feier, bei der er mich so finster angeschaut hat, mir so nah gekommen ist und meinen Puls dazu gebracht hat, verrückt zu spielen …

Mir fällt wieder ein, was Evan vor einer gefühlten Ewigkeit zu mir gesagt hat. Damals fand ich es schrecklich, aber nun muss ich ihm recht geben: Ich wünsche mir auch, ich wäre ihm an diesem Tag nicht begegnet. Auch nicht später. Am besten nie. Aber die Vergangenheit lässt sich nicht ändern. Wir treffen Entscheidungen und wir müssen damit leben. Ob es uns gefällt oder nicht. Das Einzige, was wir tun können, ist bestimmen, wer wir in Zukunft sein wollen. Und zwei volle Tage in einem Truck sind eine Aussicht, die ich nicht ertrage.

»Kevin?« Anders als sonst platze ich mitten in die Vorbereitungen. »Wäre es okay, wenn ich nach Hause fahre und erst mit dem Flieger am Freitag nachkomme?«

»Freitag?!« Kevin könnte kaum überraschter klingen, nimmt sein Basecap ab, fährt sich durch die Haare, kratzt sich am Kinn und rückt sich die Kappe wieder zurecht.

»Oder Donnerstagabend?«, verbessere ich mich.

Kevin wechselt einen Blick mit Joyce und mir wird klar, dass sie über mich und Evan gesprochen haben müssen.

»Dort bin ich doch auch sicher. Nachdem all die Technik installiert ist, gleicht mein Grundstück Fort Knox«, füge ich hinzu und schaue zu Makoto, der tatsächlich zustimmend nickt. »Und wer auch immer diese Flugblätter verteilt, rechnet nicht damit, dass ich dort bin.«

Bedrückende Stille breitet sich aus. Kevin sieht auf seine Pläne und fährt mit dem Finger wiederholt die Route ab, die sie nehmen werden. Schließlich sagt er: »Verdammt, Riley, ich hätte dir gleich von Anfang an sagen sollen, dass Evan von allen Männern auf der Welt der absolut falsche für dich ist.«

Als der Name des Mannes fällt, der sich gerade von mir getrennt hat, zucke ich zusammen, wie von einer Kugel getroffen. »Glaubst du, das habe ich mir nicht auch gesagt?!«, gifte ich zurück, merke aber, dass nicht die Wut aus mir spricht, sondern die schiere Verzweiflung. »Können wir das Thema bitte lassen? Ich hab gefragt, ob es okay ist, wenn ich einen Abstecher nach Hause mache, statt mit euch zu fahren. Also noch mal: Ist es okay?«

»Ich finde es in Ordnung«, mischt sich Joyce ein. »Linda und ich könnten sie begleiten. Ich weiß, wir unternehmen sonst immer alles gemeinsam. Aber normalerweise ist uns auch kein durchgeknallter Irrer auf den Fersen. Für mich hört sich das wie die beste Entscheidung der Saison an.«

Da Kevin immer noch nichts sagt, melden sich nun auch meine Jungs zu Wort. Michael ist dafür. Fernando meint, ich sollte spätestens Donnerstagabend kommen, damit wir die Technik und die Strecke durchsprechen können. Und Nick findet es schade, aber solange die Autos bei ihm bleiben, ist er zufrieden. Typischer Motorfreak!

»Okay«, sagt Kevin schließlich und wird lockerer. »Natürlich ist das okay.«

»Auch wenn wir heute noch …?«, fange ich an.

»Ja«, mischt sich daraufhin Makoto ein. »Niemand rechnet damit, und wenn wir noch diese Nacht verschwinden, dann ist die Wahrscheinlichkeit, dass es jemand mitbekommt, am geringsten. Wir sollten alles an Gepäck, was wir nicht brauchen, hierlassen.« Ich nicke, weil wir im Haus eh das meiste doppelt haben. »Dann tun Ms Luman und ich, als würden wir eine Spritztour unternehmen, und vielleicht können Linda und Joyce in ein Diner gehen und dort warten. Nach außen sähe das aus, als würden sie nur essen. Dabei holen wir sie unauffällig ab.«

Alle sind mit dem Plan einverstanden, und sobald wir eine Stunde später Fort Worth verlassen, entspanne ich mich. Ich sitze am Steuer, Makoto ist neben mir und Linda und Joyce schlafen auf der Rückbank.

Ich fahre zügig, aber ruhig, und konzentriere mich mit solch einer Intensität auf die Strecke, dass kein anderer Gedanke in meinem Kopf Platz hat. Dennoch kommt mir Evans Name ständig in den Sinn und jedes Mal erschauere ich.

Keine Ahnung, wie ich das anstellen soll, aber ich muss ihn vergessen. Ich muss einfach. Wie zuvor aus Martinsville kann ich gar nicht schnell genug aus Fort Worth weg. Nur dass ich dieses Mal vor einem Geist fliehe, der noch am Leben ist.

26

Ich jogge.

Obwohl ich die ganze Nacht durchgefahren bin, ist das Erste, was ich mache, als ich am Lake Norman ankomme, meine Laufklamotten anzuziehen und meine übliche Runde auf meinem Anwesen zu drehen. Schlafen kann ich nicht.

Meine Beine fühlen sich an wie Blei und meine Lunge brennt, als hätte ich bis zum Morgen in einem stickigen Club durchgetanzt. Aber sobald ich innehalte, denke ich an Evan, und mehr brauche ich nicht, um mich wieder in Bewegung zu setzen.

Mitten auf meiner Einfahrt verlassen mich dann doch die Kräfte. Ich strauchele, stolpere, kann mich aber abfangen und das Schlimmste verhindern.

Schwer atmend bleibe ich auf dem Boden sitzen. Wir haben November und der heutige Tag ist ungewöhnlich warm. Der für mich beruhigende Geruch von Benzin und Motoröl liegt in der Luft. Und ich kann die Tränen, die ich die ganze Zeit unterdrückt habe, nicht länger zurückhalten und heule Rotz und Wasser.

Was würde Evan wohl zu mir sagen?

Da ist die Frage, ich kann sie nicht verdrängen. Dieser Mann ist in meinem Kopf, als hätte er mir einen Chip eingepflanzt. Ich kann mich noch so sehr dagegen wehren.

Unwillkürlich stelle ich mir vor, wie er mich aufziehen würde, hier wie ein Häufchen Elend zu hocken. Seine Augen würden dabei liebevoll funkeln. Und ich würde abstreiten, dass irgendwas mit mir nicht stimmt und mich wie zum Beweis aufraffen und auf ihn losgehen und –

Stopp!

Ich schüttele mich, als würde mir das helfen, Evan loszuwerden. Ächzend stemme ich mich hoch und laufe weiter. Die körperliche Anstrengung verlangt mir alles ab. Ich lasse den Wind meine Tränen trocknen und genieße, dass dieser Mann für einen Moment aus meinem Kopf verschwindet.

Als ich Seitenstechen bekomme, beschleunige ich mein Tempo und setze zu einem erneuten Sprint an, obwohl ich am Ende meiner Kräfte bin. Soll mein Körper mir ruhig tausend weitere Warnsignale schicken, nur zu! Wenn das der Preis für ein bisschen Ruhe vor Evan ist, zahle ich ihn gerne.

»Es reicht jetzt«, sagt Makoto, der mich stützt.

»Nein«, krächze ich und stoße seine Arme von mir.

»Doch«, sagt er und verstärkt seinen Griff.

»Nein!«, rufe ich lauter. »NEIN!« Und damit meine ich nicht, dass ich anderer Meinung bin, sondern möchte, dass dieser Schmerz aufhört wehzutun. Weil ich nicht damit einverstanden bin, dass Evan aus meinem Leben verschwunden ist. Weil ich nicht ertrage, dass er weg ist.

Bis ich einen Pieks spüre und in tiefer, willkommener Dunkelheit versinke …

27

»Verdammt noch mal, erst schläft sie gar nicht und jetzt ganze zwei Tage!«, höre ich Joyces besorgte Stimme. Eine Hand streicht über mein Gesicht und ich blinzele. »Oh mein Gott, hey!«, ruft sie erfreut.

Meine Augenlider sind verklebt, sodass ich eine Weile brauche, bis ich sie aufkriege. Ich habe einen trockenen Mund und fühle mich wie von einem Laster überfahren. Sobald mir all die Ereignisse wieder einfallen, winsele ich und schließe die Augen, möchte zurück in die angenehme Dunkelheit, aus der ich gekommen bin.

»Trinken Sie was, Ms Luman!«, sagt Makoto, richtet mich auf und hält mir einen Becher an die Lippen. Er kippt ihn etwas an und Wasser läuft mir über das Kinn. Ich denke, er macht das absichtlich, denn jetzt bin ich wach.

Widerwillig schlucke ich und mein Körper fordert durstig mehr. In null Komma nichts ist das Glas leer.

»Sehr schön«, sagt er.

Mein Magen knurrt. Wie auf Kommando kommt Linda näher und stellt mir ein Frühstück mit Speck und Eiern, Toast und Bacon und allem, was ich sonst noch mag, ans Bett.

Erst will ich nichts nehmen, aber sie schaut mich so erwartungsvoll an, dass ich anfange zu kauen. Im Anschluss übernehmen Hunger und Appetit das Kommando und ich kann nicht genug bekommen.

Während ich esse, erzählt mir Joyce, dass sie sich Sorgen gemacht habe. Erst der viele Sport, dann mein Dornröschenschlaf.

»Heute ist Mittwoch?«, frage ich. »Gibt es schon Neuigkeiten von der Polizei?«

»Sie sind dran«, sagt Makoto.

»Und Kevin und die Jungs sind in Phoenix?«

»Ja, und es ist alles ruhig. Keine Vorkommnisse«, antwortet Joyce.

Ich kann nur den Kopf schütteln.

»Was?«, fragt sie.

»Und mich hat dieser Kerl deswegen so verrückt gemacht! Nichts weiter wird passieren! Gar nichts!«, schimpfe ich und beiße mir eine Sekunde später auf die Zunge. Bis eben habe ich Evan noch gerade so ausblenden können, aber nun trifft mich das, was passiert ist, mit ganzer Wucht. Unsere Auseinandersetzung, die Trennung, alles.

Mir vergeht der Appetit und ich schiebe den halb leer gegessenen Teller von mir. »Ich wäre jetzt gerne allein«, sage ich.

Linda räumt ab und kommt meinem Wunsch nach. Lediglich ein Schokoladenherz lässt sie zurück. Sie weiß einfach, was ich mag. Makoto verlässt ebenfalls den Raum. Nur Joyce bleibt.

»Wenn ich was für dich tun kann –«, fängt sie an und hebt fragend die Augenbrauen.

»Mein Gedächtnis löschen«, scherze ich, stehe auf und suche mir Klamotten aus dem Schrank, bevor ich duschen gehe.

»Sehr lustig«, sagt sie.

Ich will sie schon korrigieren und sie darauf hinweisen, dass ich das ernst gemeint habe. Aber sie ist dermaßen erleichtert darüber, dass es mir besser geht, daher beschließe ich, sie in dem Glauben zu lassen. »So bin ich eben. Gib mir noch eine Woche und ich bin wieder ganz die Alte!«

»Kriegst du!«, sagt Joyce, fällt mir um den Hals und drückt mir einen Kuss auf die Wange. »Und jetzt dusch endlich! Du müffelst, als hättest du einen Monat lang im Dschungel gelebt.«

»Haha«, mache ich und verschwinde im Bad.

Doch sobald ich unter der Dusche stehe, prasselt mit dem Wasser auch die Erinnerung heiß auf mich nieder. Die gespielt gute Laune verfliegt.

»Was bist du für eine Vollidiotin, Riley!«, schimpfe ich laut mit mir. »Du wirst Evan niemals vergessen. Das weißt du genau. Jemand, den du einmal in dein Herz gelassen hast, der bleibt dort für immer. Und wenn Evan genauso empfindet, wird es ihm wie dir gehen.« Wie kann man nur so dumm sein und sich von dem Besten abwenden, was einem im Leben passiert ist? Was sind denn all die Triumphe wert, wenn man nicht den einen Menschen an der Seite hat, mit dem man sie teilen will? Was ist ein glücklicher Tag auf der Rennstrecke verglichen mit einem glücklichen Leben mit dem Mann, den man liebt?

Rasch wickele ich mich in mein Handtuch und renne nach draußen.

»Hat jemand mein Handy gesehen?!«, rufe ich und laufe hektisch von einem Raum zum anderen.

»Was ist denn los?«, fragt Joyce.

»Mein Handy! Das ist los!« Wie ein Wirbelwind stürme ich durch jedes Zimmer in der Villa, in den Sportraum und schließlich zu den Garagen. Dort liegt es. Sogar aufgeladen.

Eilig durchsuche ich meine Kontakte, bis mir auffällt, dass ich zu Evan keinen Eintrag habe. Warum auch? Er war ja immer da.

Ich drehe mich herum zu Makoto. »Sie haben die Nummer von Evan, richtig?«

Misstrauisch zieht er die Brauen zusammen.

»Sagen Sie sie mir!«

»Ich kann mir nicht vorstellen, dass Evan das möchte.«

»Und ich kann mir nicht vorstellen, dass er das nicht möchte«, äffe ich ihn nach. »Der Kerl hat gesagt, dass er mich liebt. Also?«

Makotos Miene verändert sich. Diese Information ist neu für ihn. Was auch immer Evan ihm als Grund genannt hat, nicht länger für mich arbeiten zu können, unsere kleine Affäre scheint keine Rolle gespielt zu haben. Dann zuckt der Mundwinkel meines Bodyguards zum ersten Mal, seit ich ihn kenne und mir wird klar, wie ähnlich er und Evan sich sind und was sie verbindet.

»Was?«, fauche ich, bin aber erleichtert, als er die Nummer in mein Handy eingibt.

»Wer hätte gedacht, dass Evan sich mal in jemanden wie Sie verliebt? Nichts für ungut.«

»Ich kann ja schlecht sein wie …« Ich beiße mir auf die Lippe, weil ich nicht Evans letzte Freundin erwähnen möchte. Aber ich sehe, dass Makoto versteht, von wem ich rede. Offensichtlich ist er sogar ein so enger Freund, dass er die Geschichte mit Layla ebenfalls kennt.

»Machen Sie schon, Ms Luman! Holen Sie sich diesen Volltrottel zurück!«

Nervös rufe ich an, höre ein Freizeichen, noch eines, dann ist die Leitung tot.

Merkwürdig!

Ich drücke auf Wahlwiederholung, doch sofort springt die Mailbox an. Will er mich vielleicht nicht sprechen? Aber er hat ja nicht mal meine Nummer! Woher soll er also wissen, dass ich das eben war?

Ich wähle erneut, warte und als der Anrufbeantworter rangeht, lege ich los: »Hier ist Riley, ich meine: hi, Evan, Riley hier. Das, was ich gesagt habe … Können wir noch mal reden? Ich hab dir zwar an den Kopf geknallt, dass ich dich nie wiedersehen will, aber das war gelogen. Und genau genommen schließt das ja reden nicht aus und …«

Je länger ich spreche, desto unsicherer werde ich. Ich verliere den Faden, fühle mich verloren. Das Gestammel passt nicht zu mir und mir wird ganz anders, wenn ich mir vorstelle, Evan würde mir solch einen merkwürdigen Anruf hinterlassen.

»Und es geht mir gut«, beeile ich mich daher zu sagen. »Mach dir keine Sorgen. Alles okay. Wir sollten nur miteinander reden. Oder nein, das klingt zu schwach. Wir müssen reden, Evan. Aber wenn du –«

Es piepst in kurzen Abständen. Ich bin aus der Leitung geworfen worden, weil ich zu lange geredet habe. Das darf doch nicht wahr sein!

Ich überlege, ob ich Evan ein weiteres Mal anrufe. Aber ich wüsste nicht, was ich noch sagen sollte. Dass es mir leidtut? Natürlich tut es das! Doch das ist nichts, was ich einem Band mitteile. Dass ich mich ändern kann? Keine Ahnung, kann man das denn einfach so?

Vielleicht sollten wir von vorne anfangen? Etwa: ›Hi, ich bin Riley, Rennfahrerin aus Leidenschaft!‹

Und dann stellt uns Kevin vor: ›Und das ist mein Bruder Evan, Ex-Marine.‹

›Freut mich, Evan.‹

›Freut mich, Riley.‹

Und alles nimmt seinen Lauf. Wir verabreden uns, gehen essen oder unternehmen was. Ich erzähle Evan von meinem Leben, er mir von seinem. Wir kommen uns näher, haben das erste Mal Sex, diskutieren über das richtige Tempo im Bett, beschließen, dass mal Evan das Sagen hat und mal ich. Und alles wird gut.

Als ein Handy klingelt, melde ich mich zunächst bei meinem, bis ich merke, dass es Makotos ist, der schon rangeht.

»Gab es neue Drohungen?«, frage ich besorgt.

»Besser. Evan und die Polizei haben den Täter gefasst und verhören ihn gerade.«

»Was?!« Ich bin total aus dem Häuschen. Nicht nur mein Leben kann endlich wieder normal verlaufen, auch den Streit mit Evan müsste ich nun beilegen können. »Was hat Evan noch gesagt?«

»Er wünscht Ihnen ein gutes Rennen. Das ist alles.«

»Sicher?«

»Sicher.«

Ich atme tief durch und wähle Evans Nummer zum dritten Mal. Dass der Anrufbeantworter erneut rangeht, wundert mich nun nicht. Schließlich hat der Mann gerade Wichtigeres zu tun. Daher sage ich nur: »Hi, Evan, hier noch mal Riley. Heißt das, dass alles zwischen uns wieder in Ordnung ist? Immerhin hast du mir ein gutes Rennen gewünscht und du meintest ja, du könntest damit leben, dass ich diesen Job mache. Melde dich, sobald du Zeit hast!«

Mein Herz schlägt aufgeregt, als ich auflege. »Das muss ich unbedingt Joyce erzählen«, murmele ich und laufe zum Haus zurück.

Den ganzen Abend verbringen wir damit, jeden Krümel an Information in einer Konferenzschaltung mit unseren Leuten in Phoenix auszutauschen. Bisher steht fest, dass es sich um einen durchgeknallten Fan handelt. Wir feiern, als wäre ich schon im Finale der Sprint Cup Series. Nur dass sich Evan nicht bei mir meldet, macht mich stutzig. Selbst falls das Verhör noch andauert, er wird doch eine Pause machen und Gelegenheit haben, mich zurückzurufen.

»Er wird anrufen«, tröstet mich Joyce.

»Ja«, sage ich nur.

»Er hat dich nicht vergessen.«

»Ganz sicher nicht«, pflichte ich ihr bei.

Doch je später der Abend wird, umso weniger glaube ich, dass er zurückruft. Und ich ahne, warum. Evan wollte, dass ich vorsichtig bin, Rücksicht nehme. Und das habe ich nicht. Es geht ihm nicht darum, ob ich fahre oder nicht, sondern darum, dass ich mich in Gefahr begeben habe und mir seine Gefühle egal gewesen sind. Ich habe nur an mich gedacht. Mit solch einer Einstellung kann man keine Beziehung führen.

»Scheiße!«, fluche ich in den allgemeinen Jubel hinein und lasse mein Gesicht in die Hände fallen. Ich habe keine Ahnung, was ich weiter tun kann, um Evan dazu zu bewegen, wieder mit mir zu reden. Auf das Rennen zu verzichten, wäre dumm. Anzutreten fühlt sich auch nicht richtig an. Ich bin mit meinem Latein am Ende.

28

Als ich am Donnerstagabend in Phoenix ankomme, bin ich die Sensation. Die Zeitungen sind voll davon, dass man den Mann gefunden hat, der beim letzten Mal das gesamte Gelände unter Flyern begraben hat. Lance Tannenboum, ein riesiger Fan von Jeff Meyers, meinem schärfsten Konkurrenten.

Tannenboum hat in seiner Wohnung in Kannapolis jeden Quadratzentimeter mit Bildern von Jeff zugepflastert. Es grenzt an ein Wunder, dass Tannenboum nie auf ihn losgegangen ist.

Jeff hat sich schockiert über die Vorfälle gezeigt. Am Freitag, noch vor dem ersten Testlauf, geben wir ein gemeinsames Interview, weil er unbedingt klarstellen will, dass er zu mir und den anderen Fahrern hält und solch ein Verhalten verurteilt. Wir reden belangloses Zeug, reißen Witze über den Rennsport, verurteilen Stalker, loben unsere treuen Fans und necken uns ein bisschen wegen des Rennens am Sonntag. Schließlich bin ich eine Frau und kann ja eh nicht gewinnen! Der Macho!

Was mich jedoch hinter meiner lächelnden Maske beschäftigt, ist, dass sich Evan nicht bei mir meldet. Ich frage Joyce dreimal am Tag, ob sie mehr weiß, und Kevin, was los ist. Beide schwören, dass sie keine Probleme haben, Evan zu erreichen. Nur für den Fall, dass er etwas missverstanden hat, sagen sie ihm jedes Mal, dass ich auf seinen Rückruf warte. Seine Antwort ist angeblich stets dieselbe, dass er sich bei mir melden würde. Doch er tut es nicht.

Ich bin richtig erleichtert, als ich am Nachmittag mit dem Qualifying beschäftigt bin. Ich sichere mir die zweite Startposition, was ich völlig okay und ausreichend finde. Auch die Tests am Samstag laufen zufriedenstellend. Nur dass ich das gesamte Team verrückt mache, weil ich penibel genau jedes Detail durchspreche, zeigt, dass das Warten auf Evans Anruf mich belastet.

Am Sonntagmorgen sind meine Nerven zum Zerreißen gespannt. Und das liegt nicht mehr ausschließlich an Evan. Mir wird klar, wie wenig mich vom Gesamtsieg trennt. Ich liege vorne, und wenn ich in Phoenix gewinne, gehöre ich zweifelsfrei in die Liga der Nascar-Stars, ob das den Herren der Schöpfung nun gefällt oder nicht. Kevin macht bereits Andeutungen, dass jede Menge namhafte Sponsoren sich die Finger nach mir lecken und obwohl wir finanziell gut aufgestellt sind, brauchen wir dringend höhere Einnahmen, um mit den Nascar-Größen mithalten zu können. Sobald die Rennserie vorbei ist, werden wir Wochen brauchen, um die Angebote zu sortieren, Gespräche zu führen und die zurückliegende Saison auszuwerten. Dazu kommen Interviews mit Zeitungen und Fernsehsendern und bald beginnt auch die Vorbereitung für 2017 …

Ich atme tief durch.

Und wenn ich mir etwas wünschen könnte, dann, dass in der nächsten Saison dieser Typ am Streckenrand steht, der mir mein Herz gestohlen hat. Über Funk kann er mir seine Kommentare durchgeben. Er dürfte mich gerne anmotzen, wenn er meint, ich hätte das verdient. Hauptsache, er wäre dabei. Und am Ende, bei Siegesfeiern, muss ich nicht länger durch einen Raum voller Fremder irren, sondern lande in seinen Armen. Mann, wäre das schön!

Kevin schnipst vor meinem Gesicht herum. »Träumst du etwa, Riley?«

»Huch!« Ich blinzele, bin aber sofort präsent, als mir Kevin lächelnd sein Handy reicht.

»Evan will dich sprechen.«

Mein Herz vollführt einen ungewohnten Salto und mir fällt das Smartphone fast aus der Hand, so schnell habe ich es am Ohr. »Ja?!«, keuche ich atemlos, dabei habe ich mich keinen Zentimeter bewegt. »Evan?«

»Hi, Riley.«

Eine Pause entsteht, aber das macht nichts. Dieser Moment der Stille sorgt dafür, dass ich ruhiger werde.

»Ich hab nicht viel Zeit«, sage ich nach einer Weile. Im Hintergrund laufen die Durchsagen. Ich bin bereits in meinem Rennanzug. Gleich muss ich raus auf die Strecke. »Hast du meine Nachricht abgehört?«

»Hab ich.« Er holt tief Luft und ich habe plötzlich das Gefühl, ihn bedrückt etwas.

»Was ist los, Evan? Ihr habt doch den Kerl. Wie hieß er gleich? Vance?«

»Lance Tannenboum. Ja, den haben wir. Sein Anwalt lässt gerade ein Gutachten erstellen. Er wird nicht in ein Gefängnis kommen, sondern in die Psychiatrie. Der Mann ist ernsthaft krank.«

»Oh Gott!«, hauche ich und fuchtele in Kevins Richtung, als wollte ich ihn verscheuchen, weil er mir Zeichen gibt, dass ich losmuss. Aber ich brauche noch eine Minute. »Und du bist okay?«

»Ja, bin ich. Natürlich.« Ich merke, dass er lächelt, und erneut hüpft mein Herz wie verrückt. »Aber weshalb ich anrufe …«

»Hör mal, ich hab ernst gemeint, was ich dir auf deine Mailbox gesprochen habe. Wir sollten reden und dann –«

»Stopp, Darling!«

»Was?«

»Ich denke, das sollten wir. Ich bin ganz bei dir. Aber unbedingt persönlich. Was sagst du dazu?«

»Ja!«, rufe ich und wimmele Kevin ab. Schließlich geht es darum, die wichtigste Beziehung meines Lebens ins Lot zu bringen.

»Jetzt gleich?«, fragt er.

»Gerne, aber wie –?«

»Ich bin hier«, sagt Evan völlig überraschend und die Welt um mich herum verschwindet komplett. Ich fühle mich wie auf dem Mond. Wie in einer anderen Galaxie.

»Hier wie hier in Phoenix? An der Rennstrecke? Wo?!« Automatisch drehe ich mich um. Wenn ich ihn nur einmal kurz umarmen könnte …

»Im Teambereich, neben den Toiletten und –«

Obwohl Kevin mich ruft und Makoto sich mir in den Weg stellt, gibt es für mich kein Halten. Im Laufschritt verlasse ich die Box. Ich schaffe es locker, Evan kurz zu sehen und trotzdem pünktlich zum Start im Wagen zu sitzen.

»Bei den Männern oder den Frauen?«, frage ich.

»Frauen.« Ich höre, dass er lacht, auch wenn ich noch etwas anderes in seiner Stimme wahrnehme, was ich nicht einordnen kann.

Atemlos stoße ich die Tür zu den Toiletten auf und dort steht Evan, wie eh und je, in Jeans und einem Shirt, als wäre alles wie immer. Er sieht müde im Gesicht aus, als hätte er zu wenig Schlaf bekommen, aber sein Blick nimmt mich sofort gefangen.

Eine Millisekunde zögere ich, um mir jedes Detail einzuprägen, dann falle ich ihm um den Hals. Bevor er irgendwas sagen kann, küsse ich ihn, als wäre er meine Luft zum Atmen. Mir ist unser Streit egal und wie wir da rauskommen auch. Dies ist mindestens ein Waffenstillstand und ich muss ihn genießen, so intensiv ich kann.

Als Evans Lippen mit der gleichen Dringlichkeit reagieren, klammere ich mich fester an seine Schultern. Unsere Zungen streichen aneinander entlang, wir fressen uns beide auf, schmecken den anderen, und ich zittere, so überwältigt bin ich von ihm.

»Verdammt, Riley!«, stöhnt Evan und drückt seine Härte gegen meinen Bauch.

Er will mich! Dieses Wissen sickert langsam bis in meine letzte Körperregion durch und plötzlich kann ich nicht mehr klar denken. Denn ich will ihn auch. Ich bin hungrig nach ihm und dem Gefühl, ihm nah zu sein. Ja, wir könnten miteinander reden und uns aussprechen, aber eigentlich sagen unsere Münder, Hände und Körper fürs Erste genug.

Hektisch ziehe ich Evan das Shirt aus dem Hosenbund und kratze mit meinen Nägeln über seinen Rücken, muss ihn spüren. Er verliert ebenfalls die Beherrschung, öffnet meinen Rennanzug, schiebt ihn tiefer und dreht mich zur Wand. Protestierend schnappe ich nach Luft, weil ich seine Lippen aufgeben muss, keuche jedoch, als er seine Erektion gegen meinen Hintern drückt.

»Ja«, wispere ich und schiebe mich ihm entgegen.

»Spreiz die Beine!«, fordert er.

»Ich kann nicht!«

»Riley! Tu, was ich dir sage!«

Aber der Anzug, will ich einwenden und schnaube frustriert. Ich streife ihn bis zu den Knien und einen Atemzug später presst mich dieser Mann gegen die Fliesen, als er in mich eindringt. »Evan!«

»Ja, Darling!« Er nimmt mich mit einer geradezu fiebrigen Leidenschaft, stößt tief, zieht sich zurück, nimmt mich wieder. Seine Lenden knallen auf meinen Hintern und ich stütze mich an der Wand ab. Evan legt seine Hand auf meine, hält mich, lässt mich nicht entkommen, als würde ich auch nur einen Gedanken daran verschwenden.

»Evan, langsamer!«, keuche ich, kurz vorm Höhepunkt.

»Kann nicht«, raunt er mir gepresst zu und knabbert an meinem Hals. »Dieses Mal zumindest. Denn du glaubst nicht, wie sehr ich dich vermisst habe. Und du willst das genauso wenig.«

»Aber sonst –«

»Darling, du sollst ja auch kommen. Zeig mir, dass dir das hier gefällt! Und wenn wir fertig sind, dann ziehe ich dir deinen Slip hoch und ich bin in dir, wie klingt das?«

»Oh Gott, Evan!« Meine Beine geben nach, und wenn er mich nicht halten würde, würde ich zu Boden sinken. Ich explodiere, bin völlig außer Atem, schwitze und werde mit immer härteren Stößen gegen die Wand gedrückt.

»Himmel, Riley«, murmelt Evan und kommt ebenfalls stöhnend. Er lässt mich die Hitze seines Körpers und das Rasen seines Herzens spüren.

Ich lehne mich gegen ihn, ziehe seine Arme um mich und fühle mich rundum glücklich. »Das war schnell«, sage ich erschöpft.

»Ich denke, so magst du es?«

»Tue ich auch. Hat es dir etwa nicht gefallen?« Ich sauge mehr von ihm auf. »Mein Geruch, meine Wärme und wie mein Körper verrückt gespielt hat?«

»Hat es«, haucht er mir ins Ohr. »Es gefällt mir immer mit dir.«

»Geht mir genauso«, sage ich. Tränen treten mir in die Augen. So bin ich sonst nicht, emotional und anhänglich. Aber das passiert wohl, wenn einem ein Mensch unter die Haut geht. Man verändert sich und lernt neue Seiten an sich kennen. Manche jagen einem Angst ein, und andere bezaubern einen.

Plötzlich ist das Johlen der Menge bis in den Backoffice-Bereich zu hören. Mir fällt wieder ein, wo ich bin und was ich zu tun habe. Frustriert stöhne ich. »Evan, ich muss los. Obwohl wir nicht mal geredet haben.«

»Ist okay.«

»Ist es nicht!«

»Unsere Körper waren gesprächig genug, findest du nicht?«

»Nein«, sage ich und gebe einen unwirschen Laut von mir, als er sich von mir löst.

Er zieht seine Hose hoch und seinen Reißverschluss zu. Dann dreht er mich in seinen Armen und rückt meine Sachen zurecht. Schließlich drückt er mich an sich. Seine Hände streichen über meinen Rücken, meine Schultern, höher zu meinen Armen, die um seinen Hals liegen. »Sag bloß, du willst dich jetzt mit mir vor dem Rennen streiten, Riley?«

»Warum nicht? Je wütender ich bin, umso schneller werde ich fahren. Und danach reden wir. Darauf kannst du dich verlassen!«

Lachend küsst er meine Lippen »Wie leichtsinnig!« Er löst meine Finger sanft von seinem Nacken, packt sie hinter meinem Rücken und gibt mich noch nicht frei. Natürlich protestiere ich nicht. Meinetwegen kann er mich ewig so gefangen halten.

»Fängst du jetzt wieder mit der Diskussion an, Evan? Die Gefahr ist vorbei.« Frustriert schnaufe ich, vermisse bereits den Moment der Nähe, den wir eben hatten. Wenn er mich berührt, ist alles dermaßen einfach, wenn wir versuchen uns zu einigen, endet das in einer Katastrophe. »Keine Sorge, ich mache meinen Job total gut, so wie du deinen. Das weißt du doch.«

»Stimmt.« Er küsst mich erneut, unglaublich sanft. Und einen Atemzug später spüre ich kühle Handschellen an meinen Handgelenken, und wie sie an einer Wasserleitung verankert werden.

»Evan, was soll das? Mach mich los! Für Spielchen hab ich keine Zeit.« Ich zerre an den Handschellen und begreife nach und nach, dass ihm das ernst ist.

»Tut mir leid, Riley. Das ist nur zu deinem Besten.« Er wendet sich zur Tür.

»Du kannst mich doch nicht hier alleine lassen! Evan, was ist los?«

Er fährt sich durchs Haar, kehrt um und geht an sein Handy. Er legt seinen Zeigefinger auf die Lippen als Zeichen, dass ich keinen Mucks von mir geben soll, und er lässt mich seinen Anruf mithören.

»Hier Crawford! Ich bin an der Rennstrecke, wie Sie es wollten. Und jetzt sagen Sie mir, was ich als Nächstes tun soll!«

Ich höre ein übergeschnapptes Lachen in der Leitung und frage mich, warum Evan das Spiel von so jemandem mitspielt. Aber er ist der Profi und ich vertraue ihm, was das angeht.

»Steigen Sie in Lumans Wagen! Dann erhalten Sie weitere Instruktionen.«

»Es wird auffallen –«, wendet Evan ein.

»Tempo!«, kreischt der Kerl. »Wer gibt hier den Ton an? Ich! Wer ist der Klügere? ICH. Wer bekommt am Ende, was er will? Ich allein. Kabummm! Hihihi. Kabumm, kabumm, kabummm!« Wieder Kichern. »Wie Phoenix aus der Asche. Kabumm! Wobei … vielleicht ist es vorteilhaft, wenn Sie nicht zu schnell sind, was?«

Evan rollt genervt die Augen. Ich vermute, dass er Stunden mit diesem irren Geschwafel verbracht hat, und es ihm langsam reicht. Mir jedoch läuft es eiskalt über den Rücken.

»Mach das nicht!«, flehe ich. Nicht weil ich Schiss habe, dass Evan mir das Rennen versaut, sondern weil ich plötzlich panische Angst um ihn habe. Ein Gefühl, das mir den Magen zuschnürt. Ging es Evan jedes Mal so, wenn ich mich leichtsinnig in Gefahr gebracht habe?

»Ich muss«, sagt er ruhig, streichelt mir durchs Haar und gibt mir einen Kuss.

»Warum denn? Wer war das eben? Ich denke, ihr habt den Kerl?!«

»Haben wir auch. Aber er hat gemeint, dass die Bombe bereits scharf ist und Menschen sterben werden.«

»Und ihr glaubt, er sagt die Wahrheit?«

Evan nickt. »In seiner Wohnung wurden Sprengstoffreste gefunden. Was auch immer er gebastelt hat, könnte in eurer Box sein, in einem der Trucks, im Stadion oder ganz woanders. Keiner weiß, auf wen er es nun abgesehen hat. Er weigert sich, mit anderen Leuten zu verhandeln. Ich bin der Einzige, mit dem er reden will. Und unglaublich viele Menschenleben stehen auf dem Spiel. Ich muss, Riley. Verstehst du das?«

Besser als mir lieb ist. Völlig fertig nicke ich. Obwohl ich eine Heidenangst habe. »Verstanden. Du kannst mich also losmachen.«

Er lächelt. »Damit du mir dazwischenfunkst? Ich kenne dich. Glaub mir, es geht mir besser, wenn ich weiß, dass du hier bist und es ist ja nicht für lang.«

»Verdammt, Evan!«, fluche ich. »Aber danach sprechen wir uns aus?«

Evan gibt mir einen Kuss, einen richtigen, langen, feuchten, der mich für einen Moment vergessen lässt, was hier los ist. Dann löst er sich und sieht mich durchdringend an. »Versprochen, Riley, danach reden wir.«

29

Evan, du Mistkerl!« Einerseits bin ich furchtbar sauer, dass ich mit Handschellen auf der Damentoilette festgekettet bin, während er mein Rennen fährt. Andererseits erleichtert, weil das heißt, dass mit Evan und mir alles in Ordnung kommt. Von draußen höre ich die Menge toben und das Heulen der Maschinen. Die nächsten Stunden wird mich niemand finden. Jeder sieht dem Wettkampf zu. Es sei denn, Evan hat seinem Bruder Bescheid gegeben. Aber wie ich ihn kenne, denkt er sich, dass es das Beste ist, wenn ich aus der Schusslinie bin. Die Bombe wird wohl kaum auf der Toilette sein. Die hat er garantiert abgesucht, bevor er mich hier angekettet hat.

Frustriert rüttele ich an den Handschellen und verziehe das Gesicht, weil die Metallkanten unangenehm in meine Haut einschneiden.

Da der Start ohne Verzögerung war, gehe ich davon aus, dass niemandem von der Rennleitung aufgefallen ist, dass Evan im Wagen sitzt. Obwohl er um einiges größer ist als ich. Und auch Kevin scheint ihn nicht gebremst zu haben, hat ihm vielleicht sogar eine Montur und eine Schnelleinweisung in die Regeln gegeben.

In Gedanken verabschiede ich mich davon, die Sprint Cup Series zu gewinnen. Evan kann zwar gut fahren, aber die Teilnahme in der Nascar-Liga ist etwas anderes als eine Spritztour ohne Tempolimit auf der Autobahn. Ich hoffe nur, er baut keinen Unfall.

Dann grinse ich. Ausgerechnet Evan Crawford, der Sicherheitsfanatiker, fährt bei dem Rennen mit. Zu schade, dass ich das nicht miterleben kann. Aber ich tröste mich damit, dass es genügend Aufnahmen geben wird. Außerdem wird mir das Team später von jedem Detail berichten.

Bis mich ein drückender Schmerz in meiner Hosentasche umdenken lässt! Mein Lippenbalsam! Ha, das Spiel ist noch nicht vorbei!

Ich ziehe *Shining Strawberry* aus der hinteren Hosentasche, verteile die schmierige Masse umständlich aber erfolgreich auf meiner Haut und reiße so unnachgiebig an meinen Fesseln, bis ich freikomme.

So schnell ich kann, schlage ich den Weg zur Box ein. Dabei beschleicht mich jedoch plötzlich ein seltsames Gefühl. Etwas, das der Anrufer gesagt hat, hat mich irritiert. Ich komme nicht darauf, was es ist, aber je länger ich darüber nachdenke, umso unruhiger werde ich. Schlagartig fällt es mir ein.

… vielleicht ist es vorteilhaft, wenn Sie nicht zu schnell sind, was?

Das klingt wie eine Drohung. Aber warum sollte jemand so etwas zu Evan sagen? Egal wie er fährt, sobald die Rennleitung am Ende sieht, wer aus dem Ford steigt, werde ich disqualifiziert. Natürlich treten in manchen Teams mehrere Fahrer an, aber Evan ist weder gemeldet noch hat er die Sicherheitsmeetings davor mitgemacht. Obendrein kann es sein, dass er auf der Strecke gegen eine der vielen Vorschriften aus dem Regelwerk verstößt und aufgrund der Strafpunkte Letzter wird. Für wen auch immer die Bombe von Lance Tannenboum gedacht ist, ich kann es nicht mehr sein. Ich bin raus aus dem Rennen.

Es sei denn, der Typ hat seine Obsession auf Evan übertragen …

Ich will den Gedanken abschütteln, doch sobald er auftaucht, setzt er sich fest. Wer sagt denn, dass es Tannenboum wirklich darum ging, mich rauszukanten, damit sein Lieblingsfahrer bessere Chancen auf den Titel hat? Vielleicht ist das für diesen Irren alles nur ein Spiel und er sucht sich dafür den Spielpartner mit dem größten Spaßfaktor aus. Das war erst ich, die erfolgreichste Frau in der Sprint Cup Series. Und jetzt ist es Evan, der kluge Kopf, der Tannenboum auf die Schliche gekommen ist.

Aber das bedeutet auch, dass Evan nicht schneller fahren darf, denn sonst …

»Oh Gott!«, keuche ich erschrocken. Jede Faser meines Körpers spannt sich schmerzhaft an. Die Katastrophe rollt wie eine Lawine auf mich zu und ich kann nichts dagegen unternehmen. Ich fühle mich wie in einem Traum, in dem man sich wie der Blitz bewegen möchte und trotzdem nur in Zeitlupe vorwärtskommt. Ich kenne das Gefühl und ich hasse es.

Es gibt einen ohrenbetäubenden Knall und statt zur Box zu rennen, ändere ich die Richtung und laufe direkt zur Rennstrecke …

30

Jetzt

EVAN!!!« Mein Team hat mich schon verrückte Dinge tun sehen, doch erst in diesem Moment wird ihnen klar, wie durchgeknallt ich wirklich bin.

Kaum dass ich den Backoffice-Bereich hinter mir gelassen habe, ist auf der Strecke ein Fahrzeug explodiert. Meines. Mit Evan drin. So schnell ich konnte, bin ich hingerannt und habe jeden, der sich mir in den Weg gestellt hat, plattgemacht. Das Rennen ist vergessen, ich denke nur noch an ihn. Ich war sogar drauf und dran, Evan aus dem brennenden Wrack zu ziehen. Mit bloßen Händen. Als wäre ich Superwoman. Doch irgendjemand hat mich zurückgehalten und ich musste zusehen, wie Rettungskräfte den Mann bergen, den ich liebe. Nun hämmert es immer wieder in meinem Kopf: *Du bist zu spät gekommen, Riley. Wer hätte das gedacht, dass der größte Speedjunkie auf Erden mal zu langsam ist!*

Wütend schlage ich um mich, weil ich zu Evan will, der gerade in einen Helikopter verladen wird. Doch Kevin hält mich zurück. Michael und Nick hindern mich ebenfalls daran, zu Evan zu stürzen.

Kameras filmen das Spektakel und machen Fotos von mir, aber nie war mir das so egal wie in diesem Augenblick.

Soll sich doch die ganze Welt auf die Bilder einen runterholen oder Geld damit scheffeln! Wenn es nur Evan gut geht.

»Wie konnte das passieren?!«, rufe ich Kevin zu. »Was hat er euch gesagt?!« Ich muss es wissen, jedes einzelne Wort, alles.

»Zeig mir mal deine Handgelenke!« Beruhigend will mein Crew Chief nach meinen Armen greifen, aber ich entziehe sie ihm.

»Meine verdammten Handgelenke sind unwichtig!«, keife ich, obwohl sie saumäßig wehtun. »Sag mir, was Evan dir erzählt hat! KEVIN! MACH! SCHON!«

Ich kann kaum atmen, als der Hubschrauber abhebt. Meine Blicke folgen ihm, solange ich ihn erkennen kann. Bis er nur noch ein schwarzer Punkt am Horizont ist und schließlich verschwindet. Lediglich ein Gedanke hält mich auf den Beinen: hinterher! Egal, wie lachhaft das ist.

»Riley, warte! Jetzt durchzudrehen hilft niemandem. Die Ärzte kümmern sich um ihn. Er ist mein Bruder, okay? Ich mache mir genauso Sorgen. Aber er wird wieder, ganz sicher!«

Ich falle Kevin um den Hals und heule los. Irgendwie ist mir gar nicht in den Sinn gekommen, dass es auch für ihn schwer sein muss. Ich denke daran, wie es war, Leo zu verlieren, direkt auf der Strecke. Damals dachte ich schon, das sei schlimm. Aber heute fühlt es sich so an, als würde mir das Herz aus der Brust gerissen und durch einen Schredder für Küchenabfälle gejagt.

»Was hat er gesagt?«, frage ich leiser. »Bitte, ich muss es wissen.«

Kevin hält mich und um etwas Privatsphäre zu haben, ziehen wir uns in den Truck zurück. »Setz dich, Riley!«

Völlig untypisch für mich tue ich sofort und ohne zu fragen, was man mir sagt. Obwohl ich bei Kevins Ton weiß, dass mir nicht gefallen wird, was ich gleich höre.

»Evan hat uns gesagt, dass sich nichts zwischen euch geändert hat. Wenn das reguläre Rennen vorbei gewesen wäre, sollte ich dich befreien und er wäre weg.«

»Nein!«, entschlüpft mir entsetzt. »Das kann nicht sein.«

»Ist aber so«, bestätigt Joyce. »Ich hab ihn gefragt, ob er sich sicher ist und ob er deine Nachricht bekommen hat. Und er hat gesagt, dass er erst mal Zeit für sich braucht.« Sie sieht mich mitfühlend an. »Du bist ihm unter die Haut gegangen, aber er will dich dort anscheinend nicht länger haben.«

Immer wieder schüttele ich ungläubig den Kopf. Ich höre, was meine zwei besten Freunde mir sagen, doch ihre Worte ergeben keinen Sinn. »Er hat mir versprochen, dass wir reden!« Ich wiederhole es in einem fort. Wie unter Schock. *Er hat mir versprochen, dass wir reden.*

»Vielleicht hast du ihn missverstanden?«, meint Kevin. »Evan lügt eigentlich nicht.«

Ich lache und weine zugleich. Was wirklich beängstigend ist. »Dann war das wohl sein erstes Mal!«

Bevor ich weiter nachfragen kann, kommt einer der Sicherheitsleute zu uns in den Truck. Ich kenne seinen Namen nicht, aber ich habe ihn oft an Evans Seite gesehen. »Sie haben ihn in die Mayo Clinic gebracht. Mehr weiß ich leider auch nicht.«

»Okay«, sagt Kevin und sucht eilig seine Sachen zusammen. Joyce ist ebenfalls auf den Beinen. Als ich jedoch aufstehen will, hält Kevin mich zurück. »Es tut mir leid, Riley, aber zur Abwechslung geht es mal nicht um dich. Evan hat gesagt, dass er Abstand von dir braucht. Plötzlich aufzutauchen, ist daher eine verdammt miese Idee. Sorry, aber *ich* muss jetzt für meinen Bruder da sein. Nicht du.«

Kevins Worte fühlen sich wie ein treffsicherer Schlag in die Magengrube an. Normalerweise würde ich rebellieren und meinen Willen durchsetzen. Aber zum zweiten Mal innerhalb von fünf Minuten nicke ich nur einsichtig. Ich kann nicht mehr klar denken, dabei habe ich das Gefühl, ich muss das unbedingt, bevor ich entscheide, was als Nächstes zu tun ist. Deshalb bleibe ich einfach sitzen, schließe die Augen und konzentriere mich darauf zu atmen.

Egal, wer kommt und was er von mir will, ich ignoriere ihn. Ich kann jetzt nicht. Meine Hände zittern und sind schweißnass. Ich brauche einen Moment, um mit meinem Leben zurechtzukommen und mir fällt ein, was ich tun kann, um nicht komplett durchzudrehen.

»Michael?« Mein Analyst hebt seinen Kopf. »Zeig mir alle Aufnahmen, die du hast. Von der Box, der Rennstrecke, dem Funkverkehr.«

Unsicher sieht Michael zu Fernando und Nick. Er hält es offensichtlich für keine gute Idee. Doch sie nicken.

Ich ziehe mich in den Truck zurück, setze mir Kopfhörer auf und schaue mir an, was passiert ist, während ich auf der Toilette eingesperrt war.

»Ich fahre«, ruft Evan meinem Crew Chief zu.

»Wo ist Riley?«

»Kann nicht. Ich übernehme.« Als hätte Evan das geplant, zieht er sich den Rennanzug an, den sonst Fernando bei Tests ohne mich trägt. Sie haben etwa die gleiche Größe.

»Kannst du das? Wäre es nicht besser, wenn ich das mache?«, schaltet Kevin sich ein.

»Nein«, meint Evan kurz angebunden und schwingt sich bereits in den Wagen. Er bewegt sich, als hätte er das bereits ein dutzend Mal gemacht. Er stellt den Sitz zurück, weil er bei seiner Körpergröße mehr Platz braucht als ich. Anschließend setzt er das Lenkrad ein und kontrolliert die Instrumente.

»Sag mal, spinnst du?«, ruft Kevin und packt seinen Bruder am Kragen.

Evans Blick ist mörderisch. »Wenn du nicht was auf die Nase willst, dann lässt du mich jetzt besser los!«

»Den Teufel werde ich tun!« Kevin wird handgreiflich, doch Evan wehrt ihn mühelos ab.

»Scheiße, Evan, was soll das? Hast du eine Ahnung, wie solch ein Rennen abläuft, wie die Regeln sind und was es zu beachten gilt?«

»Ähm … wir fahren im Kreis, sobald die grüne Fahne geschwenkt wird, und wir halten, kurz nachdem die schwarz-weiß karierte zu sehen ist.«

Kevin flucht lautstark. »Man wird uns disqualifizieren. Wo steckt Riley?«

»Die hat auf der Damentoilette zu tun«, sagt Evan, ohne seinen Check zu unterbrechen. Dabei zuckt sein Mundwinkel amüsiert, als würde er daran denken, was er mit mir angestellt hat. »Aber ihr solltet sie dort nach dem Rennen abholen.«

»Ihr habt euch nicht ausgesprochen?«, fragt Joyce.

»In drei Minuten? Nein.« Er atmet tief durch und sieht sie an, so als wüsste er, dass sich Joyce nicht so leicht mit seinen knappen Antworten zufriedengibt wie Kevin. »Zwischen mir und Riley hat sich nichts geändert und es wird sich auch nichts ändern. Wie auch, wenn sie nur an sich denkt. Wenn ein Psychopath hinter dir her ist, machst du nicht weiter wie bisher und verhältst dich nicht wie sie.« Heftig schüttelt er den Kopf. »So leid es mir tut, aber mit so einer tickenden Zeitbombe kann ich nicht zusammen sein. Egal, wie gerne ich es möchte.«

Dann hebt er beide Daumen und rollt auf das Feld. Die Ansagen werden gemacht, die Fliegerstaffeln ziehen ihre Show für das Publikum ab, die Nationalhymne erklingt und schließlich nimmt das Rennfeld an Tempo auf. Bis die grüne Fahne geschwenkt wird und der vorletzte Wettkampf der Sprint Cup Series beginnt.

Evan fährt kontrolliert, ohne Risiken einzugehen. Richtig gut, dafür, dass er kein Profi ist. Manchmal schlingert er, aber ich bin stolz und nervös, als wüsste ich nicht, wie es gleich ausgehen wird.

In den Kurven sage ich ihm in Gedanken, was er tun soll. Leicht vom Gas gehen, bremsen, beschleunigen. Und ich freue mich, wenn er einiges davon umsetzt und dadurch den Ford in der Spur halten kann. Als ihn ein Wagen beinahe streift, ziehe ich kurz die Luft ein und jubele, als er unbeschadet weiterrauscht.

Gibt es etwas, was dieser Kerl nicht kann, wenn er es sich in den Kopf gesetzt hat?

Doch meine Hochstimmung verfliegt, als sich Tannenboum neben dem Funkverkehr zwischen Evan und dem Team meldet.

»Crawford, Sie fahren wie ein Mädchen! Seien Sie nicht so ein Schisser. Sie müssen die hundertzehn Meilen pro Stunde knacken. Dann sag ich Ihnen, wo die Bombe ist!«

Beamte in der Funkschaltung raten Evan, nicht auf den Deal einzugehen. Aber ich kenne diesen Mann gut genug. Er will das Richtige tun, Leben retten, und wenn er dafür Gas geben muss, wird er das tun.

Atemlos sehe ich mit an, wie er beschleunigt, wie ihn die Geschwindigkeit fordert, wie angespannt er ist. Das Rennen wird rasanter, einige scheiden aus. Doch Evan hält sich wirklich gut und er schafft die Vorgabe, geht sogar auf hundertzwanzig. Unglaublich!

Und dann sagt Tannenboum dermaßen eiskalt, dass mir übel wird: »Sehr schön, Crawford. Sie haben mehr Eier, als ich dachte! Das wird ihre kleine Süße trösten.«

»Was reden Sie da? Wo ist die Bombe, Lance?«, fragt Evan.

»Na wo wohl? In dem Wagen, in dem Sie gerade sitzen, Kumpel. Und sobald Sie langsamer fahren, fliegt alles in die Luft.«

»WAS?! Wollen Sie mich verarschen?«

Tannenboum lacht. »Kabumm, kabumm, kabumm!«

»Kevin!«, höre ich Evans Stimme, nachdem er fluchend die andere Leitung ausgestellt hat. »Seht ihr jemanden mit einem Sender herumstehen?« Evan wird langsamer und … nichts passiert. Vorerst.

»Scheiße, bleib so schnell!«, kreischt mein Crew Chief.

Ich weiß, dass Evan den Kopf schüttelt. Er kann genauso stur sein wie ich. »Selbst wenn die Bombe mit dem Tacho verbunden ist, es macht keinen Sinn, dass die Geschwindigkeit sie steuert. Ich hab gesehen, womit der Kerl experimentiert hat. Die Anleitung stammt aus dem Internet und es gibt irgendwo einen Sender. Also such in der Menge nach jemandem, der –«

Ich zucke zusammen, als die Explosion den Funkverkehr abschneidet und mit einem Schlag Stille herrscht. Mein Herz rast und für Sekunden kann ich nichts tun, außer mich aufs Atmen zu konzentrieren. Dann wechsle ich mit zitternden Fingern von der Aufnahme auf die Bilder

der Rennleitung. Sie sind pixelig und unscharf, aber das macht nichts. Ich mag die eigentliche Explosion nicht gesehen haben, aber der Rest hat sich in Full HD in mein Gedächtnis eingebrannt.

Die Motorhaube fliegt hoch. Zig Autos schrammen an Evans Wagen vorbei. Ich muss die Augen schließen, weil ich unmöglich mitansehen kann, was gerade auf dem Bildschirm passiert.

Die letzten Worte von Evan gehen mir durch den Kopf und mir wird ganz flau. »Dann ist noch jemand da draußen?«, frage ich Michael, der neben mir sitzt.

»Nicht mehr«, sagt er. »Sie haben einen Typen am Streckenrand festgenommen. Tannenboum hatte ihm wohl gesagt, dass er so viele Fotos wie möglich von deinem Ford schießen soll. Der Auslöser war sein Handy. Als der Speicher des Geräts voll war, hat es ein Signal gesendet, um automatisch Bilder in eine Cloud zu übertragen. Sobald die Bombe Daten empfangen hat, ist sie hochgegangen. Die Geschwindigkeit des Wagens hatte nichts mit der Explosion zu tun. Das war nur ein krankes Spiel.«

»Verdammt!«, sage ich und schaue zu Nick. »Hat sich Kevin aus dem Krankenhaus gemeldet?«

Er verneint.

»So nicht.« Ich halte die Ungewissheit nicht länger aus. Mir ist egal, was Evan will. Oder Kevin. Oder Joyce. Auch wenn Evan mir vorwerfen könnte, dass ich wieder nur an mich denke. Er kann nicht ernsthaft erwarten, dass ich mich nach so einem Unfall von ihm fernhalte!

»Wo willst du hin?«, fragt Fernando, als ich schon an der Tür bin.

»Ins Krankenhaus.« Die restlichen Aufnahmen schaue ich mir ein anderes Mal an. Jetzt zählt nur Evan.

31

›Wie Phoenix aus der Asche‹, so lauten die ersten News, die sich in Rekordgeschwindigkeit im Internet verbreiten. Ermittler, die mit dem Psychopathen-Fall betraut waren, geben Interviews. Das Rennen wird nach einer einstündigen Pause fortgeführt. Doch der Rummel geht komplett an mir vorbei.

Der Geruch von Desinfektionsmitteln umgibt mich, als ich die Klinik betrete. Ich frage mich an der Notaufnahme durch, bis ich erfahre, dass Evan zum OP gebracht worden ist. Ich will in den Warteraum für Angehörige, doch eine Schwester hält mich auf.

»Sie können da nicht rein. Nur für die Familie, tut mir leid.«

Ich klopfe an die Trenntüren, woraufhin Kevin und Joyce zu mir schauen. Sie sehen beide völlig fertig aus. Kevin sieht mich finster an, als wäre das alles meine Schuld. Was es nicht ist. Joyce steht dagegen auf und kommt zu mir.

»Kannst du dem Personal sagen, dass ich auch –«, beginne ich.

»Nein, besser du bleibst hier«, sagt sie bedauernd und nimmt mich in den Arm. »Wir wissen noch nichts. Er wird seit einer Stunde operiert.«

»So schlimm?«

»Wir geben dir Bescheid, wenn wir was erfahren, okay? Geh nach Hause und ruh dich aus!«

»Ich kann nicht«, sage ich. Zum ersten Mal in meinem Leben habe ich das Bedürfnis, mich nicht bewegen zu wollen. »Ich warte einfach hier.« Zur Erklärung nicke ich zu einer Sitzgruppe. »Du meldest dich, wenn ihr was erfahrt?«

»Natürlich, Schätzchen!« Sie fährt mir durchs Haar, entschuldigt sich dann aber, um ihrem Verlobten beizustehen.

Ich will sauer auf Kevin sein, weil er kein gutes Wort für mich einlegt, damit ich in den Wartebereich darf. Aber ich kann ihn verstehen. Nach dem Tod von Leo habe ich auch nach einem Schuldigen gesucht. Solche schrecklichen Ereignisse lassen sich auf diese Art eher ertragen, als wenn man erkennt, wie unfair das Leben sein kann.

Ausgelaugt setze ich mich auf einen der Stühle und warte. Noch nie zuvor ist mir das so leicht und gleichzeitig so schwer gefallen. Wenn ich könnte, wäre ich jetzt bei Evan, würde seine Hand halten, auf ihn einreden, ihm zeigen, dass ich für ihn da bin. Aber weil das unmöglich ist, konzentriere ich mich darauf, die nächste Minute zu überstehen, dann die darauf und dann eine weitere.

Bei der kleinsten Bewegung auf dem Gang zucke ich zusammen, und sobald die Türen aufschwingen, schaue ich hoch und hoffe auf Neuigkeiten von Evan. Aber das Einzige, was sich verändert, sind die Zeiger der Uhr an der Wand.

»Wissen Sie was, Schwester?«, frage ich, als eine Frau den OP-Saal verlässt und eine andere reingeht.

»Ich darf Ihnen nichts sagen«, murmelt sie und verschwindet.

Die schlimmsten Szenarien schießen mir durch den Kopf. Je mehr Zeit vergeht, umso mehr Tränen schießen mir in die Augen. Schließlich kann ich sie nicht länger zurückhalten. Ich krame nach Taschentüchern, wische mir das Gesicht trocken, brauche ein neues, dann noch eines.

Als Fernando kommt und sich zu mir setzt, schaffe ich es, mich kurz zusammenzunehmen. Doch schon heule ich wieder los. Ich kann gar nicht mehr aufhören. Nicht mal nach Leos Tod habe ich derart viel geweint. Fernando ist mit mir in diesem Zustand völlig überfordert und ich entschuldige mich ständig für mein Verhalten, kann es aber nicht abstellen.

»Schau mal, ich hab dir ein paar Automagazine mitgebracht«, unternimmt er einen hilflosen Versuch, mich abzulenken. Er zieht mich an seine Schulter und gemeinsam blättern wir sie durch. Das heißt, er blättert und ich bemühe mich, mitzumachen und mich auf die Artikel zu konzentrieren. Bis ich es nicht aushalte und die Augen schließe.

»Riley, alles wird gut. Ganz bestimmt. Die Klinik hat einen exzellenten Ruf. Die Ärzte geben ihr Bestes.«

»Ach ja?!«, schnaube ich. Warum dauert die OP dann so lange? Das kann doch nur heißen, dass die Chirurgen um Evans Leben kämpfen.

»Neuigkeiten?«, fragt Nick, der dazukommt, jetzt da unser Equipment sicher in den Trucks verstaut ist. Hektischer als sonst kaut er seinen Kaugummi, sieht blass aus und setzt sich wortlos zu mir. Er ist noch nicht lange dabei. Für ihn ist es das erste Mal, dass bei einem Rennen ernsthaft was passiert, das obendrein unser Team betrifft.

»Nein«, antwortet Fernando und wieder heule ich. Nun taucht auch noch Michael auf, sagt jedoch betroffen nichts. Was auch? Alle Menschen, die mir wichtig sind, sind hier. Aber zu dem, der mir am meisten bedeutet, darf ich nicht.

Als sich nach Stunden endlich etwas im OP-Bereich tut, schaue ich nur müde hoch. Ich bin völlig erledigt. Auch Kevin und Joyce wirken erschöpft. Ich sehe, wie sie mit einem Arzt reden. Kevin nickt. Dann wird bereits eine Liege aus dem OP geschoben.

Evan lebt!

Pure Dankbarkeit durchströmt mich. Ich würde meinen ganzen Besitz hergeben, nur damit es Evan gut geht. Alles andere ist mir egal. Nur er zählt. Obwohl er das nach dem, was er Joyce und Kevin in der Box gesagt hat, nicht verdient hat. Aber so ist es eben. Das Herz will, was es will, und meines ist verdammt stur und weigert sich, diesen Mann aufzugeben.

Mit weichen Knien kämpfe ich mich hoch. »Kann ich –?«

»Nein!«, schneidet Kevin mir barsch das Wort ab.

»Lass sie! Die Zeit haben wir«, faucht Joyce und ich merke, wie sie mich am Arm packt. »Hey, Schätzchen, willst du kurz zu ihm, bevor sie ihn verlegen?«

Kaum merklich nicke ich, mehr Kraft habe ich nicht. »Ihr verlegt ihn?«, wiederhole ich ziemlich idiotisch.

»In eine Privatklinik, jetzt da das Schlimmste vorbei ist.«

»Welche?«, frage ich. Doch Joyce antwortet nicht. Ich wende mich an Kevin und auch er schweigt. Verstehe, sie werden es mir nicht sagen. Ich darf für zwei Sekunden zu ihm, aber dann ist er weg.

Mit schweren Beinen trete ich an seine Pritsche.

»Hi!«, murmele ich und streiche mit zitternden Fingern über die Stellen von seinem Gesicht, die heil sind. Natürlich rechne ich nicht mit einer Antwort. Er kann mich schließlich nicht hören, solange die Narkose noch wirkt. Aber ein Teil von mir hofft, dass er trotzdem meine Anwesenheit spürt.

Seine Haut ist ganz warm, seine Züge so friedlich. Ich will ihn sanft auf die Wange küssen, doch der Geruch von Desinfektionsmitteln steigt mir in die Nase. Sofort erinnert mich das an Leos Tod. Mein Magen rebelliert. Ich will mich gar nicht von Evan trennen, aber ich muss würgen und renne zur nächstbesten Toilette, um mich zu übergeben. Als ich wieder auf dem Gang bin, ist er weg.

»Aber wo –?« Mehrmals drehe ich mich um die eigene Achse, als hätte er sich nur versteckt.

Michael nimmt mich in den Arm »Komm, Riley, lass uns nach Hause fliegen. Die Jungs kümmern sich alleine um die Trucks. Das wollten sie schon immer mal.«

»Er ist weg, oder?«, schluchze ich.

»Ja, Riley, gerade ausgeflogen. Sie konnten nicht länger warten. Kevin und Joyce sind bei ihm. Mach dir keine Sorgen! Ich hab gehört, was die Ärzte gesagt haben. Es fiel so oft das Wort Glück, dass man annehmen muss, dass alles bestens verlaufen ist.«

»Er würde das hassen«, murmele ich. Glück ist für einen Kontrollfreak wie Evan das Letzte.

»Ich glaube, dadurch, dass er am Leben ist, würde er seine Meinung ändern. Und jetzt ab nach Hause!«

»Zu Evan?«, nuschele ich verwirrt.

»Nein, zu deinem wunderschönen Anwesen am Lake Norman. In Phoenix haben wir nichts mehr verloren. Mit der Polizei können wir später sprechen, wenn das überhaupt notwendig sein sollte. Und das Rennen ist auch gelaufen.«

Ich nicke. Nicht dass das noch eine Rolle spielen würde. Am liebsten wäre mir, Evan hinterherzureisen und bei ihm zu sein, wenn er aufwacht. Aber da das nicht geht, ist nach Hause zu fahren meine einzige Alternative.

32

Sobald wir zu Hause sind, lege ich mich auf mein Sofa, ziehe die Knie an und warte, dass es vorbeigeht. Irgendwann muss es ja besser werden. Ganz untypisch für mich fresse ich den Schmerz in mich hinein, statt meinen Gefühlen freien Lauf zu lassen.

Aus meinem Kokon bekomme ich am Rande mit, wie die anderen um mich herumschleichen, wie sie über mich reden und sich Sorgen machen. Linda stellt mir Essen hin und ab und zu würge ich einen Happen hinunter – allerdings mehr, um meine Ruhe zu haben, denn aus Hunger.

Ich fühle mich, als würde ich endlos fallen, und ich warte auf den Moment, wenn ich auf dem Boden aufpralle und sterbe. Ich wäre gerne stärker, aber das bin ich nicht. Wenn jemandem das Herz herausgerissen wird, wie soll er weiter funktionieren?

Dass ich zwischendurch schlafe, nehme ich dankbar hin. Überhaupt bin ich unglaublich müde und erschöpft. Mit Evan habe ich sämtliche Energie verloren. Und das ist in Ordnung. Wozu brauche ich sie, wenn ich ihn nicht habe?

»Joyce meint, wir sollten einen Arzt rufen«, höre ich Linda und Michael tuscheln. Doch als tatsächlich jemand kommt und mich untersuchen will, wehre ich mich nach

Kräften, bis man mich in Ruhe lässt. Hat denn noch niemand was von den Phasen der Trauer gehört? Ich befinde mich im Schockmodus und den kann man mir ruhig noch eine Weile lassen. Denn das Darauffolgende wird weitaus schlimmer.

»Bei Leo war sie anders«, flüstern sie sich zu. »Da hat sie sich in die Arbeit gestürzt.«

»Ich wusste gar nicht, dass sie und Evan sich so nahestehen. Sie haben doch ständig miteinander gestritten«, sagt Nick unbeholfen.

»Na ja, eher sich geneckt«, korrigiert Linda ihn.

»Vielleicht ist es nur der Schock, weil sie in dem Wagen hätte sitzen sollen. Überlegt mal, wie ihr euch fühlen würdet!«

»Das kommt sicher dazu, aber ihr habt sie im Krankenhaus erlebt. Das Rennen war ihr egal. Sie hat nicht einmal gefragt, wie die Presse reagiert, wie ihr Rang ist, ob sie aus der Tabelle geflogen ist.«

Mir wird kalt. Wie ein Zombie erhebe ich mich, ignoriere die anderen, schlurfe in mein Schlafzimmer und ziehe mir einen dicken Pullover an. Dankbar kuschele ich mich in die weiche Wolle, als wäre sie ein zusätzlicher Schutzpanzer. Statt zurück auf mein Sofa zu gehen, rolle ich mich auf meinem Bett zusammen und warte darauf, dass es nicht mehr so wehtut.

»Riley?«

Ich habe jegliches Zeitgefühl verloren, als ich merke, dass Michael nach einer Weile mit seinem Tablet vor mir steht und ständig meinen Namen wiederholt. Er setzt sich, rüttelt mich aufgeregt an der Schulter, als wollte er sicherstellen, dass er meine Aufmerksamkeit hat.

»Was ist denn?«, frage ich mit rauer Stimme.

»Es kommt überall in den Nachrichten: Du bist im Finale in Miami dabei.«

Ich reagiere nicht.

»Hast du mich nicht gehört?« Er hält mir sein iPad vor die Nase. »Aufgrund der Umstände haben sie beschlossen, das Wettfahren der besten Vier um den Titel in ein *Best of 5* umzumodeln.«

Im Finale stehen Dale Johnson, der mit jedem Mal aufgeholt hat, Martin O'Neill, der ewige Zweite, Ryan Tanner, der einige der Rennen gewinnen konnte und Jeff Meyers, der diesen verrückten Stalker hatte. Sie sind einverstanden, dass ich ebenfalls teilnehme. Das Publikum ist begeistert.

Michael wartet auf eine Reaktion von mir, bis er sagt: »Riley, du kannst fahren, das wird dir guttun!«

»Zeig mal!« Ich hole mir sein Tablet ran.

Videos von meinen Rennkollegen zu sehen, hat für mich schon immer die Wirkung eines Aufputschmittels. Jetzt schnelle ich zwar nicht schlagartig in die Höhe, aber mein Gehirn kommt langsam aus seinem dunklen Loch herausgekrochen.

Die Gedanken an Evan haben meinen Kopf komplett ausgefüllt. An die Sprint Cup Series habe ich kein einziges Mal gedacht. Mir war total egal, wo ich stehe und ob ich gewinne. Unbewusst bin ich davon ausgegangen, dass ich eh nicht starte und das Rennen gelaufen ist. Das merke ich daran, wie die Nachricht mich wacher und wacher macht. Denn das – das ist eine verdammt willkommene Abwechslung.

Noch schlapp richte ich mich auf und setze mich an das Kopfende meines Bettes. »Welchen Tag haben wir heute?«

»Donnerstag.«

»Donnerstag!« Ich bin schockiert, wie viel Zeit vergangen ist. Dabei fühle ich mich, als würde mir eine schwere Krankheit in den Knochen stecken. Probehalber balle ich meine Hände zu Fäusten. Meine Muskeln zittern leicht, aber ich bin fit genug. Zumindest, um anzutreten. »Hat sich Kevin gemeldet?«, frage ich.

Michael nickt. »Er hat sich frei genommen. Er kennt die News und sagt, dass du es auch alleine schaffst. Schließlich habt ihr das Finale seit Wochen durchgesprochen. Er glaubt fest an dich.«

»Und Ev–« Ich breche ab.

»Über seinen Bruder hat er nichts gesagt, aber er ist wohl aus dem Gröbsten raus.«

»Gott sei Dank!« Ich atme hörbar aus. Das sind gute Nachrichten, richtig gute Nachrichten. Evan lebt. Alles halb so wild. Und ich bin schon vom schlimmsten ausgegangen. Jetzt muss ich nur irgendwie den Scherbenhaufen meiner Gefühle entsorgen. Nur: Ist ein Rennen dafür das richtige Mittel?

»Du fährst also?«, fragt Michael gespannt, denn wenn ich Ja sage, stehen er und die anderen Jungs mächtig unter Zeitdruck, das Equipment nach Miami zu bringen.

Mein erster Impuls ist abzulehnen. Ich kann unmöglich weitermachen wie bisher, nichts ist mehr wie früher. Aber vielleicht ist es der beste Weg? Denn was wären meine Alternativen? Hier liegen und heulen? Mit Geld um mich werfen? Das Team, das mir so nahesteht, entlassen? Meinen Abschluss beenden? Oder noch mal was total anderes anfangen? Psychologie studieren?

Ich schüttele über mich selbst den Kopf. Nein, das fühlt sich nicht richtig an. Ich habe bereits Evan verloren, ich darf nicht auch noch diese eine Sache aufgeben, die mir so dermaßen wichtig ist. Ich gehöre in meinen Ford. Das hat mich immer glücklich gemacht – und gute Laune kann ich gerade echt gebrauchen.

»Ja, ich fahre«, sage ich erst leise zu mir, lasse mir die Worte auf der Zunge zergehen und wiederhole sie dann lauter: »Ja, Michael, ich werde fahren, und wie!«

33

»Und hier ist sie, unsere unzerstörbare, wundervolle Riley Luman! Leute, begrüßen wir sie mit einem herzlichen Applaaaaaauuuuus!«, tönt aus den Lautsprechern des Miami Homestead Speedways und die gesamte Aufmerksamkeit richtet sich auf mich.

Unter dem Jubel des Publikums schwinge ich mich in den Wagen, winke fröhlich und wirke so gut gelaunt wie eh und je, die Siegerin schlechthin.

Ich tue so, als wäre ich die Alte, aber insgeheim weiß ich, dass ich das hier nur mache, um nicht durchzudrehen. Was hatte außerdem all der Stress und besonders Evans Unfall für einen Sinn, wenn ich jetzt nicht fahre?

Auch Kevin ist zufrieden mit meiner Entscheidung. Während ich mit den Jungs im Truck unterwegs war, haben wir telefoniert und sind die Details zum Rennen durchgegangen. Zögerlich habe ich dabei das Thema Evan angeschnitten, doch er hat sofort abgeblockt. Er muss mir nicht sagen, warum, aber ich weiß, er gibt mir die Schuld an dem, was passiert ist. Das ist natürlich totaler Unsinn. Wenn man es ganz genau nimmt, dann war Kevin ja derjenige, der seinem Bruder überhaupt erst diese gefährliche Aufgabe gegeben hat. Und ihm hätte klar sein müssen, dass ein Bodyguard Schrammen einstecken muss. Und wenn wir mal ehrlich sind, so trifft niemanden von uns die Schuld. Deshalb sehe ich über Kevins ruppige Art hinweg. Ich weiß so gut wie kein Zweiter aus meinem Team, wie einen Schicksalsschläge verändern.

Nachdem die Practice super lief, hoffe ich, mein Ergebnis in der Qualifikation zu toppen. Nick überprüft noch einmal die Technik und Michael übernimmt die Rolle von Kevin und gibt mir letzte Instruktionen. »Du weißt, du musst nicht Erste werden. Wenn du am Sonntag auf der Zwei oder Drei startest, kannst du es dennoch schaffen.«

»Das sagst du mir jetzt zum dritten Mal!«

»Weil ich will, dass diese Info auch bei dir ankommt, Riley. Keine unnötigen Risiken. Bitte.«

Ich nicke, aber verkneife es mir, ein Versprechen abzugeben. Der Wettkampf hat seine eigenen Regeln. Und die bestimmen, auf welchem Platz ich lande. Ein Drittel ist Technik, ein Drittel Können und der Rest Zufall. Das war schon immer so. Auch wenn meine männlichen Kollegen da etwas anderer Meinung sind und Testosteron für ihre Erfolge verantwortlich machen.

In dem Moment, als ich hinter dem Lenkrad sitze, atme ich erleichtert auf. Jeder Handgriff ist Routine. Ich muss nicht darüber nachdenken, was ich tue. Das hier fühlt sich für mich so natürlich an, wie Luft zu holen. Ich und schnelle Autos, das ist die reinste Symbiose. Und so wie mein Herz ruhig und stark in mir schlägt und Kraft spendet, so fühle ich mich wie das Herz des Fords – diejenige, die dem Wagen Leben einhaucht.

Wenn Evan mich jetzt sehen –

Unwillig schüttele ich den Kopf. An Evan darf ich auf keinen Fall denken. Ihm geht es gut, bestimmt. Das, was wir hatten, war eben nur eine Affäre, die länger ging als die übliche eine Nacht, rede ich mir ein. Ich habe ihn gewollt und er mich. Das war's. Sicher, er hat mich beschützt, er ist mir nahegekommen, aber das war sein Job. Im Grunde hat er meine Annäherungsversuche immer wieder abgeblockt. Nur weil einem jemand »Ich liebe dich!« ins Gesicht schreit, heißt das nicht, dass es stimmt, oder?

Sobald das Startsignal erfolgt, gebe ich Vollgas. Es ist ein bisschen wie früher, ich fahre meinen Problemen und mir selbst davon. Alles, was zählt, ist das Rennen. Ich kann das und ich werde beweisen, dass es kein Fehler war, mich im Finale mitfahren zu lassen.

Die ganze Zeit habe ich Michael im Ohr, der mir die Zeiten meiner Mitstreiter durchgibt. Anfangs will er, dass ich besonnener fahre. Dann packt ihn ebenfalls das Fieber, denn er weiß ebenso gut wie ich, dass die Poleposition für den Start am Sonntag optimal ist.

Immer wieder hänge ich Dale Johnson ab. Dann holt er mich ein. Wir sind gleichauf, versuchen den anderen abzuschütteln. Es ist richtig knapp, aber keiner schenkt dem anderen etwas und wir liefern uns einen der spannendsten, nervenaufreibendsten Wettkämpfe der Saison. Dass ich die Pole gewinne, merke ich erst am Jubel der Menge.

Riley, das war der Wahnsinn!

Besonders nach dem letzten Wochenende!

Wie willst du das steigern?

Was dürfen wir morgen von dir erwarten?

Du hattest gleich am Anfang kleinere Probleme. Was war los?

Dann der frühe Boxenstopp, wie in der Practice, das war riskant.

Riley!

Reporter umzingeln mich. Wie eine Marionette klettere ich aus meinem Wagen, reiche meinen Mitstreitern die Hand und beantworte die Fragen der Presse. Niemand bemerkt, wie unwohl ich mich fühle, da mir die Antworten ganz leicht über die Lippen kommen.

»Entschuldigen Sie mich …«, breche ich das Gespräch ab, als ich Kevin und Joyce entdecke, und drängele mich zu den beiden durch.

»Glückwunsch!«, jubelt Kevin keine Spur verstimmt.

»Dito!«, ruft Joyce und fällt mir lachend um den Hals.

Ich traue mich nicht zu fragen, also schaue ich mich um. Wenn sie hier sind, müsste Evan doch auch …

»Nein«, sagt Joyce, die merkt, was ich tue.

Ich runzele die Stirn.

»Evan geht es besser, aber er ist nicht hier«, erklärt sie. Fragend sieht sie zu Kevin, zuckt dann jedoch mit den Schultern, als wäre ihr egal, ob sie es nun sagen darf oder nicht. »Der Kerl hatte mehr Glück als Verstand. Er hatte eine Gehirnerschütterung, Gott sei Dank ohne bleibende Schäden. Sein linkes Bein ist ziemlich böse gebrochen. Das Lenkrad hat beim Aufprall außerdem zwei Rippen geprellt. Doch jetzt ist alles gut. Er erholt sich rasch. Wohl, weil er vorher so fit war.«

»Er ist also in Ordnung?« Ich wiederhole die wichtigsten Worte wie betäubt.

»Ja, ist er. Du siehst blass aus, was ist denn los?«

Ich schwanke, stütze mich an Joyces Schultern ab und schaue mich nach einer Sitzgelegenheit um. »Das fragst du noch?! Habt ihr eine Ahnung, wie es mir ging? Wie krank ich vor Sorge war? Was ich mir alles ausgemalt hab, nachdem ich ihn so … so … so …« Das Wort ›leichenblass‹ will mir nicht über die Lippen. Doch ich habe wieder sein

Gesicht vor Augen. Er sah aus, als hinge sein Leben am seidenen Faden. Mein Herz schlägt viel zu schnell, zumal ich mir die letzten Tage eingeredet habe, dass es mit mir und Evan vorbei ist. Ich habe das Gefühl, innerhalb dieser einen Woche um ein Jahrzehnt gealtert zu sein, und blinzele neue Tränen weg.

»Aber jetzt ist alles in Ordnung«, wiederholt Joyce.

Ich schüttele den Kopf. Schluss mit meinen Lügen, um andere und mich selbst zu beruhigen! Gar nichts ist in Ordnung. »Mein Leben ist ein einziger Scherbenhaufen, also erzähl mir nicht, was gut ist!« Ich kann kaum sprechen, so sehr zittere ich vor mühsam zurückgehaltenen Emotionen.

»Musstest du ihr das sagen!«, fährt Kevin sie an.

»Ich dachte, es wäre gut, wenn sie sich keine Sorgen mehr machen muss.«

»Offensichtlich lagst du damit falsch«, sagt Kevin und kniet sich neben mich. »Tief durchatmen, Riley! Konzentriere dich auf das Rennen in zwei Tagen! Du hast alle Trümpfe in der Hand, das Wetter ist großartig. Du wirst gewinnen. Hörst du mich? Dein Traum wird in Erfüllung gehen, du wirst gewinnen!«

Ich schaue zu ihm auf und frage mich, wovon der Mann vor mir überhaupt spricht. »Wo ist er?«, frage ich. »Wo ist Evan? Ich muss zu ihm.«

»Er will dich nicht dort haben, Riley. Atme ruhig ein und aus und mach deinen Job!«

»Ich scheiß auf meinen Job!«, fauche ich. »Ich muss zu ihm. Sofort. Dann kann er mir ja selbst mitteilen, dass ich verschwinden soll. Also sag mir gefälligst, wo dein verdammter Bruder steckt, damit ich ihn endlich besuchen kann!«

»Das geht nicht«, antwortet Kevin.

»Das werden wir ja sehen!«

Als ich zu den Umkleidekabinen gehe, ignoriere ich die Reporter, die versuchen mitzukriegen, was hier los ist. Ich mag das gesamte Team enttäuschen und die Sponsoren verärgern, und das tut mir leid, aber *einen* Menschen, den darf ich nicht enttäuschen. Evan hat mir vorgeworfen, ich würde nur an mich denken.

Aber das stimmt nicht, überhaupt nicht. Ich denke an ihn, fast pausenlos. Und es wird immer schlimmer statt besser.

»Sagst du mir jetzt gefälligst, wo er ist? Oder muss ich erst Makoto ausquetschen? Glaube mir, das tue ich«, rufe ich umgezogen.

»Er ist nicht mehr im Krankenhaus«, sagt Joyce leise hinter mir.

»Was? Seit wann?« Ich drehe mich zu ihr um.

»Heute. Er wurde entlassen und hat gesagt, wir sollen hierher kommen, um dich zu unterstützen.«

»Also bin ich ihm wichtig«, murmele ich, als hätte ich noch einen Beweis gebraucht. »Und wo ist er jetzt? Wo wohnt dein Bruder, Kevin?«

Er knirscht mit den Zähnen und sagt schließlich: »Hier, er wohnt hier. In Miami. Aber er bleibt nicht lange. Er meinte, er bräuchte Abstand zu den Ereignissen. Als wir gegangen sind, hat er schon seine Koffer gepackt.«

»Und dann?«, hake ich nach und versuche, mich nicht darüber aufzuregen, dass Evan die ganze Zeit so nah und gleichzeitig so fern von mir gewesen ist und keiner das auch nur mit einer Silbe erwähnt hat.

»Hat er nicht gesagt. Er wollte erst hoch nach Calgary und dann weiter.«

»Calgary?!« Geografisch bin ich nicht die Fitteste.

»Kanada«, sagt Kevin leise. »Ich vermute, dort, wo wir mal angeln waren.«

»KANADA?!«, kreische ich und stürme aus der Box. Das klingt wie das Ende der Welt.

»Wo willst du hin?«, fragt er.

»Zum Flughafen. Wohin sonst?«

»Aber das Rennen …!«

»Fahr du doch«, rufe ich sauer. »Wie man sieht, fällt es ja niemandem auf, wer am Steuer sitzt.«

Ja, ich handele mal wieder typisch kopflos. Aber es ist meine einzige Chance, Evan zu sprechen.

Ich winke mir ein Taxi heran und zappele ungeduldig auf meinem Sitz hin und her. Wir haben dichten Verkehr und stehen ständig im Stau und ich drehe gleich durch und bin mehrmals kurz davor, zu Fuß zu gehen. Dabei weiß ich, dass ich damit auch nicht schneller vorwärtskomme.

Als endlich das Flughafengebäude vor uns auftaucht, krame ich bereits nach Geld. Sobald wir halten, werfe ich dem Fahrer zwei große Scheine hin und stürme aus dem Taxi. Das Wechselgeld ist mir egal. Das Einzige, das zählt, ist Evan.

34

»Denk nach!«, murmele ich wieder und wieder. »Einfach einmal nachdenken, Riley!« Ist ja nicht so, als würde ich ausschließlich impulsiv handeln. Ich bin klug und, wenn ich will, durchaus in der Lage, strategisch vorzugehen.

Aufgeregt suche ich die Abflughalle ab, aber ich entdecke Evan nicht. Ganze Kolonnen an Reisenden schleifen ihr Gepäck zu den Schaltern. Gruppen versperren mir die Sicht. Ich habe keine Ahnung, wie ich ihn hier finden soll, denn einen Direktflug nach Calgary gibt es nicht und ich habe keine Ahnung, wo er umsteigt. Davon mal abgesehen, dass er natürlich längst weg sein könnte.

Ich reibe mir die Schläfen und google mögliche Flugrouten nach Calgary. Wenn ich jetzt loswollte, müsste ich nach Houston fliegen. Von dort geht morgen ein Anschlussflug. Würde Evan die gleiche Route nehmen? Will er so schnell weg? Noch dazu so kurz nach seiner OP?

»Kann ich Ihnen helfen, Miss?«, spricht mich ein Sicherheitsbeamter an.

»Nein«, nuschele ich und überlege, was ich tun kann.

»Miss?«

Der alarmierte Ton lässt mich aufschauen. Müde fahre ich mir mit den Händen über das Gesicht. »Ich muss nach

Calgary«, erkläre ich. »Und zwar so bald wie möglich.« Wenn Evan von dort weiter will, dann bestimmt mit einem Leihwagen. Ich könnte die Autovermietungen abklappern. Hier finde ich ihn nie.

Aus dem Augenwinkel registriere ich eine Bewegung, die mir seltsam vertraut vorkommt. Ist das nicht …?

»Miss, reisen Sie mit Gepäck?«

»Ähm, entschuldigen Sie, aber ich –« Lediglich eine Sekunde habe ich mich zu dem Beamten umgewandt, doch wenn der Mann mit Krücken wirklich eben Evan war, so ist er weg. Enttäuscht leiere ich die Kurzform meines Lebens herunter. Sprich, dass ich meinem Freund sagen muss, dass ich ihn liebe. Total kitschig, ich weiß. Und dass er gerade abreisen will, ohne dass er es gehört hat. Dass ich unbedingt einen Flug buchen muss, bevor heute Abend keine Maschine mehr die Stadt verlässt und ich Kanada keinen Meter näher komme. Ich schaue auf die Uhr. Mir bleibt nicht viel Zeit.

»Die erste Liebe?«, fragt der Mann plötzlich verständnisvoller.

»Die einzige«, sage ich ernst.

Ein letzter kritischer Blick streift mich, dann darf ich gehen. Endlich!

Im Laufschritt eile ich zum American-Airlines-Schalter und bete, dass es noch einen Platz für mich gibt.

»Sie haben wirklich verdammt großes Glück. Die Maschine nach Houston ist komplett ausgebucht gewesen, aber einer der Fluggäste aus der Economyclass hat vor fünf Minuten storniert.«

»Und ich krieg den Platz?«

»Sie kriegen den Platz«, sagt mir die Frau und lächelt.

»Und der Weiterflug nach Calgary?«

»Der ist kein Problem. Allerdings müssten Sie wieder die einfachste Klasse nehmen.«

»Das ist in Ordnung«, sage ich erleichtert. Mir ist zwar Businessclass auf langen Strecken lieber, aber wenn ich stundenlang in einem Stockcar sitzen kann, halte ich auch die eingeschränkte Beinfreiheit in der Holzklasse aus. Ich bezahle das Ticket, checke ein und begebe mich umgehend zur Sicherheitskontrolle.

Ungeduldig rücke ich vor und suche die Halle nach Evan ab.

Moment mal! Ich kann mein Glück kaum fassen. Er steht gute zwanzig Leute vor mir in der Schlange! Zumindest sehe ich seinen Hinterkopf.

Ich recke mich und stelle mich auf die Zehenspitzen, um mehr zu erkennen, weil ich mir nicht hundertprozentig sicher bin.

»Hey, nicht vordrängeln!«, ranzt mich jemand an.

Nervös behalte ich den Mann im Blick, der Evan sein könnte, und als er beim Körperscan ist, dreht er sich und ich habe Gewissheit: Evan ist wirklich hier. Er sieht ernst und nachdenklich aus und reibt sich müde das Gesicht. Und er diskutiert mit einem der Beamten – soweit ich es mitbekomme wegen seines Beines und der Krücken. Ich winke total euphorisch, hoffe, dass er mich bemerkt. Aber er entdeckt mich nicht.

»Evan!«, rufe ich lauter, doch er wendet sich nach links und ist weg.

Immerhin: Evan ist hier! Mein Adrenalinpegel steigt und mein Puls schlägt schneller als bei jedem Rennen, das ich je gefahren bin. Ich kann mein Glück kaum fassen. Ich weiß zwar nicht, womit er gleich fliegen wird, aber wenn ich ihn davor finde, dann wird alles gut.

Sobald ich endlich durch die Kontrolle gekommen bin, schlage ich die Richtung ein, die Evan zehn Minuten vor mir genommen hat. Doch er ist wie vom Erdboden verschluckt. Verzweifelt grase ich den Wartebereich ab. Von ihm fehlt jede Spur.

Ich versuche es auf seinem Handy, wobei die Mailbox rangeht. So als wäre er bereits im Flieger und das Gerät auf den Flugmodus umgestellt.

Verdammt!

Als mein Flug aufgerufen wird, schaue ich mich um. Vielleicht nimmt er ja die gleiche Maschine. So unwahrscheinlich ist das nicht. Aber ich kann ihn nicht entdecken.

Mist, Mist, Mist!

An Bord lasse ich mich frustriert schnaufend in meinen mittleren Platz sinken und wippe nervös mit einem Knie.

»Flugangst?«, fragt mich mein Sitznachbar.

»Nein, Sie?«, gebe ich verwundert zurück.

»Oder zu viel Kaffee?« Der ältere Herr neben mir meint es sicher nett, aber ich mustere ihn streng. Mir ist nicht nach leichter Konversation. Ich bin aufgeregt und möchte, dass wir starten, damit ich Evan näher bin. Hier rumzusitzen überspannt meine Nerven.

Endlich gibt die Stewardess »Boarding completed« durch. Fast zeitgleich sehe ich, wie der letzte Passagier hinkend weit vor mir in der Businessclass seinen Platz einnimmt.

Evan!

Wir sind im gleichen Flugzeug. Das muss ein gutes Zeichen sein!

Da er mich nicht bemerkt hat, rufe ich ihn. Doch er reagiert nicht und ich erkenne, warum: Er hat Kopfhörer auf. Außerdem fällt mir wieder auf, wie mitgenommen er aussieht. Ich hoffe, er darf wirklich schon fliegen und ist nicht so stur wie ich und hat sich über sämtliche ärztlichen Anweisungen hinweggesetzt.

»Miss, ich muss Sie bitten, sich zu setzen!«

Dass ich aufgesprungen bin, habe ich gar nicht gemerkt, und nur mit ganzer Willenskraft gelingt es mir, mich wieder auf meinen Platz zu begeben.

»Es geht also um einen Mann?«, kommentiert mein Sitznachbar.

Genervt seufze ich, verkneife mir eine flapsige Antwort und nicke knapp. Momentan habe ich weder die Lust noch die Kraft, einem Fremden meine Geschichte zu erzählen. Wozu auch?

Ich verfolge das Sicherheitsprogramm und zähle die Sekunden, bis wir endlich in der Luft sind und die Anschnallzeichen erlöschen.

»Darf ich mal?«, frage ich und bitte meinen Nachbarn aufzustehen.

Entschlossen nähere ich mich der Businessclass und ziehe bereits die Gardinen einen Spalt auf, als ich aufgehalten werde. »Miss, Sie dürfen diesen Bereich nicht betreten. Wenn Sie zu den Toiletten wollen: Es gibt hinten welche.«

»Aber ich kenne den Kerl dort vorne!« Ich zeige auf Evan, der so ruhig dasitzt, als würde er noch immer nichts mitbekommen. »Bitte!«

»Es tut mir leid, ich hab meine Vorschriften.«

»Scheiß auf Ihre Vorschriften«, knurre ich.

Eine Hand legt sich schwer auf meine Schulter. »Miss? Ich muss Sie dringend bitten, sich zu benehmen.«

Ich drehe mich um und blicke in ein Dutzend neugierige Passagiergesichter und in die ernste Miene eines gut gebauten Sky Marshalls.

»Aber der Mann ist ein Freund von mir!«, protestiere ich kläglich, doch gebe mich geschlagen.

»Dann sagen Sie ihm Hallo, wenn wir landen. Wie klingt das?«

»Okay«, sage ich lahm. Doch nun bin ich richtig nervös. Wenn wir landen, wird die Businessclass zuerst aussteigen und Evan wird mir wieder entwischen.

Schwer atmend lasse ich mich in meinen Sitz fallen. Jetzt wäre die Gelegenheit, um mir zu überlegen, was ich überhaupt will. Aber alles, was ich kann, ist, einen langen Hals zu machen und bei jedem Flattern des Vorhangs zusammenzuzucken. Nie hatte ich eine spannendere Beschäftigung im Flieger.

Als wir endlich am Boden sind, springen alle sofort auf und versperren mir die Sicht. Evan darf aufgrund seiner Verletzung als Erster den Flieger verlassen. Wir anderen steigen nach ihm aus. Immer wieder entdecke ich in der Menge seinen Kopf, seine Schultern, seine Hände und dann ist er …

Verschwunden!

Ratlos drehe ich mich um die eigene Achse. Immerhin, er ist hier, irgendwo in Houston. Und mit viel Glück wird er morgen den gleichen Flug nehmen wie ich, um weiter nach Calgary zu reisen. Ich muss ihn nur abpassen.

Müde besorge ich mir in den Shops der Abflughalle eine Zahnbürste, Deo und Zahncreme. Dann quartiere ich mich in dem Hotel ein, das in unmittelbarer Nähe zum Flughafen liegt.

Joyce und Kevin haben versucht, mich zu erreichen, aber anstatt zurückzurufen, schicke ich nur eine Nachricht, dass ich in Ordnung bin und Evan nachreise. Details spare ich aus. Wieso auch nicht? Sie haben mich eine Woche lang im Ungewissen gelassen. Dann sind sie mir jetzt erst recht keine Hilfe.

Gegen Mitternacht krabbele ich unter die Bettdecke und versuche zu schlafen. Aber es gelingt mir nicht. Angespannt höre ich, wie Leute auf dem Gang herumlaufen, wie das Zimmer neben meinem bezogen wird. Obwohl es völlig idiotisch ist, bilde ich mir ein, dass es Evan ist, der dort nebenan duscht. Evan, der so nah ist und gleichzeitig so fern.

Stundenlang liege ich auf der Lauer, um Geräusche zu bemerken, die ihn verraten würden. Bis es irgendwann ruhig wird in meinem Nebenzimmer. Doch das reicht, damit ich schließlich einschlafe. Evan ist hier. Irgendwo hier.

35

»Verdammt!« Die Sonne scheint mir ins Gesicht und mein Handyalarm brummt ununterbrochen.

Wie von der Tarantel gestochen schieße ich hoch und raffe meine Sachen zusammen. Ich habe verschlafen, dabei hatte ich gehofft, Evan heute Morgen an den Kontrollen am Flughafen abzupassen. Nun muss ich mich sputen, um überhaupt durchgelassen zu werden und meinen Flug nicht zu verpassen. Wenn er vor mir in Calgary ist, dann nimmt er einen Mietwagen und verschwindet. Das darf auf keinen Fall passieren.

Total nervös stehe ich an der Sicherheitskontrolle und werde noch unruhiger, als ich für das Boarding ausgerufen werde.

»Kann ich vorbei? Bitte, Sir, das bin ich! Können Sie mich vorlassen?«

Ich verärgere jede Menge Leute, als ich mich vorbeidrängele, dieses Mal deutlich rücksichtsloser als in Miami. Schwer bewaffnete Security mischt sich ein. Doch die kann mir heute keine Angst machen. Es geht um den Mann, den ich liebe!

Als ich mein Ticket und meinen Ausweis zeige, entspannen sich alle. Ein Beamter hat Erbarmen und schleust mich an den Anfang der Schlange.

Ungeduldig warte ich den Scan ab und will unverzüglich weiter, die Maschine piept jedoch warnend. Ich muss die Prozedur wiederholen.

»Bitte bleiben Sie ruhig stehen!«, werde ich ermahnt.

»Für mein Herzrasen kann ich leider nichts«, nuschele ich, versuche aber, mich zusammenzunehmen. Wenn Evan ohne mich fliegt, dann … Ich kann den Gedanken nicht zu Ende führen.

Erneut werde ich ausgerufen, und sobald ich durch darf, sprinte ich durch die Abflughalle.

Ein weiterer Aufruf folgt, der dritte und letzte, und ich hasse den Flughafen dafür, dass er so groß ist. Obendrein verlaufe ich mich. Als das Gate endlich in Sichtweite ist, wird es gerade geschlossen.

»Stopp! Nein! Warten Sie!«, kreische ich mit dem letzten bisschen Luft, das ich habe. Ich kann kaum sprechen, überreiche meine Bordkarte und stütze mich auf die Knie.

Der Blick, der mich trifft, ist alles andere als freundlich.

»Sie sind zu spät, Ms … Luman.« Die Frau liest beinahe angewidert meinen Namen vom Ticket ab und reicht es mir zurück. Ohne es auf den Scanner gelegt zu haben.

»Aber … aber … aber … das kann nicht sein.« Ich bin fassungslos. »Die Maschine steht doch noch dort draußen und bewegt sich nicht.«

»Es tut mir leid, ich habe die Regeln nicht gemacht.«

»Aber dort drinnen sitzt der Mann, den ich liebe, und dem ich das sagen muss.«

»Haben Sie nicht seine Nummer?«

»Natürlich habe ich die!«, zische ich und habe Mühe, mein Temperament zu zügeln. »Aber vielleicht ist sein Scheißhandy aus.«

Sie zuckt mit den Schultern, eindeutig jemand, der kein Verständnis für verrückte Gefühle und Romantik hat. Sie bleibt stur und genießt es, das letzte Wort zu haben. Wenn ich nicht wüsste, dass bei meinem Glück gleich wieder die Security anmarschiert, dann würde ich ihr nur zu gerne wehtun und ihr einen der aufgesteckten Nägel abreißen.

Wie unter Schock sehe ich zu, wie die Maschine auf die Startbahn rollt. Als wäre alles in bester Ordnung, beschleunigt sie, hebt ab und verschwindet am Himmel.

»Ist zufällig noch ein Passagier nicht gekommen?«, frage ich die Frau am Schalter leise, bevor sie weg ist.

Sie schüttelt den Kopf »Bedauere, Ma'am.«

Eigentlich will ich nicht weinen und streiche mir ständig die Tränen weg. Aber ich kann nicht anders. Ich bin zu erschüttert. Ich stehe an der Scheibe, blicke blind nach draußen und habe keine Ahnung, was die Zukunft bringt. Mit Niederlagen kenne ich mich aus. Ich musste bereits einige einstecken, aber diese fühlt sich an, als könnte ich sie nicht bewältigen.

»Evan!«, murmele ich, dabei ist mir bewusst, dass er mich unmöglich hören kann.

Er ist weg.

Ich war so nah dran, aber verflucht, vielleicht soll es ja nicht mit uns sein. Hat das nicht auch Evan gemeint?

»Sind Sie Riley Luman?!«

Beim Klang der ehrlich bewundernden Stimme schaue ich blinzelnd auf und runzele die Stirn. Vor mir steht ein brünetter Lockenkopf in sexy kurzen Shorts und einem weiten Shirt. Sie umklammert einen Laptop und ihre Miene wird immer aufgeregter.

»Oh Gott, es tut mir leid, ich wollte Sie nicht stören, es ist nur –«

»Ein Fan?«, nuschele ich. Das ist das Letzte, was ich jetzt brauche. Mir ist nach Betrinken, bis ich nicht mehr denken kann. Gerne auch, bis ich tot umfalle. Nicht danach, freundlich zu lächeln und Autogramme zu geben.

»Curly!«, ruft ein Mann, bepackt mit zig Taschen, der ein Zeichen macht, damit sie endlich kommt.

Sie winkt nur und grinst frech, ohne ihren Blick von mir abzuwenden. »Ich bin Juliet Blake«, sagt sie und streckt mir ihre Hand entgegen.

»Sollte ich Sie kennen?«

»Ähm … Romance Love?« Die Frau ist lustig, aber ich habe keine Ahnung, wovon sie spricht.

Der Typ, der nach ihr gerufen hat, kommt näher und ich ziehe die Luft ein. Er sieht total heiß aus und anders als sie trägt er einen dunklen Anzug. »Ich dachte, wir haben jetzt frei, Baby? Ich hab mich extra beeilt. Das Flugzeug wartet. Und wir sollten …« Er wackelt auffordernd mit den Augenbrauen.

»Sollten wir, Adam?« Sie legt ihm die Arme um den Hals und ich sehe, wie er dahinschmilzt.

Zeit für mich zu gehen. Ohne ein Wort zu sagen, stehe ich auf. Ich kann keine Minute länger ertragen, wie das Pärchen vor mir sich diese tiefen Blicke zuwirft und wie die Frau von ihrem Freund das bekommt, was sie will, während ich leer ausgehe.

»Nein, warten Sie, Sie sind doch Riley Luman, oder?«, plappert die Frau aufgeregt weiter.

»Sind Sie von der Presse?«, frage ich. Ich habe die Nachrichten nicht gecheckt, aber mein Verschwinden müsste dem einen oder anderen mittlerweile aufgefallen sein. Wenn ich jetzt Interviews geben muss … Keine Ahnung, wie ich das schaffen soll.

»Sie ist Autorin«, erklärt der Mann, den sie Adam genannt hat, an ihrer Stelle. »Und ich auch, Adam Maguire.«

Ich runzele die Stirn, schüttele Hände, aber verstehe immer noch nicht, was die Leute von mir wollen.

»Sie lesen nicht viel, oder?«, fragt Juliet amüsiert.

Was findet die denn daran lustig? »Nein, tue ich nicht. Wie Sie richtig bemerkt haben, ich bin Riley Luman und ich fahre Rennen und …« Tief atme ich durch und wische mir über die Augen. »… und gerade ist ein denkbar schlechter Moment. Was auch immer Sie von mir wollen, kann das bitte warten?« Ich will mich abwenden, doch sie hält mich am Arm fest.

»Curly, lass sie!«

»Aber meine nächste Geschichte dreht sich um sie.« Ihre Hand bleibt an meinem Arm, während sie näher zu ihrem Begleiter rückt. »Riley Luman ist die erste Frau, die es in der Nascar-Liga an die Spitze geschafft und sich gegen die Männer durchgesetzt hat. Es ist so schwer, hinter die Kulissen zu schauen. Das ist doch total der glückliche Zufall, sie zu treffen«, plappert sie ganz aufgeregt.

Ich finde sie sympathisch, aber ich kann unmöglich so tun, als wäre alles okay.

»Baby, dann tauscht eure Nummern und gut ist. Ich freue mich seit Tagen darauf, dass du deinen Vertrag erfüllen musst.« Er zieht sie eng an sich, flüstert ihr Dinge ins Ohr und sie kreischt entzückt. Anschließend schaut er zu mir. »Nichts für ungut.«

Ihr Griff lockert sich, aber nur, um ihn zu umarmen und zu küssen, und das ist zu viel des Guten für meine Nerven. Wieder heule ich los. Eigentlich will ich gehen, aber meine Beine tragen mich nirgendwohin.

»Oh Gott, was ist denn passiert?«, fragt sie bestürzt.

Ich habe keine Ahnung, warum, aber das Wort ›Evan‹ kommt mir über die Lippen und dann schütte ich dieser fremden Frau mein Herz aus. In der Kurzfassung. Bis ich beende: »Und das alles, obwohl wir uns an den Kopf geknallt haben, dass wir uns lieben.«

»Pscht!« Beruhigend reibt sie meinen Arm. »Sag mal, können wir nicht …?«, wendet sie sich an Adam.

»Was, Curly?«, fragt er liebevoll.

»Unser Flugzeug ist doch betankt«, fängt die Frau an.

»Mmh …«

»Und wenn wir damit einen Umweg über Calgary nehmen, dann –«

»Brauchen wir zig neue Genehmigungen.«

»Das kriegst du doch hin, oder?«, hakt sie nach.

Er brummt.

»Aber wir holen die Maschine eh nicht mehr ein«, jammere ich, hin- und hergerissen zwischen Hoffnung und Verzweiflung.

»Stimmt, aber da wir privat fliegen, können wir schneller einreisen«, denkt Adam laut nach. »Es könnte tatsächlich klappen.«

Ich schüttele den Kopf. »Ich verpasse ihn seit Stunden. Das wird dort nicht anders sein.«

»Wie, Sie geben auf?!« Nun klingt Juliet empört. »Lassen Sie sich das von einer Autorin für Liebesromane gesagt sein: Man darf niemals aufgeben. Sie haben noch diese eine Chance. Nutzen Sie sie!« Sie grinst breit. »Und auf dem Weg nach Calgary möchte ich jedes Detail hören.«

»Aber wird Ihr Freund nicht –«

»Papperlapapp, Adam liebt mich.«

Wie auf Kommando umschließt er sie von hinten mit den Armen und holt sein Handy aus der Tasche. Er seufzt, sieht aber recht zufrieden aus. »Und wie!«, bestätigt er nur und beißt ihr ins Ohr. »Und auf die Story freue ich mich auch.«

»Ihr glaubt beide an ein Happy End?«, entschlüpft mir und ich merke, wie mir ganz schwindelig wird, weil ich wieder Hoffnung schöpfe.

»Ja«, antworten sie wie aus einem Mund.

36

»Wir schaffen das«, sagt mir Juliet zum mindestens zehnten Mal, während ich in einem Privatflugzeug sitze und ihr meine Geschichte erzähle. Sie nimmt meine Hand, hält sie, und ich sehe in ihren Augen nichts als Zuneigung und Anteilnahme.

»Warum tust du das nur?«, frage ich und duze sie, weil es mir plötzlich angemessener erscheint, schließlich weiß sie mittlerweile so viel von mir.

Sie zuckt mit den Schultern. »Ich liebe Happy Ends, ganz einfach. Außerdem ist es eigentlich egal, wo ich mit Adam bin.« Sie schmiegt sich an den großen Mann, der sich, sobald wir in der Luft sind, lässigere Klamotten angezogen hat. »Hauptsache, er ist bei mir.«

Er grinst zufrieden. »Und wir waren beide noch nie in Calgary.« Er sieht sie warm an. »Ich könnte mal schauen, ob wir statt ans Meer in so eine romantische Blockhütte fahren können.«

»Solange ich dort Strom für meinen Laptop habe«, sagt sie.

»Warum plane ich überhaupt unseren Urlaub!«, ruft er lachend. »Am besten ich überlass das in Zukunft dir.«

»Ich bin ja auch die mit dem Freizeitdefizit, das es aufzuholen gilt.«

»Ja, bist du.«

Ich habe keine Ahnung, wovon die beiden reden. Doch als Juliet meine verdutzte Miene sieht, grinst sie, reicht mir ihren Mac und öffnet ein Dokument. »Du darfst das gerne lesen. Der Roman heißt *Romance Love*, benannt nach meinem Autorennamen. Das ist unsere Story, zumindest ein Teil davon.« Sie küsst Adam. »Aber du musst natürlich nicht, wenn du nicht magst.«

Tatsächlich lese ich so gut wie nie. Wenn dann nur Berichte und Analysen. Ich kann mich nicht erinnern, welches Buch ich zuletzt in der Hand gehalten habe. Wenn ich der Realität entfliehen will, hatte ich bisher andere Methoden. Doch sobald ich anfange, merke ich, wie mich die Geschichte fesselt und gleichzeitig beruhigt. Genau so etwas will ich auch mit Evan erleben.

»Warum hat er nicht um mich gekämpft?«, frage ich mich leise.

»Ich denke, das hat er«, sagt Adam, der mich gehört hat. »Nach allem, was du erzählt hast, war es für ihn schon ein Kraftakt, seinen Job ordentlich zu machen. Gegangen ist er, weil er denkt, das sei das Beste für dich. Er weiß, wie viel dir das Rennen bedeutet.« Als würde er aus eigener Erfahrung sprechen, grinst er. »Und wir Männer kapieren manchmal einfach nicht, dass wir das, was wir wollen, längst haben.«

So schmerzlich es ist, Adam und Juliet zuzusehen, es lässt mich auch Hoffnung schöpfen.

Ich lese das Buch zu Ende und bekomme ganz heiße Wangen, sobald ich mir vorstelle, dass die beiden Hauptfiguren mehr oder weniger eins zu eins vor mir sitzen. Doch als die Maschine sinkt, steigt meine Anspannung wieder.

Juliet ergreift meine Hand und drückt sie fest. »Mach dir keine Sorgen. Hörst du? Wenn er dich nicht sehen will, stürze ich mich auf ihn und werfe ihn zu Boden.«

»Du wirst schön die Finger von fremden Männern lassen!«, knurrt Adam.

»Dann musst du diesen Job eben übernehmen.«

Er seufzt, aber lächelt, als könnte er ihr keine Bitte abschlagen. »In Ordnung, dann tue ich das.«

Sobald wir gelandet sind, tigere ich im Flieger auf und ab und warte darauf, einreisen zu dürfen. Zig American Airlines-Maschinen stehen herum, einige werden schon ausgeladen, was bedeutet, dass auch die Passagiere ausgestiegen sind. Was, wenn ich Evan erneut verpasse?

»Sie können jetzt einreisen«, informiert uns der Kabinen-Steward. Ohne warten zu müssen, werden wir vom Zoll abgefertigt. Und sobald ich durch die Kontrolle bin, schaue ich nach, ob die Passagiere aus Houston bereits eingereist sind. Sind sie.

»Mist!«, fluche ich.

Einige Leute schauen sich um, bestimmt Kanadier, die denken, ich wüsste als Ami nicht, wie ich mich zu benehmen hätte. Aber das ist mir gerade so was von egal!

Im Laufschritt folge ich den Schildern, die anzeigen, wo die Mietwagen abgeholt werden können. Ich verlasse das Flughafengebäude und platze in eine zweite große Halle, in der die Autovermietungen sind.

Schwer atmend halte ich inne und da sehe ich ihn endlich: Evan! Er spricht mit einem Mann, hat schon einen Schlüssel in der Hand und will gerade humpelnd zu den Parkplätzen gehen, wo die Leihwagen stehen.

»Verdammt, Evan, kannst du bitte einmal stehen bleiben!«, rufe ich am Ende meiner Kräfte.

Erst denke ich, er hat mich nicht gehört. Die Sekunden verstreichen wie Ewigkeiten.

Tick-tack.

Tick-tack.

Tick-tack.

Wie in Zeitlupe dreht er sich um und ich setze mich in Bewegung, egal wie finster er schaut. Er steht dort mit ein paar Schrammen auf der Stirn in Jeans, Shirt und Lederjacke. Er lacht nicht. Er wirft nicht die Arme in die Luft. Er kommt keinen Schritt auf mich zu, sondern sieht aus, als würde er einem Geist begegnen.

Mein Herz hämmert laut, aus Angst, dass er mich gleich wieder wegschickt, aber ich kann nicht anders. Ich falle ihm um den Hals, viel zu schwungvoll, dafür dass er erst vor Kurzem aus dem Krankenhaus entlassen wurde, und heule einfach weiter. Ich habe die letzten Tage so viel geweint wie nie zuvor. Aber dieses Mal ist es die pure Erleichterung und Erschöpfung.

»Riley, Baby«, sagt er endlich sanft, nimmt die Krücken in eine Hand, legt langsam seinen Arm um mich und drückt mich an sich. Und so stehen wir wortlos eine ganze Weile da, wie die letzten Überlebenden einer Katastrophe.

Ich kriege keine Silbe heraus und Evan wartet, bis ich mich gefasst habe. Schluchzend klammere ich mich an ihn, erinnere mich, dass er verletzt ist, lockere meinen Griff und packe dann wieder fester zu, damit er mich auf keinen Fall hier stehen lässt.

»Schsch«, flüstert Evan. »Riley, beruhige dich! Meine Güte, was ist denn passiert?« Immer wieder sagt er das, streicht dabei über meinen Rücken, meinen Hals, mein Gesicht. Als müsste er sich überzeugen, dass ich echt bin und kein Traum.

»Evan«, krächze ich bei meinem ersten Versuch zu sprechen. »Evan, wie konntest du mir das antun!« Die Wut gibt mir immer mehr Kraft. »Wie konntest du mir sagen, dass du mich willst, und eine Sekunde später Joyce, dass es zwischen uns vorbei ist?! Wie konntest du nur?« Ich packe ihn fester, aber lasse ihn nicht los. Darauf kann er lange warten. »Weißt du, was du mir damit angetan hast? Ich durfte nicht zu dir, wusste gar nichts und dachte, du stirbst, Evan! Verdammt, ich dachte, du stirbst!«

Ich heule so heftig, dass ich nicht weiterreden kann, und schmiege mich an ihn, atme seinen Geruch ein, überzeuge mich davon, dass er lebt, dass es ihm gut geht, dass er mich will. Und wie! Seine Erektion drückt hart gegen mich, und ich spüre seine Hitze.

»Und du hast dich nicht mal gemeldet, Evan!« Ich kann wieder nicht sprechen, hebe meinen Kopf und wir küssen uns hungrig. Mir ist egal, was er gleich sagt, seine Lippen geben mir die Antwort, die ich hören will. Er liebt mich, heiß und innig und wie verrückt. Denn seine Zunge dringt in mich, nimmt meinen Mund ein, spielt mit mir, entlockt mir ein Stöhnen, bis wir beide nach Luft schnappen.

»Warum zum Henker bist du nicht in Miami?«, fragt er leise, und wenn er mich nicht im Nacken küssen würde, würde ich denken, ich wäre nicht willkommen.

»Ist das nicht sonnenklar? Weil du mir wichtiger bist als dieses Rennen, Evan. Wenn du mich hältst, verblasst die Welt um mich herum. Nichts außer dir existiert. Meine Haut kribbelt, mein Mund wird trocken, meine Nippel hart, das Blut rauscht in meinen Adern. Du machst das. Und wenn du nicht gerade erst diesen Unfall gehabt hättest, würde ich dir echt eine kleben, weil du so eine dämliche Frage stellst.«

Ich schaffe es endlich, normal zu atmen, und blicke ihm tief in die Augen. Er mir auch. Ich muss furchtbar aussehen, verschwitzt, verheult, müde. Aber das ist mir egal. Denn er strahlt mich an.

»Ich liebe dich, Evan. Ich liebe dich so sehr, dass ich nicht ohne dich sein kann. Ich halte vielleicht einen Tag oder zwei oder drei alleine aus. Aber ich muss wissen, dass du zu mir zurückkommst, wenn wir getrennt sind. Denn sonst kann ich nicht leben.« Ich schlucke. »Ich weiß nicht, ob du das verstehst. Ich verstehe es nämlich selber nicht. Ich habe immer noch deine Worte im Ohr, dass ich kopflos bin und mich ständig in Gefahr begebe. Und ich kann dir nicht versprechen, dass ich mich in dieser Hinsicht ändere, aber einer muss ja der Draufgänger sein. Sonst stünden wir jetzt nicht hier.«

»Ich weiß, Riley, schon okay«, sagt er sanft.

»Wirklich?«

»Wirklich.« Er schluckt schwer. »Mir tut leid, dass ich Kevin sagen musste, dass ich dich nicht sehen will«, spricht er weiter und erklärt endlich, warum er so gehandelt hat. »Wir hatten Lance Tannenboum verhört und er hat erzählt, dass es eine Bombe gibt. Keiner hat damit gerechnet, dass sie im Wagen ist. Wir haben ihn so oft überprüft. Aber ich wusste, dass dieser Mann was Gefährliches plant und ich wollte, dass du so weit wie möglich von diesem kranken Arsch weg bist.«

»Du wolltest mich beschützen?!«, frage ich verblüfft.

»Natürlich, Darling.« Er streichelt meine Wange. »Und dich so zu sehen … zu wissen, dass ich dafür verantwortlich bin …« Er drückt mich an sich, küsst meinen Kopf. Und ich genieße seine Wärme und lasse zu, dass ich mich entspanne. Er wollte mich beschützen, von Anfang an.

»Und danach?«, frage ich leise.

»Du meinst im Krankenhaus?«

»Mmh.«

»Da hat Kevin mir versprochen, dass er dir Bescheid gibt. Dass es aber das Beste wäre, wenn du dich auf das Rennen konzentrierst. Schließlich habt ihr dafür alles getan.« Erneut küsst er mich.

»Kevin«, knurre ich.

»Er hat dir nichts gesagt?«

Ich zittere, weil all die Gefühle wieder hochkommen, die Angst, die Sorge, die Verzweiflung. »Nein. Ich bin halb wahnsinnig geworden«, schluchze ich.

»Oh, Riley«. Evan fehlen die Worte und er übersät mein Gesicht mit Küssen, das Einzige, was hilft, diese schrecklichen Tage irgendwie verblassen zu lassen.

»Ich hatte solche Angst um dich«, murmele ich. »Und ich kann verstehen, wie schlimm das für dich sein muss, mir auf der Rennstrecke zuzusehen. Aber das, das war –«

»Ist ja gut, sag nichts mehr«, beruhigt mich Evan. »Das lässt sich doch gar nicht vergleichen. Ich hatte nur Angst, weil ich noch nie selbst so was gefahren bin und nicht wusste, wie sich das anfühlt. Aber jetzt …«

»Du warst ziemlich gut auf der Strecke«, erinnere ich mich.

»Und es hat verdammt viel Spaß gemacht, so Gas zu geben.« Er grinst jungenhaft. »Eigentlich geht es gar nicht darum, verrückte Dinge zu tun, sondern die volle Kontrolle zu haben. Und dann diesen Rausch, diesen Kick zu spüren!« Er schluckt. »Jetzt verstehe ich dich. Das hätte ich schon früher machen sollen. Außerdem stimmt es, dass die Sicherheitsmaßnahmen dabei deutlich erhöht worden sind. Überleg mal, wie wenig mir passiert ist. Ein paar

Prellungen und Knochenbrüche. Nichts wirklich Ernstes. Aber dass du nichts wusstest …«

Er muss nicht mehr sagen. Dass Kevin mich die ganze Zeit in dem Glauben gelassen hat, dass sein Leben an einem seidenen Faden hängt, das schockiert ihn richtig. Denn das hatte er nicht gewollt. Und einfach so heule ich noch heftiger, weil diese verfluchte Angst um diesen Mann wieder hochkommt. Ganz sicher werde ich eine Weile brauchen, bis ich sie wieder los bin.

»Pscht, beruhige dich, jetzt ist alles gut«, wiederholt er.

Ich versuche, meine Gedanken zu sortieren, verstehe endlich das meiste. Nur eine Sache lässt mir keine Ruhe. »Aber wenn du mich nach wie vor willst, was suchst du dann hier in Kanada?!«

»Ähm …«

»Evan!«, empöre ich mich.

»Bedauere, aber das kann ich dir noch nicht sagen.« Ich mache ein finsteres Gesicht und er lacht. »Ich hab geplant, auch mal was Verrücktes anzustellen.«

Ich pruste los. »Soso! Du brauchst einen Plan, um spontan zu sein?«

»Sehr richtig.«

»Und er wird mir gefallen?«

»Ja.« Mich trifft ein schneller Kuss. »Hoffe ich zumindest. Aber ich fürchte, dazu muss ich dich erst wieder zurückfliegen lassen, du fährst das Rennen und dann –«

»Ich geh auf keinen Fall ohne dich«, sage ich. Ich fühle mich weiterhin wie auf Entzug und kann mir nicht vorstellen, Evan loszulassen. Meine Finger sind einfach nicht damit einverstanden.

»Riley, verdammt!«, knurrt er und mir wird ganz warm, weil alles genau so ist, wie es sein soll.

»Was? Bringt das etwa deinen Plan durcheinander?« Ich kann mir den leicht neckischen Unterton nicht verkneifen. Denn wer macht schon Pläne für spontane Überraschungen?

»Ja, tut es.«

»Pech!«

»Wie, mehr sagst du nicht außer ›Pech‹?!« Er kitzelt mich, und ich lache schallend und lasse ihn los. *Mist!* Als er aufhört, schnappe ich nach Luft und er zieht mich gleich wieder an sich.

»Weißt du, wenn du nicht mit mir kommst, dann muss ich bleiben«, sage ich.

»Das verbiete ich dir, Riley.«

»Als hättest du hier das Sagen!«

»Hab ich auch.«

»Mit welchem Recht?«

»Na, ich bin dein Bodyguard.«

»Blödsinn, das war und ist Makoto.«

»Sicher? Denn ich denke, ich passe auf jeden Zentimeter von dir auf.« Seine Hand wandert zu meinem Hintern.

»Jetzt manipulierst du mich.«

»Weil du mir sonst nicht zuhörst.«

»Ich höre dir zu.«

»Ach ja? Und trotzdem machst du nie, was ich will.«

»Du machst doch auch nicht, was ich will«, sage ich.

»Manchmal bist du echt unmöglich, Riley.«

»Sagt der unmöglichste Kerl von allen.«

Wir streiten uns ewig, weder laut noch schlimm, aber schon so, dass man denken könnte, wir wären seit hundert Jahren verheiratet.

»Und wenn du die Überraschung verzögerst?«, fragt Juliet, die mir zusammen mit Adam gefolgt ist, weil sie auf den Ausgang meiner Liebesgeschichte gespannt ist, und unsere kleine Auseinandersetzung breit grinsend verfolgt hat, als würde sie so was auch nicht jeden Tag miterleben.

Evan sieht sie verdutzt an.

»Dieses nette Paar hat dafür gesorgt, dass ich hier bin«, erkläre ich kurz.

»Also?«, hakt Juliet nach.

»Das geht nicht. Es ist alles so geplant, dass –«

»Aber man könnte es noch ändern, oder?«, forscht sie nach, obwohl Adam, ihr Mann, möchte, dass sie das lässt.

»Ja, könnte man«, gibt Evan zu.

»Na bitte! Dann fahrt doch beide nach Miami zurück und später wieder hierher. Riley wartet garantiert gerne auf ihre Überraschung.«

»Das ist total verrückt«, sagt Evan.

»Also mir gefällt das!«, sage ich.

»Das dachte ich mir.« Doch statt sich mit mir zu streiten, zieht er mich an sich. »Aber weißt du was, Riley? Mir auch.« Seine Hände wandern unter mein Shirt und mir wird ganz warm.

»Ich ahne, warum«, sage ich diskret, als ich seine Erektion spüre.

Evan knabbert an meinem Hals und ich seufze. »Du hast mir wahnsinnig gefehlt.«

»Du mir auch.«

37

Du bist zurück!«, jubelt Kevin, als er mich sieht. Drei Sekunden später knallt ihm Evan eine. »Bist du verrückt geworden?!«, knurrt er seinen Bruder an und reibt sich die Wange.

»Mach das *nie* wieder! Wie konntest du Riley tagelang im Ungewissen lassen?! Das eine ist, dass ich gesagt habe, dass *ich* sie nicht sehen will. Aber hast du eine Ahnung, wie es *ihr* ging?«

Kevin weiß genau, wovon Evan redet, von den Tagen nach dem Unfall, und zieht ein schuldbewusstes, betroffenes Gesicht.

»Scheiße, es tut mir leid, aber du bist mein Bruder. Und auch wenn es idiotisch klingt, aber in meinem Kopf hämmerte es immer wieder: Wenn Riley nicht gewesen wäre, dann wäre ihm auch nichts passiert. Ich weiß, dass man das, was ich gemacht habe, nicht tut. Würde man mich im Unklaren darüber lassen, wenn Joyce was passiert wäre, ich würde durchdrehen. Aber ich konnte nicht anders. Falls es dich glücklich macht, Joyce klebt mir deshalb auch jeden Tag eine.«

Ich will gar nicht lachen, sondern auf Kevin sauer sein. Aber wie er dort steht und zugibt, von seiner Verlobten vermöbelt zu werden … Das glättet die Wogen gewaltig.

Noch dazu, da ich schon dachte, dass Kevin mich nicht für gut genug für seinen Bruder erachtet.

»Alles wieder in Ordnung zwischen uns?«, fragt er und sieht mich wie ein Häufchen Elend an.

»Alles wieder in Ordnung«, sage ich und drehe mich zu Joyce. »Und du … alle Achtung, Respekt! In dir steckt ja eine echte Boxerin!«

»Es geht hier schließlich um meine beste Freundin.« Sie fällt mir erleichtert um den Hals. »Und wie man sieht, hab ich das Richtige getan, als ich mich über diesen Dummkopf hier«, sie knufft Kevin, »hinweggesetzt habe.«

»Definitiv!« Ich kuschele mich enger in Evans Arme, mein Lieblingsplatz seit Calgary. Evan hat nur eine Stunde gebraucht, um seine geplante Überraschung zu verschieben und wir sind Seite an Seite zurückgeflogen.

Mittlerweile ist es spät geworden, wir waren einen ganzen Tag unterwegs. Ich habe zwei weitere Testrunden verpasst, aber Kevin hat mir versichert, dass das nicht schlimm ist. Wir haben Nick fahren lassen, damit ich weiterhin zugelassen bin, und die Jungs haben sich um den Wagen gekümmert. Ich brauche mir keine Sorgen zu machen und das tue ich seltsamerweise auch nicht, denn ich habe jetzt alles, was ich will.

Als Evan und ich schließlich das erste Mal zusammen in mein Bett im Truck fallen, merke ich, wie mich eine wundervolle Ruhe erfasst. Evan legt sich zu mir, wir drängen uns aneinander und ein wohliger Schauer läuft mir über den Rücken.

»Alles in Ordnung?«, fragt Evan leise an meinem Ohr.

»Ja«, hauche ich erstickt. Ich muss nichts erklären, denn Evan spürt genau, wie es mir geht. Ich sehne mich nach ihm und will mehr als nur Küsse.

Seine Hand wandert unter mein Shirt, streicht meine Seite entlang, von der Hüfte aufwärts, bis sie meinen Busen erreicht. Ich seufze und genieße, wie all der Stress meinen Kopf verlässt und mein Körper das Kommando übernimmt.

»Besser?«, fragt er, dabei kennt er die Antwort.

»Noch nicht ganz.« Provokativ winde ich mich und reibe meinen Po an seinen Hüften. Mit Erfolg. An seinem tiefer gehenden Atem und seinem härter werdenden Penis merke ich, dass er verstanden hat, was ich will.

»Soso«, sagt er leise küssend an meinem Hals, lässt seine Hand abwärts über meinen Bauch gleiten und berührt mich an meiner intimsten Stelle, wo ich feucht bin und brenne. »Und wie ist es jetzt?« Sein Daumen massiert meinen Kitzler und ich muss mir auf die Lippen beißen, um nicht laut zu schreien.

»Evan!«

»Und nun?« Er dringt mit seinen Fingern tiefer in mich ein, und ich klammere mich an seine Hand und halte ihn auf. »Gut oder schlecht?«, fragt er, richtet sich nach mir, nach dem, was ich will.

Wenn er so fragt, ist die Antwort leicht: Ich löse meinen Griff und öffne meine Beine. Eindeutig: gut. Ich möchte, dass er weitermacht und mein Körper wie Wachs unter seinen Händen dahinschmilzt. Dass mich dieser Mann mit all seiner Aufmerksamkeit liebt. »Evan, ich –« *komme gleich*, will ich sagen.

»Ich weiß, dass dir das gefällt.«

»Aber was ich sagen will, ist –«

»Dass du mehr willst?« Nun verwöhnt er mich mit einem weiteren Finger. »Oder weniger?« Er zieht sich vollständig zurück und spielt mit meinem Kitzler.

»Oh Gott!«

»Leise! Die Wände im Truck sind nicht besonders dick, Darling.«

»Dann quäl mich nicht so!«

»Es macht aber Spaß.« Er nimmt mich wieder tiefer. »Nicht nur mir.«

Zärtlich berührt mich Evan weiter, spielt mit mir und meiner Lust. Am liebsten möchte ich ihn endlos so spüren. Seine Wärme in mich aufsaugen, wie unsere Haut klebt, wie sein Atem mich streift. Aber es geht nicht. Ich kann mich nicht länger zurückhalten, zu sehr habe ich mich nach seinen Berührungen verzehrt.

»Evan!« Laut stöhnend komme ich an seiner Hand.

»Sag bloß, dir hat das langsame Tempo gefallen?«, neckt er mich.

Wenn er wüsste! »Mir hat *unser* Tempo gefallen«, erkläre ich.

»Unser Tempo?« Ich spüre, wie er lächelt, als er sich mein Schlüsselbein entlangküsst.

»Aber ich mag es natürlich auch etwas schneller.« Pure Untertreibung, und das weiß er, denn er lacht und sein Atem kitzelt mich.

»Kann ich mir bei dir gar nicht vorstellen.«

»Deshalb kläre ich dich ja auf.« Ich drehe mich in seinen Armen, nehme auf sein geschientes Bein Rücksicht. Evan legt sich zurück und ich stütze mich über ihm auf. »Und du musst mir nichts vormachen, dir gefällt das auch.« Mit Absicht ziehe ich mit dem Finger neckende Kreise auf seinem Oberkörper und empfinde eine tiefe Genugtuung, als er leise stöhnt. Bis ich neben den alten Narben die neuen, heilenden Verletzungen bemerke und zusammenzucke.

»Nein! Hör nicht auf!«, sagt er, als ich meine Hand zurückziehen will. Er nimmt sie und führt sie über seinen Körper. »Meine schlimmste Verletzung ist ein gebrochenes Bein. Die anderen Körperteile funktionieren dagegen ausgezeichnet.« Mich küssend richtet er sich auf. Dann packt er mich an der Hüfte und hebt mich auf sich. »Und sie machen jedes Tempo mit, das dir vorschwebt.«

Ganz Gentleman will Evan mir die Entscheidung überlassen. Dabei weiß ich ja nun, dass er beide Arten von Sex mag – schnellen wilden und ruhigen sinnlichen. Und nachdem ich viel zu oft bekomme, was ich will, finde ich, dass er diesmal dran ist. Provokativ bewege ich meine feuchte Mitte an seinem harten Schaft. »Sicher, dass ich den Ton angeben soll? Es könnte sein, dass ich mir richtig Zeit lasse.«

»Das glaube ich kaum. Riley Luman fährt ja auch nicht in Schrittgeschwindigkeit.«

»Hmm«, entgegne ich nur, beuge mich vor, küsse ihn und sorge dafür, dass er jede Sekunde davon spürt, wie bereit ich bin.

»Riley, verdammt!«

»Was denn? Ich denke, auf die Art magst du es?«, tue ich unschuldig und hoffe, dass er schwach wird, weil ich selbst brenne und ihn in mir spüren will.

»Ich –« Seine Arme umschlingen mich fester, als könnte er mich auf diese Art einnehmen, ohne in mich zu dringen.

»Wolltest du mir was sagen?«, hauche ich in sein Ohr und knabbere an seinem Hals. »Ich geb mir solche Mühe.«

»Wenn du so weitermachst, erlebst du mich gleich ganz anders, Riley!«

Im Halbdunkel funkeln seine Augen und mir fällt endlich ein, welche Farbe sie haben: wie das Meer. Gerade ist es dunkel, tosend und gefährlich wild. »Dann muss ich wohl weitermachen«, sage ich leise und bewege meine Hüften nur um wenige Millimeter.

»Du willst also wissen, was ich möchte?«

»Ja, Evan.«

»In Ordnung, ich zeig es dir!« Evan wirft mich auf den Rücken, verzieht kurz das Gesicht, weil er sein Bein ungünstig belastet hat, aber lässt sich davon keineswegs aufhalten. Entschlossen drückt er meine Schenkel auseinander und nimmt mich. Stöhnend vergräbt er sich tief in mir, harrt dort genau so lange aus, wie er braucht, um mich zu küssen, und liebt mich dann mit harten Stößen, denen ich nichts entgegenzusetzen habe.

»Oh Gott!«, stöhne ich, kralle mich in seinen Rücken und umschlinge ihn mit meinen Beinen. Ich kann kaum glauben, wie schön sich das anfühlt, und fürchte, gleich wieder zu kommen.

»Den wirst du brauchen, wenn du dich nicht noch einen Moment zurückhältst.« Jetzt wechselt er das Tempo und beweist, dass langsam nicht unbedingt schlechter ist. Er dringt tiefer, hält inne, bewegt sich.

»Evan, tu mir das nicht an!«, keuche ich.

»Verstehe ich richtig, dass du gesagt hast, ich soll so weitermachen?«

»Evan!« Er dreht den Spieß gnadenlos um, verwöhnt mich und reizt mich, bis jede Zelle meines Körpers kribbelt.

»Sag, dass du mich willst, Riley!«

»Ich will dich.«

»Sag, dass du mich brauchst.«

»Ich brauch dich, Evan.«

»Und jetzt, lass los, Darling, komm für mich! Und versuch gar nicht erst, dich dagegen zu wehren, um es mir noch schwerer zu machen.«

»Evan!« Für den Bruchteil einer Sekunde spiele ich mit dem Gedanken, das hier aufzuhalten. Aber es ist unmöglich. Während er mich mit tiefen Stößen nimmt, weder zu schnell noch zu langsam, sondern genau so, dass ich ihn am intensivsten spüre, erlebe ich einen dieser Orgasmen, die einen erschüttern. Mein Innerstes zieht sich immer wieder eng zusammen und jede von Evans Berührungen löst weitere kleine Explosionen unter der Oberfläche aus. Als ich glaube, dass es nicht besser werden kann, kommt Evan ebenfalls. Dabei murmelt er meinen Namen wie ein Gebet, als wäre ich seine Erlösung.

Bis wir beide Haut an Haut zu uns kommen. »Na?«, sagt er leise und dreht sich, damit ich auf ihm liegen kann.

»Na?«, mache ich ihn nach.

»Keine weiteren Neckereien?«

»Du hast mir den Verstand rausgevögelt. Also: nein.«

Zufrieden lacht er, küsst meine Schläfe und seine Hände streicheln über meine Schultern. »Sehr gut. Dann schlaf jetzt, morgen ist dein großer Tag.«

Stimmt, das hatte ich irgendwie verdrängt. »Ähm, das eben war aber kein Sex, der nur dazu diente, dass ich schlafen kann und morgen fit bin?«, frage ich alarmiert.

»War ich so schlecht?«, fragt er lachend. »Wie kommst du denn darauf?! Das war natürlich Sex, weil wir total scharf aufeinander sind und nicht die Finger voneinander lassen können.«

»Dann ist ja gut«, murmele ich schläfrig an seinem Hals.

»Hast du echt vergessen, was morgen ist?«, fragt er.

»Du stehst jetzt eben für mich an erster Stelle.« Begleitet von Evans Atemzügen und fest umarmt, als hätte er Angst, dass ich nachts abhaue, schlafe ich ein und bin so glücklich wie nie zuvor.

38

Der letzte Renntag der Saison ist vollgepackt mit Terminen, Interviews und Fotoshootings, die ich nachholen muss. Ausnahmsweise kann ich noch einen kurzen Testlauf auf der Strecke durchführen – unter frenetischem Jubel der Fans. Dann beginnt das Finalspektakel, der Tag, auf den wir alle hingearbeitet haben.

»Fahr vorsichtig«, sagt Evan, gibt mir einen Kuss und wünscht mir viel Glück, genau so, wie ich es mir immer ausgemalt habe.

»Überleg dir für die Zukunft bessere Witze!«, gebe ich zurück. Denn ich werde niemals wie eine lahme Ente über den Asphalt kriechen.

Er beugt sich mit finsterer Miene in den Wagen und nimmt mir noch mal den Helm ab. »Nie im Leben!«

»Oh-o«, mache ich.

»Oder soll ich in Zukunft immer das Tempo angeben?«

Mir wird unheimlich warm und ich muss sofort an die letzte Nacht denken. »Warum nicht?«

»Vielleicht gefällt es dir dann aber nicht mehr so gut?«

»Das kann ich mir nicht vorstellen.« Versöhnlich küsse ich ihn zurück. »Alles mit dir gefällt mir, Evan. Wenn du mich ärgern willst, musst du dir schon was Besseres überlegen.«

Er küsst mich wieder und beißt mich so fest, dass ich etwas Blut schmecke. »Dann denk an mich, wenn es brenzlig wird, okay?«

Ich bin plötzlich ganz außer Atem. »Okay, Darling. Natürlich.« Denn niemals möchte ich, dass Evan auch nur einen Bruchteil dieser Angst erleben muss, die ich um ihn hatte.

Mit klopfendem Herzen nehme ich meine Position ein. Die grüne Flagge wird geschwenkt und über vierzig Motoren heulen auf. Es geht los, und ich gebe Vollgas.

Obwohl ich die Poleposition habe, verpatze ich den Start und rutsche auf Platz vier. Michael gibt mir die Zeiten der anderen Fahrer durch, und ich konzentriere mich, um wieder einen Platz wettzumachen. Ich werde keine Chance verschenken. Ich werde allen beweisen, wie gut ich bin.

Ein Fehler beim Boxenstopp kostet Ryan Tanner auf der Hälfte des Rennens wertvolle Sekunden. Ich selbst werde auch einmal wegen der Reifen halten müssen. Es ist einfach zu warm auf der Strecke.

»Ich komme rein!«, informiere ich mein Team, als ich an ihnen vorbeirase. Das ist mein Signal, dass sich alle bereithalten, weil ich nach der nächsten Runde den Reifenwechsel erledigen will.

»Machen Jeff und Martin keinen Stopp?«, rufe ich Michael zu, als ich halte.

»Jeff kommt jetzt rein«, informiert er mich.

»Super.« Die Reifen sind gewechselt und ich gebe wieder Gas. Solange mein Rennkollege ebenfalls den Stopp macht, habe ich die Illusion, vorne zu liegen, aber das täuscht. Sobald er aus der Box raus ist, sind wir fast gleichauf.

Verbissen versuche ich, an Jeff Meyers vorbeizukommen, aber es klappt nicht. »Verdammte Kacke«, rotze ich ins Mikrofon.

»Stell dir doch vor, das wäre ich und du willst mir so richtig in die Eier treten!«

Das ist Evan, den offensichtlich das Rennfieber gepackt hat und der Kevin nicht mehr allein den Funk überlassen kann. Ich muss laut lachen. »Das funktioniert nicht mehr, Darling! Jetzt da ich dich liebe«, flirte ich ziemlich unangebracht, kann es aber auch nicht lassen.

»Dann stell dir eben vor, ich wäre dort und du willst mir an die Wäsche. Besser?«

»Besser«, hauche ich und nehme weitere Infos von Michael auf.

»Leute, müssen wir uns in Zukunft immer euren Sextalk anhören?«, fragt Kevin amüsiert.

»Ja«, sagen ich und Evan wie aus einem Mund, und alle lachen.

Gekonnt mache ich Plätze gut und schaffe es, im letzten Drittel eine Nasenspitze vorne zu liegen, schnuppere quasi schon die Siegerluft. Das Publikum dreht durch, Evan feuert mich mit an, staucht mich aber auch zusammen, wenn ich in den Kurven zu waghalsig fahre. Dann hängt sich ein Fahrer an mich und bremst mich, lässt sich von meinem Windschatten ziehen.

»Fuck!«, brülle ich und gebe mein Bestes, um ihn abzuschütteln. Nach drei Runden gelingt es mir endlich, ich bin wieder auf der Zwei.

»Versuch die Position zu halten!«, sagt Michael.

»Aber ich möchte –«

»Hör auf den Mann!«, knurrt Evan. »Oder du schuldest mir was.«

»Sag bloß, das würde mir dieses Mal nicht gefallen?«, keife ich, weil mir Evans ernster Tonfall missfällt.

»Garantiert nicht. Du wirst bestimmt lange daran denken.«

»Evan, du kannst doch nicht vor allen andeuten, dass du mir den Hintern versohlen willst. Noch dazu, wenn wir darüber nie zuvor gesprochen haben!« Ich bin entsetzt.

»Woran du nun wieder denkst! Glaubst du, ich will dich schlagen?! Ich kenne weit schlimmere Strafen.«

»Dein langsames Tempo?«

»Zum Beispiel«, sagt er und ich spüre förmlich, wie er dabei perfide lächelt. »Und wenn du nicht kommen darfst. Wie klingt das?«

»Uff!«, stöhne ich und habe Mühe, den Wagen so zu steuern, wie ich es müsste.

»Kinder, sollen wir euch die Leitung allein überlassen?«, schaltet sich Kevin ein.

»Wir hören ja schon auf«, maule ich und versuche erneut, mich durchzusetzen und an Martin O'Neill vorbeizuziehen, der vorne liegt. »Mann!«

»Noch fünf Runden, lass es, Riley!«, gibt mir Michael durch, und ich weiß, er hat alles berechnet, ich kann lediglich meine Position halten, mehr nicht. Aber dennoch liefere ich ein spannendes Rennen. Alles oder nichts, so läuft es im Leben.

Als die weiße Flagge geschwenkt wird, die die letzte Runde ankündigt, gebe ich noch mal Vollgas. So leicht mache ich es Martin nicht. Soll ja niemand nachher sagen, ich hätte ihm den Sieg geschenkt. Dann rase ich über die Ziellinie.

»Woah, du bist Zweite!«, jubelt mein Team und erst jetzt merke ich, wie großartig das ist. Ich bin Zweite geworden. Die erste Frau, die überhaupt so weit gekommen ist, und damit die Gewinnerin der Herzen, zumindest laut den Moderatoren, die das Rennergebnis aufgeregt kommentieren.

Entschuldigend sehe ich zu Martin, dem eigentlich die Lorbeeren gehören. Aber er sieht es sportlich, hebt beide Daumen für sein Okay und gönnt es mir, im Mittelpunkt zu stehen. Ich forme eine Kusshand und Evan meldet sich in der Leitung. »Hör auf, mit fremden Männern zu flirten!«

»Ja, du Macho!«

»Flittchen!«

»Spielverderber.«

Wir tun es schon wieder: Wir zoffen uns wegen nichts. Doch dieses Mal muss ich lachen, weil ich uns zu komisch finde.

Sobald ich an der Box halte, zerrt mich mein Team aus dem Wagen. Die Verrückten!

So schnell es geht, ziehe ich mir die Handschuhe aus, fummele an meinem Helm herum, um den auch noch loszuwerden. Kevin nimmt ihn mir schließlich ab und ich falle Evan um den Hals.

»War es auszuhalten?«, frage ich ihn.

»Jetzt ist es besser«, gibt er zu und zieht mich enger an sich heran.

»Awww, du kannst so süß sein.«

Statt einer Antwort küsst er mich stürmisch. Eine seiner Hände legt sich auf meinen Hintern und er presst mich an sich, lässt mich seine Hitze spüren. Ich fahre unter sein Shirt und kralle mich in seinen Rücken. Es ist ein bisschen wie Sex im Stehen und ich liebe es.

Das Kreischen der Menge bringt mir wieder zu Bewusstsein, wo wir sind. Aus den Augenwinkeln bemerke ich, wie die Bühne für die Siegerehrung vorbereitet wird. Weitere Teams stürmen zu Martin, um zu gratulieren.

»Ich muss«, sage ich zu Evan und zeige nach vorn, meine aber eigentlich: Ich will. Immerhin sind die Leute da draußen, mit denen ich mich gerangelt habe, meine Jungs. Wir sind eine verrückte Familie.

»Ich weiß«, sagt Evan, gibt mich frei und schiebt mich aus der Box raus auf die Strecke. »Dann geh!«

Ich bin happy, überstrahle sogar den Gewinner. Mein Puls schlägt schnell aber gleichmäßig, die Sonne scheint. Alles ist in bester Ordnung und ich muss mir um nichts Sorgen machen. »Evan!« Aus einem Impuls heraus drehe ich mich um und suche noch mal die Verbindung zu ihm.

Fragend zieht er die Augenbrauen hoch, aber bleibt, wo er ist.

»Ich liebe dich!«, rufe ich.

Wir bewegen uns aufeinander zu, fallen uns um den Hals, küssen uns. Die anderen Fahrer warten, bis ihre Frauen kommen, aber ich kann das nicht. Ich brauche diesen Mann auf der Stelle.

»Ich liebe dich auch, Riley!« Er löst sich abermals. »Und jetzt feiere mit deinen Jungs.« Er grinst. »Ich bin später dran.«

Mir wird heiß. »Bekomme ich einen Tipp, was du geplant hast?«

Evan zieht meinen Kopf zu sich heran und beißt mich in die Unterlippe. »Reicht dir das?«

Er weiß genau, was das mit mir anstellt. »Ich beeile mich«, sage ich. Bevor er mir jedoch weitere Versprechungen macht, die mich nicht klar denken lassen, küsse ich ihn ein letztes Mal. Dann löse ich mich von ihm und renne zu den anderen.

»Martin! Glückwunsch!«, rufe ich über die Strecke, schließlich war er oft genug Zweiter und hat sich den Pokal mehr als verdient. Er hört mich, wir umarmen uns und der Jubel schwillt an.

»Da hast du es uns Jungs aber mächtig gezeigt. Leo wäre stolz auf dich!«, sagt er.

»Ja, das wäre er.« Ich bin gerührt, dass er meinen Bruder erwähnt, und weiß, dass er recht hat. Wenn Leo noch leben würde, dann würde er jedem Einzelnen sagen, dass die Frau dort auf Platz zwei seine Schwester ist. »Und er würde jedem erzählen, dass ich nächstes Jahr haushoch gewinne.«

Martin lacht schallend. Soll er nur! Man muss daran glauben, dass Träume wahr werden, egal wie groß sie sind. Erst dann erfüllen sie sich. Er will noch etwas sagen, aber er wird auf die Bühne gerufen, um sich seinen Pokal abzuholen. Champion 2016.

Die Menge johlt und flippt total aus. Sekt fließt und Fotos werden gemacht, Kameras umschwärmen uns. Es ist eine einzige große Party.

Bis Martin so verrückt ist, mich zu sich auf die Bühne zu holen.

Als ich mitten in seinem Rennstall stehe, dreht das Publikum richtig durch. Die Leute wissen gar nicht, welchen Namen sie zuerst rufen sollen.

»Lass das!«, sage ich bescheiden. »Das ist dein Moment, nicht meiner.«

»Unsinn! Hörst du nicht zu? Die wollen dich feiern. Also hol dir deinen Applaus gefälligst ab!« Er schubst mich einen Schritt vor und applaudiert mir, und ich stehe dort und bekomme etwas vom Schampus ab, der gerade über ihm ausgekippt wird.

Ich bin so irre glücklich, dass ich fast fürchte, so viel Gutes nicht verdient zu haben. Ich schüttele den Kopf. Was für ein Quatsch! Dafür habe ich gearbeitet, geschuftet, gekämpft. Dafür den ganzen Mist in den letzten Wochen mitgemacht, für diesen Moment den Stress ertragen und dann, Glück im Unglück, den Mann getroffen, der für mich die Welt bedeutet.

Überwältigt drehe ich mich um und halte nach Evan Ausschau.

Ich entdecke Kevin und Joyce, die alles mit ihren Handys aufnehmen. Michael, Fernando und Nick liegen sich in den Armen. Linda und Makoto kommen aus dem Backoffice ebenfalls zu uns.

Ich gehe Grüppchen für Grüppchen durch. Nur den einen Menschen, den ich suche, finde ich nicht.

Doch bevor ich Panik bekommen kann, wo Evan sein könnte, schallt plötzlich seine vertraute Stimme blechern über die Lautsprecher der Rennstrecke. Was bedeutet, dass er das Mikrofon hält, das eigentlich als Sieger Martin in der Hand haben sollte.

»Ich weiß, ihr wollt alle hören, was Martin O'Neill euch zu sagen hat«, beginnt er. »Aber er hat mir erlaubt, davor noch was loszuwerden, für einen ganz besonderen Menschen. Riley? Würdest du dich mal bitte umdrehen?«

Mir klappt die Kinnlade herunter. Ich schlage die Hände vor das Gesicht und reiße meine Augen so verflucht weit auf, dass ich hoffe, dass jemand Bilder von diesem Gesichtsausdruck macht. Ich muss wirklich lustig aussehen. Keine drei Meter hinter mir, ebenfalls auf der Bühne, steht Evan.

»Riley, du weißt, ich hab es nicht so mit spontanen Aktionen, aber keine Ahnung, warum … Wenn nicht jetzt, wann dann? Dieser Moment ist ziemlich perfekt, finde ich.«

Er ist total aufgeregt, er, der Kerl, der durchs Feuer geht, wenn er muss. Und ich bin es mit ihm und habe das Gefühl, gleich loszuheulen vor Rührung. Was meinen Ruf ruinieren würde. Nach außen bin ich doch das toughe Rennfahrergirl!

»Evan!«, kann ich nur sagen. Wobei er das weder hören kann, weil ich zu weit weg bin, noch sehen, weil ich die Hand vor dem Mund habe. Aber ich glaube, er weiß es trotzdem. Er kennt mich schließlich.

Dann sinkt er völlig unerwartet auf die Knie und ich fürchte, ich werde gleich ohnmächtig. Das Publikum dreht durch. Es ist nur noch am Kreischen. Aber wenn ich zu Evan schaue, dann ist mir, als wären wir die einzigen Menschen und eine angenehme Ruhe legt sich über mich.

»Riley Luman, ich werde nie den Tag vergessen, an dem ich dich das erste Mal gesehen habe. Du hattest dieses sexy kurze Kleid an und hast mit so vielen Männern geflirtet, dass ein Teil von mir eine Reihe böser Dinge mit dir anstellen wollte.«

Die Menge lacht, doch sein Blick ist fest auf mich gerichtet, keine Spur amüsiert, sondern auf genau die richtige Art und Weise ernst.

»Sorry, Darling, aber ich habe dich abweisen müssen, denn ob dir das gefallen hätte …« Er zwinkert mir zu, jetzt etwas entspannter. »Und bei unserer zweiten Begegnung wolltest du mich am liebsten umbringen, du garstige, starrköpfige, wundervolle Frau.«

Wieder lachen Leute.

»Erst dachte ich, dass jemand wie du nicht in mein Leben passt. Du bist das Chaos, pure Energie, nicht zu bändigen, mit deinem unglaublich sturen Kopf und deiner noch größeren Klappe.«

Automatisch schließe ich den Mund und stemme die Hände in die Hüften, protestierend, sodass er lacht.

»Ja, du weißt, dass ich recht habe. Aber das ist völlig in Ordnung. Erst durch dich habe ich erkannt, dass das Leben nichts wert ist, wenn man nicht ab und zu ein Risiko eingeht. Dass man seinem Herzen folgen muss, auch wenn man Gefahr läuft, sich zu verletzen. Dass es nicht darauf ankommt, die Regeln zu befolgen, sondern ob am Ende des Tages der eine Mensch glücklich ist, der zählt.« Er schluckt sichtbar. »Komm her, Darling!«

Er winkt mich zu sich und ergreift meine Hand. Zum Glück, denn ich fühle mich derart wackelig auf den Beinen, dass ich nicht sicher bin, wie lange ich noch alleine hätte stehen können.

»Ich weiß, du hast es nicht so mit Formalitäten.« Wieder lacht er. »Aber um diese eine kommen wir nicht herum.« Jetzt laufen mir die Tränen über die Wangen, aber ich lache, weil ich mich so freue. Evan setzt das Mikrofon ab und sagt ausschließlich für mich bestimmt: »Riley Luman, möchtest du meine Frau werden?«

»Du bist verrückt!«, platzt es aus mir heraus.

Fragend hebt er die Augenbrauen.

»Ich kann ja wohl schlecht Nein sagen, was denkst du denn?!«, ärgere ich ihn. Ich muss, so bin ich eben.

»Riley, kannst du bitte –«

Evan findet das dieses Mal nicht komisch und seine Blicke erdolchen mich, wie bei unserer ersten Begegnung. Grinsend falle ich wie er auf die Knie. »Natürlich, du Idiot! Ja, Evan Crawford, ich möchte deine Frau werden.«

Wir küssen uns, bis ich mitbekomme, wie das Publikum rumort. Selbstbewusst greife ich nach dem Mikro, das neben mir auf dem Boden liegt, und verkünde: »Leute, es ist euch ja wohl allen klar, dass mich dieser Mann eben, Evan Crawford übrigens, gefragt hat, ob ich seine Frau werden will. Und ihr braucht gar nicht zu buhen, ich habe offensichtlich Ja gesagt. Oder wonach sah das aus?«

Das Jubeln der Menge höre ich nicht, als ich Martin das Mikro zurückgebe. Ich liege in Evans Armen und kann nicht fassen, was er getan hat. Noch dazu total spontan.

»War es das, was du in Calgary vorhattest? Mir einen Antrag machen?«, dämmert mir. Das würde die Geheimnistuerei erklären.

»Möglich.«

»Was war geplant?«, frage ich.

»Ist doch jetzt egal. Mal vom fehlenden Ring abgesehen, der in Kanada auf dich wartet: Das hier ist besser, oder?«

»Viel besser!« Ich lache. »Aber was auch immer du vorbereiten wolltest, wir können ja trotzdem nach Cal–«

»Scheiß auf Calgary!«, sagt Evan und küsst mich hungriger als je zuvor.

»Sag bloß, du bist plötzlich ein Adrenalinjunkie, der den nächsten Kick sucht«, necke ich ihn.

Evan lacht. »Ich würde eher sagen, den hab ich gefunden.« Er meint mich, ich bin sein Kick.

»Ich liebe dich, Evan Crawford, alles an dir, auch wenn du wieder den Kontrollfreak und die Spaßbremse raushängen lässt.«

»Und ich liebe dich, auch wenn du völlig durchgeknallte Sachen machst. Hauptsache, dir geht es dabei gut.«

Erneut küssen wir uns. Ich habe nicht mitgezählt, zum wievielten Mal. Dann sagt Evan so leise, dass nur ich ihn verstehen kann: »Wie lange dauert das hier eigentlich noch?«

»Gute Frage«, sage ich, denn ich kann es kaum erwarten, gleich mit diesem Mann allein zu sein. »Ich gebe Interviews, Autogramme, noch mehr Interviews, das Team feiert, es gibt eine Pressekonferenz, Fototermine, das volle Programm.«

Evan verzieht das Gesicht.

»Hey!« Wir sehen uns tief in die Augen. »Aber danach gehöre ich ganz dir.«

»Zu hundert Prozent?«

»Zu hundert Prozent.«

»Und ich kann mit dir anstellen, was ich will?« Sein Finger fährt über meinen Rücken.

»Ich bestehe darauf.«

Ich möchte weiter flirten, aber Joyce unterbricht uns und leert die erste Sektflasche direkt über mir. »Auf Riley Luman, die größte Rennfahrerin aller Zeiten!«

»Auf dich!«, sagt Evan.

»Und auf dich«, sage ich, weil ich nichts ohne ihn wäre, den Mann, der meine Geister der Vergangenheit vertrieben und die Liebe in mein Leben zurückgebracht hat.

Epilog

Falls du es noch nicht bemerkt hast: Zurzeit sind alle im Urlaub. Ich hab nachgeschaut, wir haben das Haus komplett für uns«, sage ich zu Evan und schwebe ihm entgegen.

Die letzten Wochen waren der reinste Medienmarathon. Entweder zusammen mit Martin oder alleine bin ich von Fernsehshow zu Fernsehshow getingelt. Frauenmagazine haben sich auf mich gestürzt, weil sie mal nicht die typische Schönheitskönigin auf ihrem Cover platzieren wollten, sondern eine echte Frau, die es den großen Jungs gezeigt hat. Kevin hat von morgens bis abends gemeinsam mit Joyce daran gearbeitet, die Anfragen zu sortieren, zu bewerten und entweder anzunehmen oder abzusagen. Das engste Team rund um Michael, Fernando und Nick hat sich um den Wagen gekümmert und Neubestellungen für die Saison 2017 aufgegeben. Und Evan? Evan ist an meiner Seite geblieben, als mein neuer Sicherheitschef, der Makoto abgelöst hat und in Zukunft Nick und Fernando bei der Technik unterstützen will.

Erst das nahende Weihnachtsfest hat für Ruhe in meinem Terminkalender gesorgt. Die Leute haben eben eher Geschenke im Kopf statt mich. Was ich völlig in Ordnung finde.

Traditionell verbringen wir die Feiertage zusammen in meinem Haus. Alle kommen. Auch Freunde und Familienangehörige von meinem Team, sodass mein Anwesen aus allen Nähten platzt. Aber bis dahin hat jeder eine Woche Urlaub, in dem er alles tun darf, was er will. Außer arbeiten.

Ich habe es mir nicht nehmen lassen, alles weihnachtlich zu dekorieren. Obwohl es in North Carolina meist keinen Schnee gibt – immerhin wird es kühler, die Tage werden kürzer, und wenn es dunkel wird, so leuchten unzählige Lichterketten auf meinem Anwesen und im Haus. Überall riecht es nach Tannennadeln und Lebkuchen und meine Lieblings-Weihnachts-CD dudelt von morgens bis abends auf Dauerschleife.

Das allein macht mich meist schon glücklich. Aber nun strahle ich Evan an, der eben vom Dach kommt, auf dem er mir meine neueste Deko, ein Rentier, festgezimmert hat.

»Hast du etwas Besonderes vor?«, fragt er, nimmt mich verschwitzt, wie er ist, in den Arm und zieht mich an sich.

»Hmm, auf jeden Fall das eine«, tue ich schüchtern und dränge mich an ihn.

»Was du wohl meinst? Rasenmähen?«

»Haha, Witzbold!«, beschwere ich mich und küsse ihn fester.

»Was hättest du denn normalerweise gemacht, wenn alle im Urlaub sind?«, will Evan wissen.

»Fahren«, sage ich. Mein Leben war wirklich eintönig, bevor Evan auf der Bildfläche erschienen ist. »Aber jetzt hab ich ja dich für meine persönliche Unterhaltung.« Ich knuffe ihn spielerisch in die Wange und werde dafür prompt wie erwartet gepackt, zum Sofa geschleppt und übers Knie gelegt.

»Mach das noch einmal, Riley, und du –«

»Bekomme ich dann mehr von dem wilden Evan?!«, ziehe ich ihn auf. Dann mache ich nämlich weiter. Logisch.

»Riley!« Er hätte genauso gut Ja sagen können.

»Hast du dir denn für die freien Tage was anderes überlegt?«, frage ich ihn ganz die brave Freundin. Ich fühle mich zwar nicht so, als bräuchte ich Urlaub, ich brauche nur Evan, aber er sieht das vielleicht anders. Immerhin waren die letzten Wochen turbulenter als sein ganzes letztes Jahr.

»Da ich dich schlecht von morgens bis abends lieben kann, dachte ich, dass wir einfach etwas Zeit miteinander verbringen. Gerne auf deine Art.«

»Was soll das denn heißen?«

»Also, Sex von morgens bis abends funktioniert so: Ein Mann und eine Frau ziehen sich aus und –«

Ich greife nach dem Sofakissen neben mir und schlage ihn damit. »Wie *das* geht, weiß ich. Ich meine das andere! Was ist denn meine Art?«

Lachend nimmt er mir meine Waffe ab und küsst mich hitzig. »Na, ich dachte an so verrückte Sachen wie Achterbahnfahren. Oder Bungeespringen. An alles, was deinen Puls nach oben treibt.«

Mein Herz klopft aufgeregt. »Dann sollte ich dich informieren, dass das hier schon verdammt effektiv ist.«

»Ist es das?« Er packt meine Hände und drückt sie neben meinem Gesicht ins Polster. »Und wie ist es hiermit?«

Das Blut rauscht in meinen Adern und ich habe nur einen Gedanken: Ich will ihn. Zum Glück reißt Evan keinen weiteren Witz, und ich verkneife mir einen schnippischen Kommentar. Er beugt sich tiefer und streicht mit seinen Lippen über meine. Ich wimmere, will mehr, belecke sie mir und hebe meinen Kopf. Evan weicht zurück und unzufrieden winde ich mich.

»Nicht hier auf dem Sofa«, sagt er mit einer rauen Stimme, die Gänsehaut über meinen Nacken jagt.

»Warum nicht?«

»Weil wir sonst Flecken hinterlassen.« Ganz der ordentliche Evan.

»Mir egal«, sage ich. »Wenn wir die nicht rauskriegen, kauf ich ein neues Sofa.« Ich kann eine meiner Hände befreien und zeichne die Konturen seines Gesichts nach. Dann ziehe ich ihn zu mir heran, um ihn zu küssen, dieses Mal lang und tief und so, wie ich das will.

»Darling, du machst mich schwach.«

»Also doch kein Bungee-Jumping?«, kann ich mir nicht verkneifen nachzufragen.

»Es gab eine spontane Änderung«, informiert er mich und schiebt mein Oberteil hoch.

»Wie gut, dass du nicht einer dieser Langweiler bist, für die immer alles so ablaufen muss, wie es geplant war.«

»Ja, wie gut!«, sagt er, zieht mir mein Shirt aus und öffnet meinen BH. »Wirklich hier?«, fragt er noch mal nach, denn ein Stück weit bleibt er trotz allem der alte, korrekte Evan.

»Unbedingt«, sage ich, öffne seine Jeans und schiebe sie ihm zusammen mit seinen Boxershorts über den Hintern.

»Wir könnten auch unter die Dusche gehen«, sagt er.

»Später«, gebe ich zurück und helfe ihm, mich von meiner Hose zu befreien. »Zuerst haben wir was anderes vor.« Ich ziehe ihn zu mir, bevor er kneifen kann, und stöhne, als sein harter Penis tief in mich eindringt.

»Ich liebe dich«, flüstert er mir zu und jede seiner Bewegungen unterstreicht seine Worte. Er liebt mich, meinen Körper und wer ich bin.

»Ich dich auch«, wispere ich und meine es genau so. Nicht nur dass Evan ein attraktiver Mann ist. Obendrein ist er charmant, intelligent und der perfekte Gegenpol zu mir. Wie meine zweite Hälfte. Und ihn so nah zu spüren, macht mein Glück vollkommen. Jedes Mal aufs Neue.

Der Sex wird immer sinnlicher. Typisch ich fordere ich ein schnelleres Tempo, und sobald Evan auf dem Rücken liegt, übernehme ich und reite ihn so, wie ich es mag. Und typisch für Evan lässt er das nicht lange mit sich machen, übernimmt die Kontrolle und dringt unendlich langsam in mich.

»Evan«, hauche ich und zerfließe.

»Riley«, sagt er zwischen zwei Küssen und verwöhnt mich ohne Ende.

Schließlich bin ich dem Ansturm der Leidenschaft nicht länger gewachsen. Ich komme heftig, ziehe mich um seinen Penis zusammen, bäume mich auf und umschlinge ihn mit den Beinen, um ihn tief in mir zu spüren. Wenige Stöße später kommt Evan ebenfalls, vergisst sich für einen herrlichen Moment und lässt sich auf mich sinken.

Obwohl er verdammt schwer ist, genieße ich es, unter ihm zu liegen, durch seine verschwitzten Haare zu kämmen und ihm zuzusehen, wie er zu sich kommt.

Als er sich aufrichten will, damit ich es bequemer habe, halte ich ihn auf und er schmiegt sich wieder an mich. Ich spüre sein Herz unter meinen Fingerspitzen. Es schlägt genauso schnell wie meines. Wir schauen uns lange in die Augen, und ich fühle mich so, wie ich mich immer fühlen wollte: im Mittelpunkt meiner eigenen Welt. Und dort bin ich nicht alleine, sondern mit dem Mann, den ich liebe, den ich heiraten werde.

»Ich glaube, das eben war das perfekte Tempo«, sage ich nach einer Weile.

»Glaubst du nur? Oder weißt du es?«

»Wirst du jetzt etwa frech?«, frage ich.

»Einer muss den Part ja übernehmen«, neckt er mich überraschend.

Wir lachen, bis ich das Gesicht verziehe, weil er mir zu schwer wird. Wir drehen uns auf dem Sofa und Evan nimmt mich in die Arme.

»Riley?«

»Ja?« Ich lege meinen Kopf in den Nacken, um zu ihm sehen zu können.

Zuneigung und Liebe strahlen mich an.

»Du hast recht, das eben war das perfekte Tempo.«

Statt zu antworten, schmiege ich mich an ihn. Zur Abwechslung gibt es nichts zu bereden. Wir lauschen auf unseren Pulsschlag der Leidenschaft, den *Pulse of Passion*, und genießen den Moment.

Nach einer Weile fühle ich mich ganz leicht, hebe den Kopf und schaue Evan an.

»Was?«, fragt er und verkneift sich ein Grinsen, obwohl er mir garantiert von der Nasenspitze ablesen kann, was ich will.

»Wir müssten natürlich zuerst duschen und was essen, aber … Meinst du, wir könnten heute noch nach Carowinds?« Dort steht nämlich eine riesige Achterbahn.

»Ich dachte schon, du fragst nie.«

Ende

Über die Autorin

Philippa L. Andersson ist eine deutsche Autorin, die in Berlin lebt und arbeitet. Schon in ihrer Kindheit entdeckte sie ihre Liebe zu Geschichten und las alles, was ihr in die Hände fiel. Wenn kein Buch zur Hand war, dachte sie sich selbst Storys aus. Dass sie mal Autorin wird, war trotzdem nie geplant. Nach ihrem Germanistik-Studium hat sie zunächst auf verschiedenen Positionen in einem bekannten mittelständischen Unternehmen gearbeitet.

2012 veröffentlichte sie ihre erste Kurzgeschichte »Das letzte Mal«. Nach weiteren Kurzgeschichten folgte 2013 ihr erster Roman »In deinen Armen«. Seit 2015 arbeitet sie nur noch als Autorin. 2017 erschien ihr erstes Hörbuch zu ihrem Roman »Romance Love – Vollkommen dir ergeben«. Im gleichen Jahr war sie mit »You Can't Escape Love – Begehren . Vertrauen . Lieben« erstmals in der BILD-Bestsellerliste.

Kontakt & Social Media:

philippal.andersson@gmail.com
www.facebook.com/PhilippaLAndersson
www.instagram.com/philippal.andersson
www.philippalandersson.de (+Newsletter)

Buchempfehlungen:

You Can't Escape Love - Begehren . Vertrauen . Lieben

Mr Right ist bereit für die große Liebe.
Bist du es auch?

Man kann im Leben nicht alles haben, denkt June Carpenter nach ihrer letzten gescheiterten Beziehung und konzentriert sich auf ihre Karriere. Ihr größter Traum ist es, sich als Locationscout selbstständig zu machen. Die Begegnung mit dem Unternehmer Damon Ward durchkreuzt jedoch ihre Pläne. Obwohl June ihm klarmacht, dass sie die falsche Frau für ihn ist, lässt er nicht locker und unterbreitet ihr ein Angebot, das sie nicht ablehnen kann …
Kann man vielleicht doch alles haben?

Liebesroman, 416 Seiten, ISBN 978-3-96111-371-2

Romance Love – Vollkommen dir ergeben

Für jeden Tag, den ich dir helfe,
bekomme ich eine Nacht mit dir …

Luxuriöse Kreuzfahrtschiffe in der Karibik, einsame Berghütten in den Rocky Mountains und verlassene Inseln in der Südsee – Juliet Blake schreibt unter dem Pseudonym Romance Love erotische Liebesromane, die dort spielen, wo andere Urlaub machen. Sie liebt ihren Job. Doch da ihr Verlag ständig neue Manuskripte von ihr verlangt, bleibt ihr eigenes Leben auf der Strecke. Urlaubsreif beschließt sie, den Autor Adam Maguire um Hilfe zu bitten – den Mann, den sie seit ihrer gemeinsamen Studienzeit insgeheim begehrt und der die Vorlage für jeden ihrer Romanhelden bildet. Als er einwilligt, ist sie überglücklich. Allerdings macht er nur zu seinen Bedingungen mit …

Liebesroman, 368 Seiten, ISBN 978-3-96111-372-9

Tease & Please – berührt und verführt

Was im »Tease & Please« passiert, bleibt im »Tease & Please«. Normalerweise ...

Um sich als Journalistin einen Namen zu machen, beschließt Audrey Montgomery, undercover im Tease & Please, dem exklusivsten BDSM-Klub der Stadt, zu arbeiten.
Doch schon beim Bewerbungsverfahren für den Job als Lady Dom kommt sie ins Straucheln. Denn kein Geringerer als Reece Randall, der sexy dominante Klubbesitzer, prüft die Bewerber und weckt in Audrey eine völlig neue Art von Verlangen.

Kann sie ihre Tarnung aufrechterhalten?
Und was, wenn nicht ...?

Erotischer Liebesroman, 248 Seiten, ISBN 978-3-96111-427-6